高等院校**通识教育**
新形态系列教材

张业

何

大学生
就业指导

第3版 大赛版

人民邮电出版社
北 京

图书在版编目（CIP）数据

大学生就业指导 ：大赛版 / 张业平，王建东，吴优
主编. -- 3 版. -- 北京 ：人民邮电出版社，2025.
（高等院校通识教育新形态系列教材）. -- ISBN 978-7
-115-67434-0

Ⅰ. G647.38

中国国家版本馆 CIP 数据核字第 20253PP709 号

内 容 提 要

本书围绕大学生就业需要具备的知识、能力和素养等内容进行编写，对即将步入社会的大学生具有较强的指导意义。本书共 10 章，分别是就业概述、开启职业生涯规划、培养就业能力、做好求职准备、笔试面试通关、调适就业心理、迈入职场、保障就业权益、探索自主创业和全国大学生职业规划大赛（就业赛道）。

本书结构清晰，每章以"情景导入"开头，通过故事引入主题，激发大学生的兴趣和思考；精心设计"探索自我"环节，通过调查、测试等方式，引导大学生深入了解自我，做出适合自己的决策。同时，每章还通过"思考与练习"帮助大学生巩固所学知识，提升其实际应用能力。

本书适合作为高等院校"大学生就业指导"课程的教材，也可作为高校相关教职人员的参考书。

- ◆ 主　　编　张业平　王建东　吴　优
　　副主编　何　瑞　申娟娟　张　琦
　　责任编辑　任书征
　　责任印制　陈　犇
- ◆ 人民邮电出版社出版发行　　北京市丰台区成寿寺路 11 号
　　邮编　100164　电子邮件　315@ptpress.com.cn
　　网址　https://www.ptpress.com.cn
　　涿州市京南印刷厂印刷
- ◆ 开本：787×1092　1/16
　　印张：12.25　　　　　　　　　2025 年 8 月第 3 版
　　字数：263 千字　　　　　　　2025 年 8 月河北第 2 次印刷

定价：49.80 元

读者服务热线：(010)81055256　印装质量热线：(010)81055316
反盗版热线：(010)81055315

当前，我国正处于推动经济高质量发展的关键时期，新职业、新业态的不断出现对大学生的就业能力提出了更高要求。然而，就业市场仍面临结构性矛盾：一方面，高校毕业生的规模持续增长；另一方面，企业急需的数字化技能、跨领域创新能力与大学毕业生的实际能力存在一定供给空白。与此同时，当代大学生对职业发展的诉求更加多元，他们既追求个人价值的实现，又需要应对"慢就业""灵活就业"等新趋势的挑战。

在此背景下，教育部启动全国大学生职业规划大赛等赛事，推动高校就业指导与市场需求的深度衔接，《大学生就业指导（第3版 大赛版）》也在这一背景下应运而生。与同类书籍相比，《大学生就业指导（第3版 大赛版）》具有更强的实践性和针对性。本书精心筛选了2个获奖的大赛案例，结合真实的求职场景，帮助大学生切身感受求职实践过程。此外，本书还提供了多个青春榜样的真实案例，引导大学生向这些榜样学习，力求每一位大学生都能从中受益。

一、本书特色

作为大学生就业指导的教材，本书的编写具有以下特色。

（一）内容结构

本书共10章，内容系统全面，逻辑清晰，从就业概述到全国大学生职业规划大赛（就业赛道），逐步深入，层次分明。第1章至第9章围绕职业生涯规划、就业能力培养等方面展开，为大学生就业打下坚实的基础；第10章聚焦全国大学生职业规划大赛（就业赛道），呼应"以赛促学"的理念，帮助大学生将所学知识灵活应用于实践。各章联系紧密，形成了完整的知识体系，为大学生就业提供全方位指导。

（二）内容设计

1. 立足大赛

第10章专门介绍全国大学生职业规划大赛（就业赛道），包括大赛简介、参赛要求、参赛指南及参赛培训等内容，为大学生提供全面的参赛指导，展示了"油菜花女孩"万媛媛和医学生戴荻阳的获奖案例。这一章不仅能帮助大学生了解全国大学生职业规划大赛的流程和要求，还能帮助大学生提升职业规划能力，增强就业竞争力。

2. 融入AI工具的使用

本书紧跟科技发展趋势，将AI工具的使用融入多章内容，帮助大学生提升求职效率。例如，本书在4.2.5节中，介绍了借助AI工具快速优化简历并实现精准匹配岗位的相关内容；在5.2.6节中，推荐使用AI模拟面试平台进行面试练习，提高面试成功率；在9.3.3节中，阐述了如何运用AI工具编写《创业计划书》，提升创业质量；在10.1.4节中，介绍了利用AI工具制作求职综合展示 PPT、增强展示效果的相关内容。这些内容将会引导大学生善用 AI 工具，从而在求职就业中占据优势。

3. 模块设计激发大学生的思维活力

本书创新采用情景导入写法，并设计丰富的互动模块。每章以"情景导入"模块引入，通过故事激发大学生的兴趣与思考；"探索自我"模块则帮助大学生认识自我、明确就业方向；"青春榜样"模块通过榜样力量，为大学生提供职业发展的参考；此外，本书还设有"身临其境""脑海探险"等模块，让大学生在模拟场景中思考并解决问题。这些模块设计将有效激发大学生的思维活力，提升他们的学习积极性，促进他们对所学知识的理解与应用。

二、使用指南

为了帮助大学生拓展求职就业的知识面，本书以二维码形式提供了拓展资料，大学生扫描书中二维码即可查看。表 0-1 为拓展资料清单。

表0-1　拓展资料清单

拓展资料名称	章	页码
《教育部关于做好2025届全国普通高校毕业生就业创业工作的通知》	第1章	9
决策平衡单法	第2章	26
兴趣测试	第2章	27
表格式个人简历模板	第4章	64
个人简历制作的10项要领	第4章	65
经典笔试试题汇总	第5章	73
无领导小组讨论考核内容	第5章	74
面试的20个经典问题	第5章	79
肌肉张弛放松训练法	第6章	98
职业适应期的不同特征	第7章	110
初涉职场时的细节问题	第7章	112
《中华人民共和国劳动合同法》	第8章	127
《中华人民共和国劳动争议调解仲裁法》	第8章	129
劳动合同模板	第8章	137
我国部分大学生创业园的相关情况	第9章	152
挖掘创业机会	第9章	157
大学生创业的风险来源	第9章	163
"油菜花女孩"万媛媛风采展示视频	第10章	180
医学生的儿科之旅——戴菽阳风采展示视频	第10章	180

为了帮助大学生更好地认识自我，确定就业方向，本书在"探索自我"模块提供了多样化的自我测评问卷。表 0-2 为自我测评清单。

表 0-2　自我测评清单

自我测评名称	章	页码
大学生就业情况调查表	第 1 章	14
MBTI 测试	第 2 章	34
沟通能力测试	第 3 章	49
求职准备与信息整合能力评估调查问卷	第 4 章	67
团队合作能力测试	第 5 章	87
心理健康测试	第 6 章	99
职业适应能力测试	第 7 章	117
就业维权意识自评	第 8 章	144
"你适合创业吗"测试结果	第 9 章	166
你适合参加全国大学生职业规划大赛吗？	第 10 章	182

另外，本书配有 PPT、教学教案、教学大纲等教学资源，用书教师可以在人邮教育社区网站（www.ryjiaoyu.com）免费下载。

由于编者能力有限，书中可能存在表述不妥之处，恳请同行专家与读者朋友批评指正。

编者

2025 年 3 月

目 录

03

第3章　培养就业能力　\\　37

04

第4章　做好求职准备　\\　53

09

第9章 探索自主创业 \\ 147

10

第10章　全国大学生职业规划大赛
（就业赛道）　\\　169

第 1 章
就业概述

情景导入

　　就业指导中心附近，学长学姐们或阅读就业指南，或积极准备面试，这让坐在长椅上的张越、赵强和周云开始思考未来。

　　张越翻看着手机上的招聘信息，感到迷茫："虽然选择多样，但哪个最适合我呢？"赵强叹气道："我学习的技能都只停留在表面，一旦参加工作，就不够用了。"周云补充说："我的朋友大多选择考研，我的目标是直接就业，但我不知道如何利用国家就业政策找工作。"

　　三人意识到就业是一个长期准备的过程，需即刻行动起来为未来做好准备。

随着社会经济的发展和技术的进步，就业市场正在经历前所未有的变革。在这个充满变化的时代，张越、赵强和周云的困惑与讨论，不仅是他们个人的心声，更是广大大学生在面临就业时的共鸣。你是否也正处于这样的十字路口，既憧憬着自己的未来，又为毕业后的职业选择感到迷茫？

本章我们将一起深入探讨就业。就业是每位大学生都要面临的重要人生课题。在就业的过程中，了解就业流程、慎重进行就业选择及解决就业过程中的常见问题尤为重要。同时，大学生深入分析当前的就业形势，知晓国家层面的就业帮扶政策，把握就业前景，能够让大学生在就业之路上更加从容自信，能够帮助大学生在不断变化的就业市场中找到自己的立足点。

1.1　认识就业

张越在大一时曾梦想毕业后成为一名教师，助力更多学子学有所成。然而，随着学业的深入，面对纷繁复杂的就业选择，张越的人生目标出现了动摇，他也陷入了深深的苦恼之中，不知该如何抉择。其实，这样的困惑并不罕见，大部分大学生在毕业季都会感到迷茫。那么，在众多人生道路中，大学生究竟该如何寻觅到最适合自己的那一条路呢？在选择道路之前，大学生不妨先来了解一下就业流程。

1.1.1　就业流程

就业是每位大学生步入社会的重要环节之一。了解就业流程，不仅能提高大学生的求职效率，还能帮助他们更好地规划职业生涯。大学生就业流程可大致划分为准备阶段、求职阶段和签约与入职阶段，每个阶段都有其特定的任务。

1. 准备阶段

准备阶段是整个就业流程的基石，它包括自我评估、职业规划和简历制作3个重要部分。

（1）自我评估。就业是一个"由内而外"的过程，自我评估就是"由内知己"，其目的是全面、深刻、客观地了解自我。

（2）职业规划。根据自我评估的结果制定职业规划。在进行职业规划时，大学生应该确定目标行业、职位及未来的发展方向。例如，如果目标行业是人工智能（Artificial Intelligence，AI）行业，那么可以从初级AI工程师做起，并逐步晋升至高级AI架构师的位置。

（3）简历制作。一份优秀的简历是打开职场大门的"敲门砖"。简历内容应当简洁明了，突出个人优势，如良好的教育背景、多段名企实习经历、多项技能等，让用人单位一眼就能看到你的价值。

2. 求职阶段

求职阶段包括信息收集、简历投递及面试准备。在求职时，大学生应通过多种渠道收集职位信息,并有针对性地投递简历。面试准备是求职的关键部分,大学生需要提前准备常见面试问题并进行模拟面试,以提高面试成功率。

 知识链接 多面猎手

自然界中的顶级猎手具备多种狩猎技巧和强大的适应能力,它们往往能在复杂多变的环境中夺取主动权,赢得生存的机会。在求职阶段,那些积极收集信息、精心准备简历并全力以赴准备面试的求职者,就像自然界的顶级猎手,但他们是人类社会的"多面猎手"。他们不关注单一的职业路径,而是广泛收集行业资讯,精准定位目标职位,同时精心打磨自己的简历并掌握面试技巧,以适应不同公司的用人需求和面试风格。

想一想:大学生在求职过程中,如何才能成为一名"多面猎手",以提升自己的竞争力呢?

3. 签约与入职阶段

当收到录用通知时,大学生需对录用通知进行全面评估,考虑薪资待遇、职业发展前景等因素。例如,仔细审查基本工资、奖金、福利等待遇,同时关注晋升空间和培训机会等长期利益。一旦决定接受录用通知,大学生需遵循公司的签约流程,完成三方协议的签订,并提交必要的身份证明和学历证明等材料。此外,入职前,大学生还应对公司文化有所了解,熟悉工作内容,做好充分的心理和技术准备。

1.1.2 就业选择

面对就业选择,许多像张越、赵强和周云这样的大学生可能会感到既兴奋又迷茫。就业选择多种多样,每一条路都有其独特的挑战与机遇。

1. 企业

企业是大学生就业的主要渠道之一。无论是国有企业、民营企业还是外资企业,都提供了大量的岗位机会,涵盖了金融、科技、教育、医疗、制造等多个领域。在企业中,大学生可以迅速将所学知识应用于实际工作,积累实践经验,提升职业素养。同时,企业也为大学生提供了丰富的培训和发展机会,助力个人职业成长。

2. 公务员及事业单位

公务员及事业单位因其稳定的工作环境、较高的社会地位及完善的福利待遇,成为许多大学生的首选。通过参加公务员考试或事业单位招聘考试,大学生可以获得政府或公共机构的职位,从事行政管理、公共服务等工作。这些职位不仅要求大学生具备扎实的专业知识和能力,还强调责任感、团队合作精神及为人民服务的意识。

公务员备考过程漫长且艰辛,竞争较为激烈,大学生需要付出大量的时间和精力来准备。

3. 国家项目

国家通过实施一系列重点工程项目,如大学生志愿服务西部计划、"三支一扶"计划、"特岗计划"、高校毕业生应征入伍等，为大学生提供了到基层、到农村、到边疆地区等服务的机会。这些项目不仅有助于缓解大学生的就业压力，还促进了城乡经济发展和社会进步。通过参与国家项目，大学生可以锻炼自己的实践能力、培养社会责任感，并积累宝贵的基层工作经验。

（1）大学生志愿服务西部计划。该计划鼓励和支持大学生前往西部地区进行志愿服务，参与教育、卫生、农业等领域的基层工作。这一计划不仅为大学生搭建了一个广阔的实践平台，让他们在实际工作中得到锻炼和成长，还促进了西部地区的社会经济发展，增强了大学生的社会责任感和使命感，让更多大学生意识到自己能够为区域均衡发展贡献力量。

（2）"三支一扶"计划。该计划引导大学毕业生到农村基层从事两年的服务工作，帮助解决偏远地区教育资源、医疗服务和农业生产技术短缺的问题，服务期满后还能享受一定的就业优惠政策。

（3）"特岗计划"。该计划面向应届及往届大学毕业生招募特设岗位教师，前往中西部地区农村义务教育阶段学校任教三年，改善了农村学校的师资力量，提高了教学质量。同时，对于参与的大学毕业生来说，这也是一个成长和发展的重要平台。他们在这个过程中积累了丰富的教学经验，提升了自己的教育教学能力，为今后的职业发展打下了坚实的基础。

（4）高校毕业生应征入伍。该计划通过优惠政策吸引大学毕业生加入军队，如考研加分、复学升学优待等，不仅增强了国防建设的人才储备，还为大学毕业生提供了锻炼意志品质和提升技能的机会。

📝 身临其境

王梓轩是一名即将毕业的计算机科学与技术专业的大学生，他的成绩优异，却对未来的职业方向没有明确规划。随着毕业的临近，他面临以下几个选择。

一、加入一家知名互联网公司。这是一个非常好的职业选择，但他担心自己不能适应高强度的工作环境。

二、参加公务员考试。公务员稳定的工作环境和良好的福利待遇吸引着他，但他的准备并不充分，担心竞争力不足。

三、加入朋友的创业团队。创业的风险很高且没有稳定的收入保障，但创业成功可能会实现财富自由。

四、申请出国深造。出国深造可以提升学术水平、拓宽国际视野，但由于自身家庭经济条件一般，他不确定是否有足够的财力支持。

每个选择都有一定的吸引力，但也伴随着不确定性和风险。王梓轩感到迷茫，不知道该如何做出最适合自己的决定。

想一想： 你是否有时也会像王梓轩一样因面临多个选择而感到迷茫？你认为该如何去改善这种迷茫？你会如何利用自己的优势和资源来做出最适合自己的选择？

4. 自主创业

随着国家对大学生创新创业的不断扶持和鼓励，越来越多的大学生选择自主创业。他们利用自己的专业知识和创新思维，创办企业、开设店铺或开发新产品，为市场注入新的活力。自主创业不仅要求大学生具备敏锐的市场洞察力、良好的团队协作能力和风险承受能力，而且需要他们不断学习和创新，以适应市场的变化和挑战。

然而，自主创业也不那么容易。创业初期的资金筹备、市场的不确定性及漫长的创业周期都是不小的挑战。大学生需要具备坚定的信念、顽强的毅力及灵活应对各种问题的能力，这样才能在创业的道路上不断前行，最终实现自己的创业梦想。

5. 灵活就业

对于看重工作自由度的大学生来说，灵活就业是一种充满吸引力的选择。通过选择兼职、远程办公、自由职业等形式，大学生可以在不受传统工作时间和地点限制的情况下，完成多样化的工作任务。灵活就业不仅允许大学生根据自身情况调整工作节奏，还能让他们有机会接触不同的领域，积累丰富的经验、提升个人技能。同时，这种模式也为大学生提供了更广阔的职业探索空间和个人发展的可能性。

灵活就业的工作机会相对较少、收入稳定性较差，社会保障可能不足，职业安全感相对较低。因此，大学生需要认真评估自己的需求与能力，做好充分的风险管理和职业规划。

6. 升学深造

对于希望进一步提升自己学术水平和专业素养的大学生来说，升学深造是必然选择。通过攻读硕士、博士学位、参加其他形式的进修课程或出国深造，大学生可以深入研究某一领域的前沿知识，提升自己的研究能力和创新能力。不同的升学路径各有独特的优势，如出国深造能接触到不同教育体系下的学术资源和国际前沿的研究理念。同时，升学深造也为大学生提供了更广阔的学术交流和职业发展平台，有助于他们在未来的职业生涯中取得更高的成就。

升学深造这条路上也有不少"关卡"——时间成本高，经济压力大，未来的就业市场充满了未知与变数。因此，大学生需要仔细权衡时间成本与经济成本，做好充分的规划和准备，同时保持对学术的热情和对未来职业发展趋势的洞察。

1.1.3 大学生就业常见问题

在大学的学习与生活进程中，大学生面临诸多问题，尤其是就业方面的问题在一定程度上影响他们未来的发展方向。通过正视就业的常见问题，并积极寻求解决方案，大学生可以更加自信和从容地面对就业挑战。

1. 职业规划模糊

许多大学生在校期间，对自己的职业规划缺乏明确的认识。他们不清楚自己想要从事什么样的职业，也不知道自己的职业目标是什么。这导致他们在求职过程中缺乏方向感和目标感，只能盲目地跟随潮流或听从他人的建议。

2. 缺乏对就业市场的关注

部分大学生在校期间，将大量的精力投入与当下学习紧密相关的事务中，而忽视了对就业市场的关注和了解。就业市场是一个动态变化的整体，行业的发展趋势、就业岗位的需求变化日新月异。然而，部分大学生未能及时察觉到这些变化，在毕业季来临时才发现自己并不能满足就业市场的需求，这种被动应对的方式，往往让他们错失了最佳的求职时机。

3. 对专业与行业匹配性的迷茫

尽管大学生在选择专业时经过了一定的思考，但在实际求职过程中，他们往往会发现，自己所学专业与市场上的行业需求存在一定的偏差。这种偏差导致他们不知道如何将所学知识与具体行业相结合，也不知道哪些行业更适合自己的发展。

4. 求职技巧缺失

求职是一项复杂的活动，涉及信息收集、简历制作和面试准备等多个环节。然而，许多大学生对此并不熟悉，在实际操作中显得不知所措。例如，在撰写简历时，很多大学生不知道如何有效地突出自己的优势：有的简历过于冗长，重点不突出；有的简历则过于简略，未能充分展现个人能力和特色，这使他们错失了许多宝贵的机会。此外，在面试环节，许多大学生不知道如何与面试官进行有效沟通。

5. 心理准备不足

面对激烈的就业竞争和未知的未来，许多大学生在求职过程中会感到迷茫、焦虑甚至恐惧。他们担心自己的能力和素质无法达到用人单位的要求，也担心自己无法适应未来的工作环境。这种心理准备的不足，往往让他们在求职过程中缺乏自信和动力。

1.2 了解就业形势

周云提出自己想直接就业，但不知道如何利用国家的就业政策，这正是当前大学生中普遍存在的就业问题。那么，接下来，我们将深入探讨当前的就业形势，并探索在这个背景下，大学生该如何充分利用国家政策和个人优势，找到适合自己的职业道路。

1.2.1 大学生就业现状

我国高校大学生就业发展到了一个新阶段。目前，对大学生而言，除了就业人数逐年上升，总体就业形势变化也是他们面临的主要问题。大学生只有认清就业现状，才能在当前的就业形势下找准定位，树立正确的就业观。

1. 就业形势总体分析

近年来，全国高校毕业生人数持续增长，从2020年的874万人增加到2024年的1179万人，根据人力资源和社会保障部的数据，2025年高校毕业生预计达1222万人，毕业生人数创历史新高，如图1-1所示。由于高校毕业生人数持续增长，大学生的就业需求越来越大，就业竞争也越发激烈。

针对当前高校毕业生人数持续增长和就业竞争越发激烈的问题，大学生应尽早进行职业规划，明确自己的职业目标和发展方向。通过了解行业趋势、企业需求等信息，有针对性地提升自己的职业素养和技能。同时，国家和地方政府为了促进高校毕业生就业，还出台一系列就业帮扶政策，大学生应密切关注这些政策，充分利用政策资源来提升自己的就业竞争力。

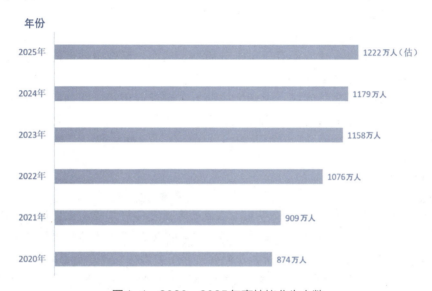

图1-1 2020—2025年高校毕业生人数

2. 就业结构总体维持平衡

基于《国家大学生学情调查》2023年的数据，我国大学生就业可分为"直接就业""升学""其他"三大类别。直接就业包含选择国企、公务员、事业单位的"体制内就业"，也包含选择私企、自主创业等"体制外就业"。升学包含"境内升学"和"境外留学"两部分。"其他"则涉及大学生毕业后"慢就业"的选择倾向，如图1-2所示。

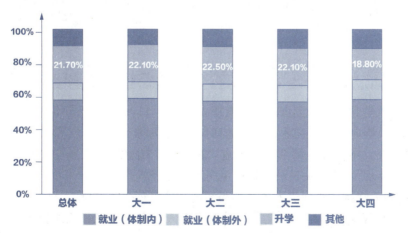

图1-2 2023年我国大学生不同就业选择结构
（资料来源："中国大学生就业"公众号2024年第6期）

数据显示，直接就业仍是大多数大学毕业生的首要选择，且多数大学生倾向稳定的工作，但随着年级的增长，选择其他就业形势和体制外就业的大学生占比增加，选择升学的大学生占比呈现倒"U"型变化，在大四达到了最低值18.80%，可能的原因是大学生在大四经历了激烈的"考研热""考公热"，未能"上岸"的大学生选择通过"慢就业"为来年再战做缓冲。

3. 地域就业差异显著

从地域角度看，像北京、上海这样的经济发达地区，对人才的需求较为旺盛，就业机会丰富，吸引了大量人才，但竞争也十分激烈。然而，反观中西部的一些地区，因为工作环境和生活条件有待提高，可能难以招募到合适的人才。

面对地域就业差异显著问题，大学生应深入了解就业市场，明确职业规划，提升自身综合素质，同时拓宽就业渠道，用开放的心态选择就业的地域并灵活调整策略，以应对就业市场的挑战。

📝 身临其境

张嘉轩是2025届的一名高校毕业生，他的专业是纺织工程。他发现身边的同学大都十分明确未来的职业选择，有的打算转到人工智能专业学习新技能以拓宽就业路径；有的想在自己专业继续深耕。看到其他同学的选择，张嘉轩感到非常纠结。

若学习挑战较大的编程、图形处理等课程，他可能会面临资源不足（如部分课程需额外付费）和竞争激烈等问题，且不知能否掌握相关技能并找到相关工作。若继续在本专业深耕，他可以参与导师正在进行的新型纺织材料和工艺的创新研究项目，如果取得成果，便可在本专业开辟新方向。不过本专业的就业机会较少，薪资待遇可能也较差。同时，一些传统纺织企业面临转型，需要既懂传统技术又懂新技术的人才，但他不确定自己目前的能力能否满足企业需求。

想一想：如果你是张嘉轩，面对就业市场的这种变化，你会选择学习其他专业技能，还是继续在本专业深耕呢？

1.2.2 国家层面就业帮扶政策

高校毕业生是党和国家宝贵的人才资源。2024年11月，教育部印发《关于做好2025届全国普通高校毕业生就业创业工作的通知》（以下简称《通知》），部署各地各高校深入贯彻落实党中央、国务院决策部署，实施"2025届全国普通高校毕业生就业创业促进和服务体系建设行动"，全力促进高校毕业生高质量充分就业。

（1）《通知》强调，要促进人才培养与经济社会发展供需适配。加强就业市场需求分析研判，及时掌握就业市场需求变化，编制发布人才需求报告和急需紧缺人才目录；加强学科专业动态调整优化，主动布局新兴学科专业，扩大急需紧缺学科专业布点，对就业质量不高的专业实行红黄牌提示制度；加强就业与招生、培养联动，将高校毕业生就业状况作为高校办学资源配置、教学质量评估、招生计划安排的重要依据。

（2）《通知》强调，要充分发挥促就业政策的引领作用。加力落实助企稳岗促就业政策，加大促就业政策宣传解读；优化规范招聘安排和秩序，统筹协调好党政机关、事业单位、国有企业招聘（录）高校毕业生和各类升学考试时间安排，做好大学生征兵工作；支持灵活就业和自主创业，引导高校毕业生发挥专业所长；强化高校毕业生与就业相关的支持政策研究，探索高校毕业生就业工作规律。

（3）《通知》强调，要开发更多有利于发挥所学所长的就业岗位。深入开展"访企拓岗"行动，落实"两个100"和"不少于10家"要求，足质足量开拓就业岗位；充分用好校园招聘主渠道，拓展实施"万企进校园"计划，支持二级院系积极开展小而精、专而优的小型专场招聘活动；支持中小企业吸纳就业，开展民营企业招聘高校毕业生专项行动；创新挖掘基层就业空间，组织实施好"特岗计划""三支一扶""西部计划""大学生乡村医生专项计划"等基层项目，加大科研助理岗位开发力度，支持各地开发城乡社区、养老服务、农业科技等

《教育部关于做好
2025届全国普通
高校毕业生就业创
业工作的通知》

岗位；全面推广使用国家大学生就业服务平台，建立就业信息归集机制，推进国家、省级、高校三级毕业生就业服务网络互联共享，加快就业服务智慧化升级。

1.2.3 大学生就业前景

近年来，随着经济结构持续优化和产业升级加速，新技术、新产业、新业态不断涌现，职业变迁速度也不断加快。尤其是在智能制造、数字经济、社会服务需求等领域，这些新兴职业和工种不仅拓展了新的发展机遇，也为大学生提供了更多样化的就业选择。大学生应积极投身就业市场，以进取的姿态参与竞争，并做好充分准备。

与此同时，未来产业发展迅速，这也为大学生开辟了更广阔的职业路径。未来产业由前沿技术驱动，当前处于孕育萌发阶段或产业化初期，是具有显著战略性、引领性、颠覆性和不确定性的前瞻性新兴产业，主要涵盖如图1-3所示的6大未来产业。这些新兴产业不仅是技术创新的核心驱动力，也对社会进步产生了深远影响。关注并投身于未来产业，不仅能帮助大学生拓宽职业视野和获取发展机遇，而且能使他们在实现个人理想的同时承担社会责任。

图1-3 未来产业中的新赛道（资料来源：工业和信息化部网站）

1. 未来制造产业

未来制造产业主要聚焦于智能制造、先进制造等领域。随着人工智能、大数据、云计算等技术的快速发展，智能制造已成为推动制造业转型升级的重要力量。它强调通过技术的深度融合，实现生产过程的自动化、智能化和高效化。此外，3D打印、工业机器人等先进制造技术也在不断突破，为制造业带来新的发展机遇。

对于机械工程、自动化控制、机器人技术等专业的大学生来说，这是一个充满机遇的领域。他们可以通过学习智能制造系统设计、数字孪生技术、物联网应用等知识，为未来制造产业的发展贡献力量。此外，跨学科背景的大学生，如计算机科学与工程结合的人才，在这个领域也极具竞争力。

2. 未来信息产业

未来信息产业涵盖了大数据、云计算、物联网、人工智能等多个领域。随着数字化转型的深入推进，各行各业对新一代信息技术的需求持续增长。这些技术不仅推动了产品和服务的智能化、个性化和高效化，还促进了产业结构的优化升级。

计算机科学、软件工程、数据分析等专业的大学生将在这个领域找到大量机会。除了传统的编程和技术开发岗位，新兴的职业如AI伦理顾问、隐私保护工程师、数据科学家等也将应运而生。

3. 未来材料产业

未来材料产业主要聚焦于新材料的研发和应用。随着科技的飞速发展和市场需求的不断升级，新材料产业呈现出高端化、智能化、绿色化的发展趋势。未来材料包括纳米材料、石墨烯、生物基材料等新型材料，这些材料具有轻质高强、导电性好、环保等特点，广泛应用于电子设备、航空航天、医疗保健等多个行业。

化学工程、材料科学、物理等专业的大学生可以专注于新材料的研究和开发，以解决实际的问题。例如，研发更高效的电池材料以支持新能源汽车的发展，或探索可持续建筑材料以应对气候变化挑战。

4. 未来能源产业

未来能源产业主要聚焦于清洁能源和新能源的研发和应用。在全球气候变化和化石能源日益枯竭的背景下，新能源行业正逐渐成为推动全球能源转型和实现可持续发展的重要力量。太阳能、风能、储能及新能源汽车等领域的技术创新是推动行业发展的关键因素。

环境科学、能源工程、电气工程等专业的大学生可以在这一领域发挥重要作用。无论是从事新能源技术研发，还是参与节能减排项目的实施，都能为社会的可持续发展作出贡献。同时，政策制定者也需要大量专业人才来评估新技术的社会经济影响。

5. 未来空间产业

未来空间产业包括商业航天、卫星通信和空间探索等技术。随着商业航天的快速发展，未来空间产业将为大学生提供大量就业机会，尤其是航空航天工程、物理学、天文学等专业的大学生可以投身于卫星设计、轨道力学研究、行星地质调查等工作。

6. 未来健康产业

未来健康产业主要聚焦于生物医药、医疗器械、健康管理等领域的创新和发展。随着人口老龄化的加剧和人们对健康需求的不断提升，未来健康产业呈现出蓬勃发展的态势。

医学、生物学、公共卫生等专业的大学生将在这一领域扮演重要角色。他们不仅可以参与到最新的临床试验和技术研发工作中，还可以利用数据分析工具改善医疗服务流程，甚至开发基于AI的辅助诊断系统。

◎ 脑海探险

随着人工智能技术的大爆发，我们的生活和工作方式正在经历前所未有的变革。面对这一现象，你是如何看待它的呢？请你花几分钟时间思考以下几个问题，并写出你的想法。

（1）你对AI的态度是什么？

答案：＿＿＿＿＿＿＿＿＿＿＿＿＿＿＿＿＿＿＿＿＿＿＿＿＿＿

（2）你关注到了AI给行业或职业带来的哪些新变化？

答案：＿＿＿＿＿＿＿＿＿＿＿＿＿＿＿＿＿＿＿＿＿＿＿＿＿＿

（3）你对未来行业的发展趋势有什么样的看法？

答案：＿＿＿＿＿＿＿＿＿＿＿＿＿＿＿＿＿＿＿＿＿＿＿＿＿＿

（4）你准备如何迎接未来的机遇与挑战？

答案：＿＿＿＿＿＿＿＿＿＿＿＿＿＿＿＿＿＿＿＿＿＿＿＿＿＿

1.3 树立正确的就业意识

就业是大学生走向社会的重要一步，树立正确的就业意识对于大学生的职业发展至关重要。大学生树立正确的就业意识是一个综合性的过程，需要从了解社会需求、客观认识自我、拓宽择业视野及强化职业责任感等多方面入手。

1.3.1 了解社会需求

大学生在树立正确就业意识时，应首先关注社会的需求，这是每个人择业的基本出发点。随着国家政策导向和行业发展趋势的变化，市场对不同专业背景和技术技能的需求也在不断变化。因此，大学生需要紧跟这些变化，理解新兴产业的崛起及其对人才的具体要求，特别是面对新质生产力的发展，产业对创新型人才和技能型人才的需求快速增长。大学生应当将个人职业规划与国家和社会的需求相结合，确保自己的就业选择既能满足个人的发展愿望，又能顺应时代的潮流，为社会贡献力量。

1. 深入了解社会需求

为了更好地适应市场需求，大学生应该积极研究国家的长期发展规划，了解哪些行业被国家重点支持，以及这些行业未来几年的人才缺口预测。此外，大学生还应关注政府发布的各类行业报告、白皮书等资料，从中获取最新的行业发展趋势和技术革新方向。

2. 紧跟新兴产业

在全球科技革命和产业变革加速推进的大背景下，新兴产业发展迅速。例如，人工智能、大数据、云计算、智能网联新能源汽车等领域，它们不仅是经济增长的新引擎，也是吸纳高质量就业的重要载体。大学生应该主动学习相关知识，参加相关的培训或竞赛活动，提升自身在这些领域的竞争力，以便在未来的就业中占据有利位置。

1.3.2　客观认识自我

大学生在择业过程中应当以客观的态度进行自我评估，明确自身的专业特长、兴趣爱好和价值观，以此为基础选择适合的职业道路。同时，理性设定就业预期也至关重要。面对多样化的就业选择，大学生不应盲目追求所谓的"热门"职业，而应根据实际情况合理设定目标，保持平实之心。通过深入分析自身的优势和不足，大学生可以更准确地定位自己在劳动力市场中的位置，从而做出更加明智的职业选择。

1.3.3　拓宽择业视野

大学生应当拓宽自己的择业视野，接纳多元的选择。现代社会中，不同的职业岗位都有其独特价值，尤其是在新就业形态日益受到青睐的今天，平台企业、科技公司及现代服务业等新兴领域提供了丰富的就业机会。大学生应该认识到，灵活就业因其较大的就业弹性和较强的自主性，正逐渐成为一种受欢迎的选择。大学生接受并探索这些新型就业模式，不仅可以增加就业的可能性，还能帮助其积累宝贵的工作经验和人脉资源，为未来的职业发展打下坚实的基础。

1.3.4　强化职业责任感

无论从事何种职业，大学生都应具备强烈的职业责任感，全力以赴地投入工作。敬业精神是职业生涯成功的关键因素之一，只有做到干一行、爱一行、专一行、精一行，才能真正实现个人价值的最大化。大学生应该珍惜每一次工作机会，努力成为所在领域的专家。

同时，持续学习同样重要。大学生要保持终身学习的态度，不断更新知识体系和提升技术水平，以适应快速变化的社会环境和持续的技术革新，确保自己始终处于行业的前沿。

👁 阅读材料　　　　　　　　　　**"时代楷模"：张玉滚**

　　张玉滚自师范院校毕业后，主动扎根山区，先后培养出几十名大学生。他默默耕耘，无私奉献，用实际行动诠释了敬业奉献的职业精神。

　　张玉滚所工作的黑虎庙小学，位于伏牛山深处，这里环境相对封闭，对外联系较为困难。然而，张玉滚却毅然决定留在这里，用知识改变山区孩子的命运。他教过多门学科，每当年轻老师来了又走，他总是默默地承担起教学任务，从不言苦，从不言累。

　　除了教学任务，张玉滚还负责学生的安全工作。在雨季，道路泥泞不堪，他亲自背着学生过河，确保他们的安全。这种对学生的关爱和负责，让张玉滚赢得了学生和家长的尊敬和爱戴。

　　张玉滚的敬业奉献精神不仅体现在对学生的关爱上，还体现在他对教育事业的执着追求上。他深知教育对山区孩子的重要性，因此他始终坚守在岗位上，用自己的知识和力量为孩子们点亮未来的希望。他多次婉拒了到条件更好的学校工作的机会，选择留在黑虎庙小学，继续为山区教育事业贡献自己的力量。

　　张玉滚先后荣获了"时代楷模"、全国优秀教师、全国师德标兵等荣誉。他的故事激励着无数教育工作者和年轻人，让他们看到了在平凡岗位上也能取得不平凡的成就。

✍ **点评**

　　对于大学生来说，张玉滚的事迹具有深刻的启示意义。他用自己的实际行动诠释了什么是真正的敬业奉献，让大学生们明白，无论从事什么职业，都要对工作充满热情，尽职尽责地完成每一项任务。同时，他也让大学生们看到在艰苦环境下坚持信念，实现自己人生价值的可能性。

1.3.5　注重实践积累

　　为了更好地适应职场，大学生应注重实践经验的积累。实习实训是连接理论学习与实际工作的桥梁，它不仅能帮助大学生加深对专业知识的理解，还能提高大学生解决实际问题的能力。此外，大学生参加各类实践活动也是培养创新能力的重要途径。为响应社会对创新型人才的需求，大学生应积极参与科研项目、创业竞赛等活动，在实践中锻炼解决问题的能力并培养团队协作精神。这种实践经验的积累不仅有助于提升个人竞争力，也为大学生的长期职业发展奠定了基础。

🎯 知识链接　　　　　　　　　　**斜杠青年**

　　"斜杠青年"指的是那些不满足于单一职业身份，而是积极追求多元化生活方式，拥有并自如切换多重职业角色的人群。他们如同多才多艺的艺术家，在自我介绍时乐于用斜杠（/）来展示自己丰富的职业身份，如"张伟，软件工程师／自由撰稿人／摄影师"。斜杠青年不仅是一种生活方式的选择，更是一种对自我潜能的挖掘和对多元价值的追求。通过不断尝试和探索，大学生可以逐步拓宽自己的职业边界，成为新时代的"斜杠青年"。

想一想：如果你打算成为一名斜杠青年，你会如何规划自己的时间和精力，以确保在多个职业领域都能保持高效和专注？同时，你又会如何平衡不同职业间的冲突和挑战，以实现个人的全面发展？

// 探索自我 //

为了更好地帮助大学生就业，下面制作了一份大学生就业情况调查表，请同学们认真填写这份调查表，并结合自身情况填写就业方面的意见和建议。

大学生就业情况调查表

〖调查目的〗

大学生就业情况
调查表

为大学生提供个性化的反馈报告，指出他们的优势和潜在的发展方向，并给出一些建议，以帮助大学生更好地进入就业市场。

〖调查内容〗（详细内容请参考右侧二维码）

1. 您理想的工作环境是什么样的？（单选）

    □自由职业，工资无要求   □相对稳定，工资一般   □稳定，工资高

2. 您认为现在的就业形势如何？（单选）

    □不了解   □形势正常   □形势好，容易就业

    □形势不太好，就业有些难

3. 您打算选择什么样的单位就业？（多选）

    □自主创业   □国有企业   □民营企业

    □外资企业   □其他

4. 如果自主创业，您认为最需要的是什么？（多选）

    □政策支持   □技术   □资金   □其他

5. 您想在哪个地区找工作？（单选）

    □原家庭所在地区   □省会城市   □沿海城市   □其他

6. 您会选择何种方式来找工作？（多选）

    □学校推荐   □人才交流会   □互联网   □其他

7. 您是否希望毕业后立即就业？（单选）

    □是   □否

8. 您理想的工资待遇是？（单选）

    □没想过   □月薪3 000元左右   □月薪4 000～6 000元

    □月薪8 000元以上

9. 您觉得自己在求职过程中，最具竞争实力的是？（多选）

    □专业技能   □学习成绩   □实践经验   □证书/技能认证

10. 您获取就业信息的主要渠道是什么？（多选）

☐校园招聘会　　☐社会招聘会　　☐学校校园网　　☐人才职业介绍机构

☐新闻媒体　　☐招聘网站　　☐其他

……

// 思考与练习 //

1. 简述大学生就业的流程及任务。

2. 大学生就业常见问题有哪些？

3. 目前，国家有很多针对大学生就业的扶持政策，如聘用优秀高校毕业生参与国家和地方重大科研项目，鼓励和支持高校毕业生到中小企业就业和自主创业，鼓励高校毕业生到基层和中西部地区就业等，请了解并整理相关的申请条件。

4. 阅读以下材料，回答问题。

郭贵是一名西部计划志愿者，在贵州长顺县长寨街道永增村驻村服务。大三那年，他被一位参与大学生志愿服务西部计划的学姐分享的经历触动了心弦。于是，他在毕业后离开了熟悉的黄土地，响应"到祖国最需要的地方去"的号召，投身于西部基层工作，为西部的发展贡献自己的力量。

2022年7月22日，郭贵正式开始了在长顺县永增村的志愿服务工作。在永增村，郭贵负责多项工作，包括协助村民种植油菜、完善人口信息、调解矛盾纠纷、参与环境整治及巡山巡河等。初到贵州，他面临气候、语言和饮食习惯的差异，尤其是语言差异，让他在与村民沟通时颇费周折。但郭贵没有退缩，他主动与村民交流，努力学习当地语言，逐渐融入了这个新环境。

在志愿服务之余，郭贵利用自己的戏剧影视文学专业背景，使用相机记录下长顺县的美景、美食和风土人情，并通过网络平台与更多人分享。他的账号不仅唤起了在外长顺人的乡愁，而且为永增村搭建了一座对外交流的桥梁，同时也为村子的发展注入了新的活力。（来源：中国青年网）

（1）郭贵为什么选择到西部服务？

（2）郭贵如何利用自己的专业技能为西部乡村的发展作出贡献？

（3）如果你是郭贵，你能利用自己的专业技能为西部乡村的发展作出什么贡献？

// 青春榜样 //

全面发展，卓越前行

沈鑫忆，某艺术学院产品设计专业的大学生，以全面发展的综合素质展现了突出的就业竞争力。

在专业领域，沈鑫忆展现出扎实的学术基础和卓越的实践能力。他的核心课程成绩稳居年级前列，多门技术实践类课程接近满分，尤其是在三维数字化建模、产品工程制图等现代设计技术领域表现优异。通过参与知名科技企业的VR建模项目、体育用品公司的产品优化设计项目及跨国企业的结构创新项目，他积累了丰富的产业实践经验。

在职业素养方面，沈鑫忆熟练掌握了工业设计主流软件及快速成型技术。他的作品获得国家级创新创业大赛奖项，包括智能产品创新竞赛优胜奖、数字艺术设计赛事奖项，充分展现了他在产品设计和技术创新方面的卓越能力。

此外，沈鑫忆还注重自身综合素质的提升。在校期间，他担任学生干部，协调跨专业团队完成设计项目。在志愿服务中，他也展现了出色的组织协调能力，他参与的社区改造方案被当地政府采纳实施。同时，通过企业实习，他培养了严谨的工程思维与客户需求转化能力，展现了职场新人少见的商业敏感度。

启示

　　沈鑫忆的故事不仅体现了他在专业领域的卓越能力，更展现了他作为复合型人才的全面素质。他的经历告诉当代大学生，在职业规划中，大学生既要深耕专业领域，也要注重综合素质的提升，只有主动适应市场需求，才能在激烈的就业竞争中脱颖而出。

第 2 章 开启职业生涯规划

情景导入

张越、赵强和周云正陷入对未来职业道路的沉思中，张越突然打破了沉默："咱们不能一直这么迷茫下去，得主动出击找到适合自己的方向。"

"我认为最好的工作，就是自己感兴趣的工作，"张越继续说道，"我们可以先找一个感兴趣的领域，再深入了解这个领域，看看有没有能点燃我们长久热情的工作。"

赵强立刻点头："有道理，但我更想做我擅长的事情，这样可以在工作中收获更多成就感，不过我还不确定我的优势是什么。"

周云稍显犹豫，但还是分享了自己的想法："我学习了这么多年，还是想在自己的专业领域，做一点既有利于自己发展、又能帮助到某些群体的事情。"

　　张越从兴趣出发，赵强寻求优势定位，周云则在专业发展与创造社会价值间寻找平衡，他们决定用行动驱散职业选择的迷雾。这三位同学的思考和选择，或许就是即将步入职场的大学生的内心真实写照。

　　在当下这个充满不确定性的时代，社会发展日新月异，职业选择也越发多元与复杂。面对这样的环境，大学生应该如何为自己的职业生涯做出明智的选择？又该如何制定一份既符合个人需求又能适应社会发展的职业生涯规划？本章将深入探讨职业生涯规划的内涵，帮助大学生理解职业生涯规划的重要性，掌握职业生涯规划的基本步骤和方法，从而书写属于自己的独特职业生涯故事。

2.1　职业生涯规划概述

　　什么路才是适合自己的路？这个问题的答案，往往需要靠自己亲自去探索。张越、赵强和周云正是在迷茫中迈出了探索的第一步，而这一步也是他们寻找自己的职业发展方向的必由之路。大学不仅是知识的殿堂，更是人生规划的关键阶段。

　　那么，究竟什么是职业生涯规划？职业生涯规划的意义又是什么呢？接下来，我们一起来探寻职业生涯规划的主要内容、意义、原则及常见问题等。

2.1.1　职业生涯规划的主要内容

　　职业生涯规划是指个人根据自身的兴趣、能力、价值观及外部环境因素，对未来职业发展路径进行系统设计和安排的过程。它是一个动态、持续的过程，随着个人成长和外部环境的变化而不断调整和完善。

　　职业生涯规划的主要内容涉及多个方面，包括自我认知、职业市场情况分析、职业定位、职业目标设定等。通过职业生涯规划，大学生可以明确自己的职业目标，提升职业竞争力，从而有机会实现个人价值。

　　（1）自我认知。了解自己的兴趣、优势、价值观和职业倾向，为确定职业方向和目标打下基础。

　　（2）职业市场情况分析。了解职业市场的整体状况和发展趋势，以便更好地选择职业方向。

　　（3）职业定位。在自我认知的基础上，结合市场需求，进行职业目标和方向的定位。

　　（4）职业目标设定。设定短期职业目标、中期职业目标和长期职业目标，确保目标具体、可行，并与个人价值观和职业倾向相匹配。

　　（5）职业发展路径规划。制订实现职业目标的具体计划和步骤，如所需技能的提升计划。

　　（6）职业生涯规划的实施与调整。根据实际情况和个人发展需求，实施职业生涯规划并进行调整和优化。

✍ **身临其境**

　　张梓豪是一位正处于大学二年级的计算机科学专业的学生，自考入大学后，他一直按部就班地学习、生活、参加社团活动，他感觉自己的大学生活十分充实。但他的室友周晨宇的大学生活就显得尤为不同。在大一时，周晨宇经常参加各种大大小小的编程竞赛。大二时，他加入学校老师带队的研究项目，每天都很忙碌。寝室聚会时，总能听到周晨宇对研究项目中遇到的困难大吐苦水。张梓豪忍不住问周晨宇："才大二而已，为什么把自己搞得这么累？"周晨宇说："因为我毕业后想去××公司"。

　　周晨宇的回答使张梓豪的内心受到震撼，他忽然很羡慕周晨宇可以在大学里全力以赴地追逐这样一个明确的目标，但他却不知道自己的目标是什么。

　　想一想：你是否也曾经或正在经历和张梓豪相似的情况？当你面对这样的困境时，你会选择向谁求助，又该如何走出困境呢？

2.1.2　职业生涯规划的意义

　　在了解了职业生涯规划的主要内容后，接下来我们将聚焦于职业生涯规划的意义。这些知识能帮助大学生认识到职业生涯规划的重要性，为大学生未来的职业发展打下坚实的基础。

　　职业生涯规划对大学生实现自己的人生价值具有特别重要的意义，这种意义具体表现在以下几个方面。

1. 形成积极向上的人生观

　　大学生身处校园生活和社会生活的"中间地带"，对自己未来的发展方向与目标难免会感到茫然，而在做好职业生涯规划后，大学生可以产生明显的目标感、使命感、价值感，这些感受可以引导大学生积极地面对未来。从心理学上讲，职业生涯规划代表了人"自我实现"的需求，是一种高层次的人生需求，这种需求有利于形成积极向上的人生观。

2. 明确职业发展方向

　　大学生可以通过自我评估、自我定位，逐一分析自己的专业特长、性格特征、兴趣爱好、技能等，从而厘清职业发展方向，形成较明确的职业意向。

3. 提高学习与实践的自主性

　　有了明确的职业生涯目标后，大学生就有了明确的努力方向，如大学生毕业后想去政府部门工作，那么大学期间就可以主动提高自身的政治理论水平、口头表达能力、文字处理能力等。所以做好职业生涯规划，能够激励大学生主动学习，积极实践，不断提升自身能力，不断充实自我、完善自我。

4. 增强就业核心竞争力

　　大学生在寻找心仪工作的过程中，难免面临竞争。竞争的结果是多种因素共同作用的，而其中起决定性作用的是大学生的个人综合素质及其与工作内容的契合度。科学的职业生涯规划能引导大学生尽早选定目标工作，从而有针对性地提高自身综合素质，增强自己的就业核心竞争力。

5. 促进个人成长与自我实现

职业生涯规划不仅关注职业目标的实现，更注重个人的成长与发展。通过职业生涯规划，大学生可以更加清晰地认识到自己的优势和不足，从而在职业实践中不断挑战自我、超越自我，实现个人潜能的最大化发挥。这种成长和自我实现的过程，对于大学生的人生发展具有深远的意义。

◉ 阅读材料   "滑雪天才"谷爱凌的职业生涯规划之路

谷爱凌，一位在滑雪领域展现卓越天赋的年轻运动员，同时也在教育、时尚、公益等领域全面发展。她的职业生涯规划不仅体现了她对体育的热爱和执着，更展示了她在专业领域的基础上实现跨界发展的智慧和勇气。

从小，谷爱凌就展现出了在滑雪方面的过人天赋。因此，她的职业生涯规划便围绕滑雪展开。她的家人非常支持她在这方面的发展，不仅为她聘请了专业的教练，还安排了各种滑雪赛事。通过早期的规划和不懈的努力，谷爱凌的滑雪技能不断提升，这为她日后的成功奠定了坚实的基础。

在追求滑雪事业的同时，谷爱凌并没有忽视接受教育的重要性。她深知，作为一名运动员，仅有出色的运动成绩是不够的，还需要具备丰富的知识储备和全面的综合素质。因此，她想要在高中毕业后进入大学深造，提升自己的学术水平。经过不懈的努力，她成功考入了斯坦福大学，实现了自己的职业生涯目标。

谷爱凌还积极涉足公益领域，她积极推动青少年体育事业的发展，并通过参与各种公益活动，传递正能量，影响并激励了许多人。

✍ 点评

谷爱凌不仅在自己的专业领域取得了卓越的成绩，还通过跨界发展实现了自己的多元价值。她的故事启发大学生，只有敢于规划、勇于尝试、坚持不懈，才能够在自己的职业生涯中创造出更多的可能。

2.1.3 职业生涯规划的原则

科学的职业生涯规划能够使大学生顺利步入职场并走向成功。因此，大学生在制定自己的职业生涯规划时，切忌随意而为，而应该在遵循职业生涯规划原则的基础上，科学地制定个人的职业生涯规划。

1. 目标导向原则

确定目标是职业生涯规划的起点，目标导向原则是大学生进行职业生涯规划要遵循的首要原则。不恰当的目标会使职业生涯规划从一开始就偏离轨道，导致无法取得理想的效果。一般而言，目标导向原则包含图2-1所示的4个要点。

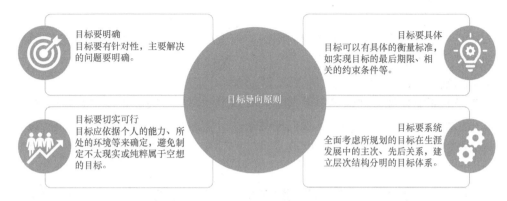

图2-1 目标导向原则的4个要点

2. 相适应原则

相适应原则是指大学生在进行职业生涯规划时，必须把社会需求与个人愿望有机结合起来。职业生涯规划是为大学生的职业发展服务的，而职业发展必然受到社会经济的影响。随着社会经济的不断发展，职位的数量和需求也会改变，新的行业不断涌现，旧的行业逐渐消失。因此，大学生在进行职业生涯规划时要遵循相适应原则，这样才能顺利地实现自己的职业生涯目标。

3. 相匹配原则

相匹配原则是指大学生的职业生涯规划应与个人专长匹配。每一个行业都会对从业者的能力及素质提出一些要求，某些行业甚至还会提出高规格的要求，如外贸行业对从业者的外语听说能力要求比较高。选择与个人专长相匹配的行业，才能够充分发挥自身的优势，取得有利的竞争位置。

一般来说，大学生的个人专长与专业关系密切，因此大学生可以根据职业生涯目标与专业的契合度来判断职业生涯规划与个人专长是否匹配。但事无绝对，一些大学生有丰富的课外兴趣，并由此形成了新的专长，他们在进行职业生涯规划时也要对这些专长加以考量。

4. 相结合原则

职业生涯规划的相结合原则主要体现在以下4个方面。

（1）抽象与具体相结合。职业生涯规划中，有些内容可以抽象、模糊，有些内容则要具体、清晰。例如，战略考虑可以是抽象的，而具体措施则必须清晰。

（2）质化与量化相结合。在职业生涯规划的过程中，某些问题要注重质的规划性，如职业发展方向和职业生涯目标的确定；而另一些问题则要在质的基础上进行量化，如具体目标的实现标准、实现时间等，这样才能随时了解状况，从而对职业生涯目标进行修正或强化。

（3）实力与挑战相结合。大学生确定职业生涯目标应当基于自己的实力，不可好高骛远。但确定的职业生涯目标也应具有一定的挑战性，即略高于本人的实力，这样才能最大限度地挖掘自己的潜能。

（4）自己的想法与他人的意见相结合。大学生在进行职业生涯规划时，应该坚持自己的想法，因为只有自己认同的职业生涯规划才能激励自己发奋努力。但同时也不能忽略他人的意见，因为个人的思考是有局限的，他人的意见也可能有很高的参考价值，能够帮助大学生完善职业生涯规划。

5. 实践性原则

再美好的职业生涯规划最终都要落实到实践中，脱离实践的职业生涯规划形同无本之木。在实践中，大学生要深入审视内外部条件，清醒地认识自我，敏锐地感知社会需求，从而明确自身的不足之处，不断改进自己的行为，同时也要对职业生涯规划做出进一步的优化调整。

2.1.4 职业生涯规划的常见问题

在进行职业生涯规划的过程中，大学生常常会遇到一系列的问题。了解这些问题，并提前做好准备，这可以帮助大学生更顺利地规划自己的职业道路。

1. 迷茫

许多大学生在选择专业或考虑未来职业时常常感到迷茫，不知道自己真正喜欢什么，也不知道每天的学习是为了什么。这种迷茫的感觉容易导致焦虑和动力缺失。为了应对这种情况，大学生可以通过自我评估工具（如霍兰德职业兴趣测试）来更好地理解自己的兴趣、性格和价值观。此外，大学生应积极参与实习、兼职和社会实践活动，尝试不同的领域，也有助于大学生找到最适合自己的职业方向。

2. 过度理想化

一些大学生在规划职业路径时，往往仅凭一腔热情和对未来的美好憧憬，而忽视现实的职业市场中存在的竞争压力、岗位限制、薪资待遇等实际因素，这使规划难以落地实施。因此，大学生在制定职业生涯规划时，首先要进行科学的自我评估，全面分析自己的优势和劣势，同时，深入研究行业发展趋势和市场需求的变化，准确把握外部的机会与威胁，并在此基础上制定出短期职业生涯目标和长期职业生涯目标。短期职业生涯目标应具体、可操作，长期职业生涯目标应具备可行性，确保职业生涯规划与实际情况相契合。

3. 缺乏行动力

尽管有了明确的职业生涯目标和职业生涯规划，但部分大学生还是迟疑不决，缺乏执行力。为此，大学生应当制订详细的计划，为每个阶段设定具体的时间表和任务清单，确保计划有条不紊地推进。同时，大学生要建立监督机制，定期回顾任务进展，记录并分析自己的表现，在必要情况下及时调整计划，这可以使规划更加顺利地实施。

4. 信息不对称

大学生可能会因为缺乏对行业、职业具体工作内容和发展前景的深入了解而做出错误的职业选择。为解决这一问题，大学生应利用网络资源、行业报告等，全面了解不同职业的特点和发展趋势。同时，大学生要积极参加职业讲座、招聘会、校友分享会等活动，这也是大学生获取第一手信息的重要途径。此外，大学生要与行业内的前辈或专业人士建立联系，通过交流获得宝贵的经验和建议，这也可以弥补信息上的不足，助力大学生做出更明智的职业选择。

2.2　职业生涯规划方法

职业生涯规划涉及对未来职业发展方向、目标设定、能力提升等多方面因素的综合考量。所以，大学生在进行职业生涯规划时，使用科学的方法是非常有必要的。下面就来介绍一些制定职业生涯规划的相关方法。

2.2.1　SWOT 分析法

SWOT 即优势（Strength）、劣势（Weakness）、机会（Opportunity）、威胁（Threat）的首字母组合，SWOT 分析法是一种可以检查个人技能、能力、喜好和职业机会的科学的分析方法。大学生可以利用SWOT 分析法分析内部环境中个人的优势与劣势，以及外部环境的机会与威胁，在此基础上制定出有依据的职业生涯规划。大学生使用SWOT 分析法进行职业生涯规划，一般有以下 3 个基本步骤。

（1）正确评估自己的优势和劣势。

（2）找出自己的职业机会和威胁。

（3）列出自己未来 5 年内的工作目标和工作计划。

大学生在运用SWOT 分析法进行自我评估时，最好将自身的优势与劣势、外部面临的机会与威胁清晰地列在一张表格上。表 2-1 所示为王丽华运用SWOT 分析法的自我评估。

表 2-1　王丽华运用 SWOT 分析法的自我评估

项目名称	评估结果
优势 （Strength）	逻辑思维能力较强，在编程课程中常常能快速理解算法逻辑并解决问题；对新技术充满好奇心，学习能力强，能较快掌握新的编程语言和开发工具；具备良好的团队协作精神，在小组项目中积极承担任务，并且善于协调团队成员间的关系；有较强的抗压能力，在面对繁重的课程作业和项目开发任务时能保持冷静并高效完成任务
劣势 （Weakness）	缺乏大型项目的实战经验，虽然在学校做过一些课程项目，但其规模和复杂度远远不及企业级项目；沟通能力有待提高，尤其是在与非技术人员沟通技术方案时，有时会出现表述不清的情况；时间管理能力还需加强，在多个任务并行时往往会出现手忙脚乱的情况
机会 （Opportunity）	随着数字化转型的加速，各个行业对计算机专业人才的需求持续增长，无论是互联网企业、金融机构还是传统制造业都在积极招聘计算机人才；云计算、大数据、人工智能等新兴技术领域不断涌现出新的就业机会，计算机专业的学生可以涉足的领域越来越广泛；国家对科技创新的支持力度不断加大，在科研项目资助、创新创业政策等方面都为计算机专业人才提供了良好的发展机遇
威胁 （Threat）	计算机专业的就业竞争非常激烈，每年都有大量的高校毕业生涌入市场，而且很多非计算机专业的人员也在通过自学和培训进入这个领域；技术的更新换代速度极快，如果不能及时跟上技术发展的步伐，很容易被市场淘汰

针对上述结果，王丽华梳理了如下的个人发展计划。

（1）利用学习能力优势，深入钻研新兴技术。大学生要在学习过程中主动探索云计算平台（如阿里云、腾讯云）的实际应用案例，多参与相关的研讨活动，不断拓宽技术视野，为涉足新兴技术领域的就业或深造做好准备。

（2）积极参加学校的演讲社团或辩论队，以应对沟通能力不足的问题。这不仅能提升个人在公众面前表达的勇气，还能学习如何清晰、准确地向不同人群传达信息，尤其是在技术交流场景下的语言表达。

（3）为克服时间管理不佳的问题，大学生需要制订每日学习与自我提升计划。大学生可以尝试将任务按照重要性和紧急性分类，先完成重要且紧急的任务，如即将到期的项目作业或技术难题；再做重要但不紧急的任务，如学习新的编程语言或准备考证。

（4）鉴于竞争压力较大，自身需要继续加强项目经验的积累。除了开源项目，大学生在学校还要积极争取参与教师的科研项目，哪怕从基础的数据收集与整理工作做起；大学生还可以主动联系企业进行实习，从最基础的测试岗位做起，逐步积累实际项目经验。

（5）为满足企业对学历和项目经验的要求，大学生要在大学期间努力提高绩点，争取保研资格，如果保研失败就努力考研。在研究生阶段深入研究专业方向的技术难题，参与更具挑战性的项目，毕业后凭借更丰富的知识和项目经验进入大型互联网科技企业或者相关的研究机构。

 知识链接   **AI 赋能职场**

　　AI 赋能职场是指人工智能技术在职场中的广泛应用，即通过智能化工具和系统提高工作效率、优化决策过程、改善用户体验等，帮助职场人士和企业实现更高效、更智能的工作模式。在 AI 赋能的职场中，如智能客服、数据分析等应用日益普及，工作变得更加便捷和高效。AI 赋能已成为现代职场发展的重要趋势。

　　想一想： 如果 AI 技术全面应用于你想从事的工作领域，你认为哪些工作会被 AI 技术取代？而你又将如何利用 AI 技术提升自己的职业竞争力呢？

2.2.2　5W分析法

5W分析法是许多专业的职业咨询机构和心理学专家进行职业咨询和职业生涯规划时常采用的方法，它是一种归零思考法。5W即5个问题，具体介绍如下。

1. Who are you？（你是谁？）

对自己进行一次深刻的反思，把自己的优点和缺点都列出来，并进行分析。分析内容可以包括自己的专业、动手能力、思考能力等。

2. What do you want？（你想要什么？）

每个人在不同阶段的兴趣和目标可能不一样，在追问的过程中，找到自己最终想做的事情，从而形成自己的终身理想。

3. What can you do？（你能做什么？）

职业定位的依据是个人能力，职业发展空间的大小则取决于个人潜能。通过追问，大学生要发现自身的不足及与他人的差距，让理想化的职业生涯规划逐步回归现实。

4. What can support you？（环境允许你做什么？）

环境包括客观环境和主观环境，其中客观环境包括当前的经济发展状况、政策、企业制度、企业文化等；主观环境包括同事关系、领导关系等。两者结合起来才是个人真正面对的环境。通过追问，大学生可以清楚认识到在该环境下自己可以做些什么。

5. What can you be in the end？（你的最终目标是什么？）

大学生通过对前面4个问题的回答，可以找到对实现职业目标的有利条件和不利条件，选出不利条件最少的、自己想做且能够做到的事，即"最终的职业目标"。

2.2.3　大学生职业生涯愿景模型法

职业生涯愿景模型法基于个人愿景的构建，能够帮助个人明确自己的职业生涯目标和发展方向。其核心理念在于强调个体对自我、职业及未来发展的全面认知与积极规划。

1. 个人愿景的内容

个人愿景是个人内心深处真正关心并渴望达成的目标。当个人全力以赴追求个人愿景时，就会拥有一种源自内心的强大动力。对于大学生来说，个人愿景的内容广泛，既包括物质上的追求，也涵盖个人健康、自由时间的渴望等。个人愿景的内容，如图2-2所示。

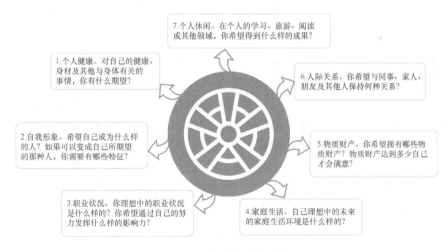

图2-2　个人愿景的内容

每个人都有自己的愿景，但很多情况下，大学生对自己的愿景是模糊的，或者是误解的，这样就容易导致大学生盲目行动，离期望越来越远。因此，大学生建立个人愿景的重点是厘清自我愿望，具体可以分为以下3步。

（1）想象实现愿景后的情景（假如你得到了梦寐以求的职位，那么……）。这到底会是什么样的情景？你怎样来形容它？你的感觉如何？这种感觉是不是自己真正想要的？

（2）形容个人愿景。这些愿景包括自我形象、物质财产、感情生活、个人健康、工作等，如回顾或想象自己在中小学时、大学毕业时、参加工作后的个人愿景，其中，哪些愿景已经实现，哪些愿景还未能实现，未能实现愿景的原因又是什么？

（3）检验并建立愿景。如果现在就可以实现愿景，你会接受它吗？假如你现在已经实现了愿景，这个愿景为你带来了什么？

2. 职业生涯愿景模型法的应用步骤

为了帮助大学生系统地梳理自己的职业愿景，并为实现这一愿景制订可行的计划，大学生可以通过以下关键步骤来使用职业生涯愿景模型法。

（1）自我评估。个体需要全面评估自己的兴趣、能力、价值观等，以明确自己的职业定位和发展方向。

（2）环境评估。分析社会环境、行业趋势、企业需求等因素，以确定个人职业发展的外部条件。

决策平衡单法

（3）构建愿景。基于自我评估和环境评估的结果，个体需要明确自己的职业愿景，包括期望的职业地位、职业成就、生活方式等。

（4）制定规划。根据职业愿景，制定具体、可行的职业生涯规划，包括短期职业生涯目标、中期职业生涯目标和长期职业生涯目标，以及实现这些职业生涯目标所需的措施。

（5）实施与调整。按照规划逐步实施，并在实施过程中根据实际情况进行调整和优化。

👁 **阅读材料**　　　　　　　　**小米的科技普惠愿景**

雷军，作为小米集团的创始人之一，拥有卓越的领导力和前瞻性的战略眼光。在创立小米之前，雷军已经在软件行业积累了丰富的经验，并成功带领金山上市。这些宝贵的经历为他后来创建小米奠定了坚实的基础。

小米的愿景是"和用户交朋友，做用户心中最酷的公司"。这一愿景不仅体现了雷军对产品质量的极致追求，还反映了他对满足消费者需求的深刻理解。

为了实现这一愿景，在创办小米前，雷军进行了广泛的市场调研，深入理解消费者对于智能手机的需求和痛点。基于详尽的市场分析和个人的技术积累，雷军决定聚焦于"高性能、高性价比"的智能手机产品线，这一策略迅速使小米在国内智能手机市场中脱颖而出。同时，雷军也非常重视团队建设，吸引了多位行业内顶尖人才加入小米，共同组建了一支高效专业的团队。这支团队的专业能力和创新精神成为小米能够持续推出引领行业潮流的新产品和技术的关键因素之一。

通过不懈的努力和持续的创新，雷军成功地带领小米实现了其最初的愿景。如今，小米不仅在国内市场上取得巨大成功，还积极拓展国际市场，努力成为一个国际知名的智能手机品牌。2024年3月28日，小米汽车SU7上市发布会在北京举行，再次彰显小米用科技构建美好生活的初心。

点评

雷军的故事启示大学生，在做职业生涯规划时要设定清晰的职业愿景，要结合自身经验与市场调研确定职业发展方向，找准自身的职业定位，注重积累相关经验，以更好地实现职业生涯目标。

2.3 制定职业生涯规划

大学生要制定完整而有效的职业生涯规划，需要遵循以下 5 个步骤，即客观认识自我、评估职业生涯环境、设定职业生涯目标、制订行动计划并实施、评估与反馈。

2.3.1 客观认识自我

客观认识自我建立在个人自我观察与自我分析的基础上，是对自身条件和状态的全面评估，这些因素影响个人对待自身和外界的方式与态度。客观认识自我是职业生涯规划的出发点，其成效直接影响职业生涯规划的最终效果。

1. 自我认识的内容

客观认识自我是一个系统的过程，大学生需要具体分析自己的兴趣、性格、能力及价值观等，全面、透彻地认识自己。

（1）兴趣探索

识别自己的兴趣爱好是认识自我的第一步。大学生可以通过回顾自己的经历，如中学时代的课外活动等，来挖掘自己的兴趣所在。兴趣不仅限于娱乐和休闲，还包括对学术、职业、社会等方面的兴趣。

兴趣测试

在识别了自己的兴趣爱好后，大学生还需要运用更为科学和系统的方法来进一步评估和明确这些兴趣。霍兰德职业兴趣理论便是一个有力的工具，它能够帮助大学生更深入地了解自己的兴趣类型。该理论将职业兴趣划分为六种类型：现实型、研究型、艺术型、社会型、企业型和常规型，每种类型对应不同的职业倾向和职业环境偏好，如表2-2所示。通过霍兰德职业兴趣测试，大学生可以更清晰地了解自己的兴趣类型，进而探索与之匹配的职业领域。

表 2-2 霍兰德职业兴趣理论对照表

兴趣类型	个性特点	对职业环境的要求	典型职业
现实型（R）	喜欢与物体打交道，动手能力强，热衷于操作工具、机器等，同时也喜欢户外工作，但不喜欢在办公室工作	注重实际的工作成果，偏好明确、具体的工作任务。工作环境最好是有序、稳定的，有一定的规则和标准可以遵循	计算机硬件人员、汽车驾驶员、技工（如电工、钳工）、建筑工人、机械师、厨师等

续表

兴趣类型	个性特点	对职业环境的要求	典型职业
研究型（I）	对未知充满好奇心，喜欢思考抽象的概念和理论。热衷于进行科学研究，同时也喜欢阅读大量的专业书籍和文献，独自钻研复杂的问题	需要安静、独立的工作空间以支持深入思考和研究，重视知识获取和浓厚的学术氛围，期望在鼓励创新并尊重知识的环境中工作	工程设计人员、科学家（物理学家、生物学家等）、研究员、大学教授、程序员（侧重于算法研究等方面）等
艺术型（A）	富有创造力和想象力，喜欢通过艺术形式表达自己的情感和思想，同时也喜欢欣赏各类艺术作品，从不同的艺术风格中汲取灵感，不喜欢从事粗重的体力劳动和高度规范化的活动	追求自由、宽松的创作氛围，希望能够自由地发挥自己的创造力而不受过多约束。工作环境最好具有浓厚的艺术气息，有展示作品和交流创意的机会	雕刻家、建筑师、摄影师、戏剧导演、画家、音乐家、舞蹈演员、设计师（如服装设计师、室内设计师）等
社会型（S）	善于与人交往，乐于助人，喜欢与人合作完成任务。热衷于参加社会公益活动、社区服务、教育辅导等工作，也喜欢组织团队活动，协调人际关系，不喜欢需要身体剧烈运动的工作，不喜欢与机器打交道	注重人际关系的和谐，希望在充满人文关怀、团队合作氛围浓厚的环境中工作。需要有较多机会与不同类型的人接触，工作场所最好具有开放性和互动性	教师、临床医师、导游、护士、心理咨询师、社会工作者、就业指导顾问、律师等
企业型（E）	具有强烈的领导欲望和冒险精神，喜欢竞争和挑战。热衷于组织管理活动，同时也喜欢参与商业谈判，展示自己的商业才能	追求权力和地位，需要有能够施展领导才华的平台。工作环境要有明确的层级结构和竞争机制，鼓励创新和冒险	主持人、宣传人员、营销人员、企业家、企业管理人员（如项目经理、部门经理）等
常规型（C）	喜欢按规则和程序办事，注重细节，擅长数据录入、文件管理和办公行政等精确性较高的工作，不喜欢模棱两可的指示，希望明确了解任务要求	希望工作环境稳定、有序，有明确的工作流程和规范。重视组织的正规性和纪律性	秘书、会计、行政助理、档案管理员、图书管理员、投资分析员、审计员、税务员和交通管理员等

（2）性格分析

性格是一个人的核心特质，它影响个体的思维方式及与他人相处的方式。大学生可以通过多种途径剖析自己的性格，包括自我反思、参与心理测试和咨询专业人士等。在性格剖析过程中，迈尔斯－布里格斯类型指标（Myers-Briggs Type Indicator，MBTI）提供了一种有效的框架。MBTI测试通过四个维度——外向（E）与内向（I）、感觉（S）与直觉（N）、思维（T）与情感（F）、判断（J）与知觉（P），将人的性格划分为16种不同类型，每种类型都具有其优势和劣势。表2-3所示为16种类型的性格特征表。

大学生可以借助MBTI测试来全面了解自己的性格特征，如沟通风格、决策方式及应对压力的方法。这种深入了解不仅有助于发挥个人优势，还能有效改进个人性格中的潜在劣势，从而提升个人效能和人际关系的质量。

表 2-3   16 种类型的性格特征表

性格类型	优势	劣势
ISTJ（内向、感觉、思维、判断）	实际、可靠、注重细节，擅长组织和计划	可能显得过于传统和固执
ISFJ（内向、感觉、情感、判断）	关心他人、有同情心，善于倾听和支持他人	可能忽视自己的需要、不愿冒险
INFJ（内向、直觉、情感、判断）	理想主义、富有想象力，关注他人需求	可能因情感因素而忽略现实考量
INTJ（内向、直觉、思维、判断）	理性、有远见，善于分析和解决问题	可能显得冷漠、不易妥协
ISTP（内向、感觉、思维、知觉）	冷静、灵活，善于解决问题和应对紧急情况	可能过于冒险和鲁莽
ISFP（内向、感觉、情感、知觉）	敏感、温和、富有创意，注重个人价值	可能情绪波动比较大
INFP（内向、直觉、情感、知觉）	理想主义、忠于自我，关注他人需求	决策困难、容易自我怀疑
INTP（内向、直觉、思维、知觉）	好奇、思维缜密，喜欢探索知识和理论	在社交场合可能会感到不适
ESTP（外向、感觉、思维、知觉）	乐观、冒险，善于处理紧急情况	可能过于注重当下而忽略长远规划
ESFP（外向、感觉、情感、知觉）	热情，喜欢享受当下和与他人互动	可能过于依赖他人、缺乏规划
ENFP（外向、直觉、情感、知觉）	充满活力、激情四溢，喜欢探索新思想和与他人连接	可能不切实际、容易分心
ENTP（外向、直觉、思维、知觉）	聪明、机智，善于挑战传统观念	可能个性较强，不太遵守规则
ESTJ（外向、感觉、思维、判断）	务实、组织能力强，善于将项目和人组织起来完成任务	可能过于严格、不易接受变化
ESFJ（外向、感觉、情感、判断）	友好、有责任感，关心他人需求，善于组织和协调	可能过分在意他人的看法
ENFJ（外向、直觉、情感、判断）	富有魅力、鼓舞人心，善于激励和启发他人	可能过度投入、对自己要求过高
ENTJ（外向、直觉、思维、判断）	果断、领导能力强，善于制定目标和组织他人	可能过于强势、忽视情感

📝 **身临其境**

　　江诗雅性格内向，在学校里总一个人默默坐在角落，很少与其他同学交流。学校组织团队合作项目，江诗雅所在的小组要完成课题展示。小组讨论时，其他成员积极发言、争论热烈，江诗雅虽有很多想法，却因怕被否定或嘲笑而说不出口。随着讨论推进，方案成形了，江诗雅的想法和建议都没有说出口。此时她很为难：一方面，她想要参与小组讨论，将自己的想法融入最终的成果中；另一方面，她又害怕自己说出想法，打乱课题节奏，遭到组员排斥。

　　想一想： 如果你是江诗雅，在这种困境下你会怎么做呢？你认为内向的性格在这个场景中是一种阻碍吗？内向的学生要如何在小组作业中贡献自己的价值呢？

　　（3）能力评估

　　能力是大学生实现自我价值和社会价值的基础。大学生需要对自己的学习能力、社交能力、团队协作能力、创新能力等进行全面评估。

　　通过参加实践活动、实习、志愿服务等方式，大学生可以更加直观地了解自己的实际能力水平，并在此基础上制订提升计划。同时，大学生还可以借助能力倾向测试（如一般能力倾向成套测验GATB）等工具，对自己的潜能和优势领域进行量化分析。这些测试通常涵盖多个能力维度，如言语理解、数学逻辑、空间感知等，有助于大学生明确自己的强项和弱项，从而有针对性地提升自己的能力。

　　（4）价值观澄清

　　价值观是个体对事物和行为的看法和评价，它指导个体的选择和行动。大学生需要澄清自己的价值观，明确自己认为最重要的事情是什么。通过与他人的交流、阅读书籍、参加社会公益活动等方式，大学生可以逐渐明确自己的价值观，并以此为指导来规划自己的人生道路。

　　价值观在职业选择上的体现叫作职业价值观，在考虑对职业的认识、职业目标的追求与向往、乐趣、收入和工作环境等问题时，对这些职业因素的判断和取舍，便是职业价值观的具体表现。我国学者阚雅玲将职业价值观分为以下12类，如表2-4所示。

表2-4　职业价值观分类参考表

职业价值观类型	特征
收入与财富	工作能够明显有效地改变自身财务状况，将薪酬作为选择工作的重要依据
兴趣特长	以自己的兴趣和特长作为选择职业最主要的因素，能够扬长避短、趋利避害、择己所爱，能从工作中得到乐趣和成就感
权力地位	有较强的权力欲望，希望能影响或控制他人，使他人按照自己的想法行动
自由独立	希望工作有弹性，不想受太多的约束，可以充分掌握自己的时间和行动，自由度高，既不想约束他人也不想受制于人

续表

职业价值观类型	特征
自我成长	要求工作能提供受培训和锻炼的机会，使自己的经验与阅历能够在这段时间内得以丰富和提高
自我实现	看中工作提供的机会和平台，使自己的专业和能力得以全面运用和施展，实现自身价值
人际关系	将工作单位的人际关系看得非常重要，渴望能够在一个和谐、友好的环境中工作
身心健康	工作安全、劳逸适当、无紧张感和恐惧感，自身的身心健康不受工作影响
环境舒适	看中舒适安逸的工作环境，或对工作地域有特别的要求
工作稳定	工作相对稳定，不用担心裁员和被辞退，免于经常奔波找工作
社会需要	愿意根据组织和社会的需要响应号召，为集体和社会作贡献
追求新意	希望工作的内容经常变换，有丰富多彩的工作和生活

2. 自我认识的方法

在对职业生涯进行规划时，大学生通过对自我的认识，可以将个人从"我想干什么"转变到"我能干什么"。这一过程需要运用适当的方法，以正确认识自身优点与不足，实现对个人的管理与监督。心理学家将认识自我的内容划分为4个部分，并以橱窗的形式展现出来，如图2-3所示。

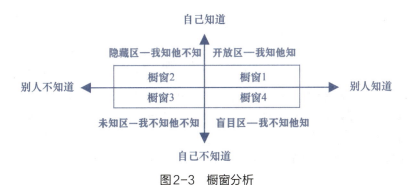

图2-3　橱窗分析

（1）橱窗1："公开我"，即自己知道，别人也知道的部分，指个体的外在表现。例如，身高、年龄、学历、婚姻状况等。

（2）橱窗2："隐私我"，即自己知道，别人不知道的部分，指个体的内在隐私。例如，心中的愿望、职业生涯目标等不愿意告诉别人的信息。

（3）橱窗3："潜在我"，即自己不知道，别人也不知道的部分，指个体未经开发的部分。针对该部分，个体一般可采用人才测评的方式来发现自己的潜力，也可以在学习过程中多做尝试来发现自己的潜力。

（4）橱窗4："背脊我"，即自己不知道，别人知道的部分，指个体对自身认识的盲区。针对该部分，个体可以采取同自己的家人、同学、朋友等交流的方式，聆听别人提出的意见，加深对自己的认识。

大学生在进行自我探索时，需要重点了解"潜在我"和"背脊我"两个部分。"潜在我"代表自己还可以被挖掘的潜力，有意识地挖掘自己的潜力能够提升自己的能力。"背脊我"代表他人对自己的看法，这些看法往往是自己不容易认识的，大学生应该以开阔的胸怀，正确对待别人提出的意见或看法。

👁 脑海探险

　　萨提亚的冰山理论认为，一个人的"自我"就像一座冰山，我们能看到的只是表面很少的一部分——行为，而更大一部分的内在世界却藏在冰面之下，不为人所见。

　　（1）请询问你的朋友、同学，看看在他们眼中，你是一个什么样的人？

答案：_____

　　（2）请你的朋友为你推荐一个适合你的职位，再仔细思考，你满意这个岗位吗？

答案：_____

　　（3）尝试深入挖掘自己的内心世界，看看是什么左右自己的选择。

答案：_____

　　（4）回顾过去的一些关键时刻或决策节点，你是否发现自己总是倾向于某些特定的行为模式或反应方式？这些模式背后隐藏着什么样的情感、观点或期待？

答案：_____

2.3.2　评估职业生涯环境

　　评估职业生涯环境是个人职业生涯规划中不可或缺的一环，它能帮助个体理解并适应外部变化，从而做出更明智的职业选择。对于大学生而言，了解和分析各种环境因素对自己职业生涯发展的影响至关重要。这不仅有助于他们避开潜在的不利因素，还能充分利用有利条件，确保职业生涯规划具有实际意义。职业生涯环境的评估，如图2-4所示。

图2-4　职业生涯环境的评估

2.3.3　设定职业生涯目标

　　设定职业生涯目标是职业生涯规划的核心。制定个人职业生涯规划的目的在于达成特定职业生涯目标，从而获取理想生活。大学生设定职业生涯目标时需综合考量多种因素。一方面，职业生涯目标应具备一定的挑战性，以推动自身不断突破与发展；另一方面，职业生涯目标要与自身性格特征相符，并顺应社会和职场环境的发展趋势。当大学生经过一段时间的学习，对所学专业有深入认识且确定大学生涯的大致方向后，其就可以开始规划职业生涯目标了。

从时间维度看，大学生可把职业生涯目标划分为短期职业生涯目标、中期职业生涯目标和长期职业生涯目标。

（1）短期职业生涯目标（1～3年）。通常聚焦于大学生在短期内需要掌握的专业知识、技能及提升的工作能力。在这一阶段，大学生需仔细分析自身现状与短期职业生涯目标之间的差距，并制订具体可行的实施计划，同时建立相应的评估机制。

（2）中期职业生涯目标（4～5年或4～10年）。该阶段大学生要对自己的职业晋升有初步的规划，如设定在某个时间节点要晋升到公司业务部门的管理职位等。中期职业生涯目标在职业生涯目标的整体规划中起着承上启下的关键作用。大学生在设定中期职业生涯目标时，需结合短期职业生涯目标的完成情况做出适当调整，并为长期职业生涯目标的实现奠定坚实的基础。

（3）长期职业生涯目标（10年以上）。主要是确立比较长远的职业愿景，如计划在40岁时成为公司的运营负责人。长期职业生涯目标与职业生涯的总体目标较为相近，是实现总体目标的最后冲刺阶段。

2.3.4 制订行动计划并实施

职业生涯规划是大学生为实现自身职业生涯目标而精心制订的一系列行动计划。在这个过程中，行动计划的制订与有效实施是整个职业生涯规划的主要环节。大学生一旦确立了职业生涯目标，就必须着手制定与之相匹配的行动方案并付诸实践。

这套行动计划应当包括职业生涯目标分解、步骤安排、时间规划、资源调配等多个方面。首先，大学生需要把长远职业生涯目标分解为短期职业生涯目标和中期职业生涯目标，逐步推进。其次，大学生要合理安排各阶段行动步骤，保证连贯衔接。同时，时间规划也至关重要，大学生需要设定明确的时间节点用于监控进度和调整计划。最后，资源的有效调配也是行动计划成功实施的关键，包括学习资源的获取、实践机会的把握及人际网络的构建等。

在执行过程中，大学生要保持自律和强大的执行力，严格落实各项计划。同时，大学生要依据外部环境变化和个人发展情况灵活调整计划，确保达成职业生涯目标。

 知识链接　　　　　　　　　　　　　　**KPI**

　　KPI（Key Performance Indicator，关键绩效指标）是现代企业用于衡量和评估绩效的重要工具之一。在行动计划的实施过程中，大学生也可以通过设定明确的KPI，衡量职业生涯目标进展情况，确保行动计划的执行效果得到及时、准确的评估。

　　想一想：在本学期的学习中，你会如何设定KPI来确保学习任务的完成呢？

2.3.5 评估与反馈

评估与反馈就是根据主客观条件的变化，及时针对职业生涯规划的目标和行动计划做出调整，从而使行动计划不偏离自己确立的职业生涯目标方向的过程。评估与反馈是一个重新审视、再次发掘的过程，如图2-5所示，旨在使职业生涯规划适应个人成长和外部环境的变化。

随着时间的推移，个人的能力、兴趣可能会发生变化，而外部的就业市场环境、行业发展趋势也可能出现波动。此时，通过评估与反馈，大学生可以重新考量职业生涯目标和行动计划是否依然合适。例如，原本计划在某一行业发展的大学生，可能因该行业的萎缩而改变原本的计划。

此外，评估与反馈有助于检查职业生涯目标的合理性。如果发现按照当前行动计划执行下去无法达到预期的职业生涯目标，或者职业生涯目标设定过高或过低，则需要对职业生涯目标进行调整。从行动计划的角度来看，某些步骤在实际操作中可能遇到困难，或者存在更高效、更符合实际情况的执行路径。这将促使大学生优化其行动计划，以更好地适应变化。

通过这种持续的再认识和再发现过程，职业生涯规划能够更加贴合个人发展需求，并始终保持其有效性和可行性。

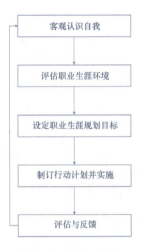

图2-5 评估与反馈

探索自我

在某种意义上，性格决定了一个人适合从事的职业。大学生清楚地了解自己的性格后，才能更好地选择职业，更准确地进行职业定向。

MBTI测试

〖测试说明〗

关于个人性格与职业的关系，有一些以心理学为基础的测试，可以供大学生参考。MBTI测试是其中比较流行且具有科学性的测试。

MBTI测试

下面是以MBTI测试为基础，列出的一些测试题，其中的问题都取自日常生活，所有问题的答案无所谓对错，也无好坏之分，只作为参考。被测试者在答题时不必对每道题多加考虑，只需按感觉判断并进行作答。

1. 你倾向从何处得到力量？（　　　）
   （E）别人
   （I）自己的想法
2. 当你参加一个社交聚会时，你会（　　　）。
   （E）在夜色很深时，一旦开始投入，也许会是最晚离开的那一个
   （I）在夜晚刚开始的时候，就疲倦了并且想回家
3. 下列哪一件事听起来比较吸引你？（　　　）
   （E）与男（女）朋友到有很多人且社交活动频繁的地方
   （I）待在家中与男（女）朋友做一些特别的事情，如观看一部有趣的电影并享用
      最喜欢的外卖食物
4. 在约会中，你通常（　　　）。
   （E）整体来说很健谈
   （I）较安静
   ……

〖测试分析〗

上述测试每7题为一部分，根据所选答案，找出你选择最多的字母，然后按顺序进行排列。排序完成后，可以将排序情况与自己的职业性格相对照。扫描上方二维码，查看完整的测试内容和每一类职业性格及其所对应的职业倾向。

‖ 思考与练习 ‖

1. 简述职业生涯规划的主要内容和意义。
2. 在职业生涯规划中，大学生常常会遇到哪些问题？应如何应对？
3. 简述SWOT分析法在职业生涯规划中的应用步骤。
4. 阅读以下材料，回答问题。

江程阳，从电气自动化专业毕业后，进入某能源控股集团担任井下电气设备维修工。面对井下复杂的高低压设备和恶劣环境，这位曾经的"三好学生"一度陷入迷茫。他甚至看不懂电路图纸，只能在检修时"傻看着"同事操作。一次10kV高压设备故障处理经历让他深刻意识到了自己的技术短板，于是，他白天跟着老师傅学实操，晚上研究电路图，逐步掌握了"望、闻、问、切"的检修绝活。

正值企业推动产业工人队伍建设，江程阳抓住此次机遇，毅然走出井下维修的"舒适区"，转岗至地面110kV变电所。尽管面临工资减半、工作量翻倍的现实压力，他坚持"把眼光放长远"，连续三个月泡在集控室，理清数万个端子排的电路分布，并通过系统培训取得技师资格证。

转型地面岗位后，江程阳的技术能力全面提升。他主导完成高防开关双电源自动切换设计，参与智慧矿山建设解决百余起设备故障，他总结的"维修五步法"和50多项创新成果中，14项获国家专利，累计为矿井节约成本超百万元。

（1）案例中，职业生涯规划对江程阳的职业发展起到了哪些作用？

（2）案例中的江程阳在职业生涯规划上有哪些值得我们学习的地方？

// 青春榜样 //

不忘初心，追求真理，拥抱世界

张世轩，某重点大学的一名本科生，其职业生涯规划展现了清晰的学术探索路径与科研战略规划。在本科阶段，张世轩虽主修工科专业，但通过课程学习挖掘出了自己对基础物理原理的研究兴趣，由此确立"硕士—科研"的学术进阶目标。为实现这一目标，他采用双轨并行策略：一方面保持工科专业课程的深度学习，另一方面系统补充物理学核心课程，为跨学科研究奠定基础。

通过系统性的学术训练，张世轩不仅建立起扎实的学科基础，更在跨学科实践中形成了独特的研究视角。在海外研修期间，张世轩基于对量子体系的深入研究，将理论物理与材料科学有机结合。

在科研路径的选择上，张世轩始终遵循学术兴趣导向。通过与不同领域导师的学术对话，他将自己的研究方向最终聚焦于光电功能材料。在课题组期间，他主导开发了新型理论分析工具，针对低维材料中的多体相互作用机制展开系统性研究，其创新性工作为相关实验研究提供了重要理论支撑。这种在基础研究领域的持续突破，为其后续选择继续深造奠定了坚实基础。

面对学术发展机遇，张世轩展现出战略性的规划能力。在博士申请阶段，他通过系统梳理国际学术前沿动态，精准定位与自身研究方向契合的学术团队，最终获得多所国际知名高校的深造机会。这种选择既体现了张世轩对研究方向的清醒认知，也彰显了其投身基础科学研究的坚定决心。

除了学术上的成就，张世轩还秉持"自由而无用"的精神，即不以功利为目的，而是为了探索未知的奥秘。这种态度使他能够在大学中找到自己真正的兴趣所在，并投入其中。

启示 张世轩的职业生涯规划过程充分体现了他对个人兴趣的深刻洞察、面对挑战时的坚韧不拔和对学术追求的执着。他的成功不仅在于取得的学术成就，更在于他对自己未来职业发展的清晰规划和不懈努力。

第 3 章
培养就业能力

几天后，张越、赵强和周云再次相聚。张越兴奋地说，他找到了几个关于市场营销的实习岗位，想去试试，但自身经验太少了，有点不敢投简历。

赵强也有点迷茫，他做了一些测试，找到了一些意向职业，但他没有达到这些职业的能力要求，也不知如何提升自己。

周云了解了国家就业帮扶政策，也发现了一些适合自己实习的基层好项目。但他在校参与的实践较少，不确定自己毕业后能不能成功报考。

他们知道要在就业中脱颖而出，就需要全面提升包括知识储备、核心能力提升及实践与实习等多方面的个人能力。最后，他们决定大胆尝试，持续在实践中提升自己的能力，以应对就业市场的考验。

张越、赵强和周云的困惑，反映出当代大学生在就业准备中所面临的复杂状况。就业市场竞争激烈且多变，而个人就业能力的高低往往决定了大学生能否顺利开启职场的大门。个人就业能力到底包含哪些要素？是扎实的专业知识？还是多元的跨学科知识？抑或是强大的核心能力和丰富的实践经验？

本章将深入剖析个人就业能力中的知识储备、核心能力提升及实践与实习等方面的内容。本章通过对这些内容的探讨，帮助大学生梳理就业能力的关键要素，解决大学生在个人能力培养方面的困惑，为大学生构建属于自己的就业能力体系提供清晰的思路。

3.1　知识储备

求职过程中的自我退缩和怀疑，本质上是对自身个人能力的不自信。对于大学生来说，知识是个人能力的重要组成部分。专业知识为职业发展提供了坚实的基础，而跨学科知识则有利于拓宽视野，促进创新与融合。那么，大学生应该如何高效地学习专业知识和跨学科知识呢？接下来将深入探讨这两个问题。

3.1.1　专业知识学习

专业知识是指在特定学科或职业领域内，经过系统学习和深入研究而获得的知识体系。它涵盖了该领域的基本概念、原理、方法、技术和理论框架等。

对于大学生来说，专业知识是他们未来从事相关职业或进行学术研究的重要基础。例如，医学专业的学生需要掌握人体解剖学、病理学、药理学等专业知识；计算机专业的学生则需要了解编程语言、算法设计、数据结构等专业知识。掌握扎实的专业知识不仅有助于大学生顺利完成学业，更是他们未来职业生涯中不可或缺的核心竞争力。

为了确保学习的深度和广度，大学生在学习专业知识时应采取全面而系统的策略。以下是一些建议。

（1）打好理论基础。从基础知识开始，逐步深入到复杂的内容，确保对核心概念有深刻理解。

（2）理论与实践结合。实践是检验真理的唯一标准。大学生应积极参与专业实践，如实习、项目研究、志愿服务等，将所学知识应用于实际问题的解决中，通过实践来巩固和提升专业能力。此外，大学生还可以通过参加学术讲座、研讨会等活动，与业界专家和学者交流，了解专业的前沿动态，激发自己的学习兴趣和培养自己的创新思维。

（3）持续更新知识。大学生要定期关注行业动态和技术进步情况，保持专业知识的时效性和先进性。

（4）利用多种资源。大学生要充分利用大学丰富的学习资源，包括课堂讲授、实验实训等，这些是学习专业知识的主要途径。同时，大学生还要注重课外阅读，广泛涉猎相关领域的书籍、期刊等，以拓宽知识视野。

（5）参与讨论交流。在课堂上，大学生要积极参与讨论，主动提问，与老师和同学交流思想，以加深对专业知识的理解。大学生还可以加入学习小组或参加学术会议，与其他同学或专业人士分享见解。

3.1.2 跨学科知识积累

大学生在学好专业知识的同时，还要注重跨学科知识的积累。目前，国家对人才的需求不仅仅是单一专业技能型人才，更多是具备综合素养、能应对复杂多元任务的复合型人才。因此，跨学科知识积累对大学生来说至关重要。它有助于大学生拓宽视野，打破学科界限带来的思维定式，让他们站在更宏观的角度看待专业知识的运用场景，从而在未来的职业发展和个人成长道路上更具优势。

大学生要想实现跨学科知识积累可以从以下几个方面入手。

1. 选修跨学科课程

大学生应充分利用大学提供的丰富课程资源，选修跨学科课程。这不仅包括心理学、经济学、艺术史等基础学科，还可以探索如数据科学、环境科学、人工智能等新兴领域。大学生系统学习跨学科知识，不仅能够帮助其获取新知识，还能培养其跨学科的思考习惯和方法论，使其学会从不同视角审视问题。

2. 参与跨学科项目

参加由学校组织的跨学科研究项目或团队作业是实现跨学科知识积累的有效途径之一。通过实际操作中的协作与融合，大学生可以体验到不同学科之间的相互作用，学习到如何将各自的专业知识结合起来解决复杂的现实问题。此外，这种经历还有助于提高大学生的沟通协调能力和培养团队合作精神。

 知识链接　　　　　　　　　　　　　　**T型人才**

　　T型人才是指按知识结构来区分的一种刚柔并济的人才类型。其知识结构类似于英文字母"T"，其中"T"的"|"代表个体在某一专业领域具有深厚的技能和知识，即深厚的专业知识；而"T"的"—"则代表个体在其他相关领域也具备广泛的知识面，即跨学科的广泛涉猎。这种人才不仅在自己的专业领域有卓越表现，还能跨领域合作，解决复杂问题，这种人才是推动创新和社会进步的重要力量。

　　想一想：如果你想要培养自己成为T型人才，你会选择哪个领域作为你的"|"（深厚的专业知识领域），并希望在哪些领域形成你的"—"（跨学科的广泛涉猎）？

3. 加入兴趣小组或社团

大学生应积极加入兴趣小组或社团，如科技俱乐部、创业社团或文化协会等，与其他专业背景的同学交流互动，分享不同的观点和经验。大学生需要在实践中将不同学科的知识融合应用，提升自己解决实际问题的能力。

4. 在线学习资源

随着互联网技术的发展，在线教育平台如中国大学MOOC（大规模开放在线课程）

提供了丰富的学习资源，涵盖几乎所有学科领域。大学生可以根据个人兴趣和发展需求自主选择感兴趣的科目进行学习，不受时间和空间的限制。这种方式既灵活又高效，有助于大学生在短时间内掌握大量新知识，并且可以作为正式课程学习的一种有益补充。

5. 广泛阅读

定期阅读不同领域的书籍、期刊和文章是保持对新知识好奇心的重要方式。通过广泛涉猎各类资料，大学生不仅可以加深对某一特定主题的理解，还能够接触到最新的研究成果和发展动态，开阔眼界。大学生长期坚持这一习惯，可以帮助他们逐渐建立起广泛的兴趣爱好，形成独立思考的习惯。

6. 实习与兼职

寻找跨行业的实习或兼职机会，通过亲身体验不同的工作环境和业务流程，大学生可以获得宝贵的实践经验和社会认知，了解行业内部运作机制及职场文化。

通过这些方法，大学生可以系统地积累跨学科知识，为成为具备广泛视野和综合能力的人才打下坚实的基础。

3.2　核心能力提升

一个人能否胜任某个岗位，除了可以从知识掌握程度进行考量，核心能力的评估同样至关重要。核心能力是指那些直接影响工作效率、确保任务顺利完成的个人内在心理特质和综合能力。对于即将步入职场或已经在实习中的大学生而言，社会上普遍看重的核心能力涵盖了学习能力、适应能力、人际交往能力等多个方面。这些核心能力的综合表现，往往决定了一个人在职场中的竞争力和发展潜力。

3.2.1　学习能力

学习能力是一种综合性的能力，它不仅仅是指获取知识或掌握技能的速度和质量，还包括学习方法的选择与运用、学习态度的积极性、解决问题的灵活性、自我激励与持续学习的意愿等多个维度。评价一个人学习能力的指标一般有6项，即专注力、成就感、自信心、思维灵活度、独立性和反思力。大学生可以通过以下3种方法来提升自己的学习能力。

1. 改变学习态度

在以往的基础教育中，老师会详细讲解每一个知识点，帮助学生梳理知识结构和脉络，学生只需要掌握和牢记即可，不需要自己去主动思考。然而在大学阶段，由于课时有限、知识密度大，老师不可能在课堂讲解时做到面面俱到，往往只能挑选重点内容进行讲解。这就需要大学生有课前预习的好习惯，把从前的被动学习变为主动的求知和探索。

2. 借鉴他人优秀的学习方法

他人优秀的学习方法一般具有一定的参考价值，可供借鉴，但是不能将他人的学习方法生搬硬套地应用在自己身上。对他人有用的东西不一定对自己有用，所以，大学生应该在借鉴他人学习方法的基础上，结合自身情况进行改造，使之转化为自己的东西。

3. 强化自己的学习动机

内因是事物变化发展的重要根据，因此，大学生要想提升自己的学习能力，关键在自身。大学生只有强化自己的学习动机，设置符合自身条件的目标，并坚定不移地为之奋斗，才会逐渐提升自己的学习能力。

3.2.2　适应能力

适应能力是指个人在面对新环境、新任务或变化时，能够迅速调整自身的行为、态度和技能，以有效应对挑战并保持高效工作的能力。大学生即将步入一个快速变化且充满不确定性的职场世界，因此，对于大学生而言，适应能力尤其重要。良好的适应能力不仅有助于他们顺利适应职场，还能帮助他们在多变的工作环境中持续成长和发展。

1. 适应能力的衡量

大学生的适应能力可以从多个维度进行衡量，包括但不限于以下几个方面。

（1）学业适应能力。大学生能否快速适应新的学习节奏、课程难度和学习方式，以及能否有效管理自己的学习时间和资源，是衡量其学业适应能力的重要指标。

（2）人际适应能力。大学生在大学期间需要建立和维护新的社交网络，处理复杂的人际关系。因此，其人际适应能力可以通过评估其与同学、老师等人的交往情况，以及解决人际冲突的能力来衡量。

（3）环境适应能力。大学生能否适应新的生活环境，包括校园设施、住宿条件、饮食文化等，也是衡量其适应能力的一个重要方面。

（4）情绪适应能力。面对学业、生活和人际等方面的压力，大学生能否保持积极乐观的心态，有效管理自己的情绪，是衡量其情绪适应能力的关键。

2. 适应能力的培养

大学生可以采取以下措施来提升自己的适应能力。

（1）建立自信心。对于大学生而言，自信是适应新环境和迎接挑战的关键。通过设定并逐步实现小目标，如成功加入一个新的社团或在某一门课程中取得优异成绩，大学生可以逐步建立起对自身的信心。这种逐步积累的成功经验将增强大学生在面对更大挑战时的自信心。

（2）主动走出舒适区。作为未来的职场人，大学生应积极尝试改变现状，勇敢走出自己的舒适区。这包括参加各类学习、文体活动及心理拓展项目，勇于探索未知领域。每一次新的尝试都是成长的机会，有助于培养大学生的适应能力。

（3）保持开放的心态。大学生活充满了变化与不确定性，这对每一位大学生来说既是挑战也是机遇。保持开放的心态，接受新的观念和想法，勇于尝试新事物，这将帮助大学生更好地应对变化与不确定性。

（4）寻求帮助与支持。当遇到困难和挑战时，大学生应学会主动寻求帮助和支持。无论是向老师请教、与同学展开讨论，还是利用学校提供的资源和服务，都是解决问题的有效途径。不仅如此，借助外部力量还可以有效提高解决问题的效率。

（5）学会时间管理。有效的时间管理是大学生必须掌握的一项重要技能。合理地规划和分配时间不仅可以提高学习效率，还有助于大学生更好地平衡学习、娱乐和社交活动。

（6）培养终身学习的态度。对于即将步入社会的大学生来说，终身学习的重要性不言而喻。大学生应不断更新自己的知识体系和技能组合，以适应快速变化的社会和职业发展需求。大学生养成终身学习的习惯，有助于其在职业生涯中始终保持竞争力，灵活应对各种挑战。

👁 脑海探险

适应能力是大学生的必备技能。下面我们就一起来测测自己的适应能力吧。

（1）在新环境中，你是否经常感到焦虑、不安或孤独？这些情绪是否持续影响你的日常生活和学习？

答案：＿＿＿＿＿＿＿＿＿＿＿＿＿＿＿＿＿＿＿＿＿＿＿＿＿＿＿＿＿＿

（2）当你遇到学习上的难题、人际关系中的冲突或生活中的突发事件时，你通常是如何应对的？你是积极寻找解决方案，还是容易陷入消极情绪中无法自拔？

答案：＿＿＿＿＿＿＿＿＿＿＿＿＿＿＿＿＿＿＿＿＿＿＿＿＿＿＿＿＿＿

（3）在社交场合中，你是否能够自信地表达自己，同时尊重并理解他人的观点和感受？

答案：＿＿＿＿＿＿＿＿＿＿＿＿＿＿＿＿＿＿＿＿＿＿＿＿＿＿＿＿＿＿

（4）当你遇到一个完全陌生的任务或项目时，你的第一反应是什么？你是如何逐步接受并开始执行这个任务的？

答案：＿＿＿＿＿＿＿＿＿＿＿＿＿＿＿＿＿＿＿＿＿＿＿＿＿＿＿＿＿＿

3.2.3　人际交往能力

人际交往能力是指个体在社会交往中建立和维护良好关系的能力，它包括语言表达能力、倾听能力、交友能力、观察能力，以及处理生活中各种问题的能力。对于即将步入社会，想要做好入职准备的大学生来说，培养这一能力尤为重要。随着社会的发展，人际交往能力越来越受到重视，大学生也应对此有更积极的认知，并提出更高的自我要求。

对于大学生而言，良好的人际交往能力不仅对个人的成功和幸福至关重要，也是促进团队合作和职业发展的关键因素。因此，在大学期间，大学生应该主动寻求机会来提升自己的人际交往能力，为未来的职业生涯和个人生活打下坚实的基础。

（1）学会倾听。有效的倾听能够增加大学生对他人的理解和关心，有助于建立良好的人际关系。大学生应该培养倾听能力，包括全神贯注地倾听他人、不打断对方、回应对方的情感和表达。

（2）尊重他人。尊重他人是建立良好人际关系的基础。大学生应该学会尊重他人的观点、感受和权利，避免对他人进行无谓的批评和指责。

（3）主动交往。主动与他人交往是建立良好人际关系的关键。大学生应该积极寻找与他人交往的机会，扩大自己的社交圈子。

（4）掌握良好的沟通技巧。良好的沟通技巧可以帮助大学生在人际交往中更加有效地表达自己，并建立良好的关系。

◎ **阅读材料**　　　　　　**积极发挥沟通的协调作用**

　　沈星澜，一个热衷于晨跑和规律作息的大三学生，与一个热爱游戏、常常熬夜的室友，因为作息习惯的不同，逐渐产生了摩擦。

　　起初，沈星澜尝试使用耳塞来隔绝噪声，但效果并不理想。长时间的睡眠不足导致他白天精神不振，学习效率大打折扣。终于，在一个周末的午后，沈星澜决定与室友进行一场面对面的沟通。他耐心地解释了自己的作息习惯和对安静睡眠环境的需求，同时也表达了对室友游戏爱好的尊重和理解。室友听后，深感歉意，他从未意识到自己的行为已经影响到了其他室友。在沈星澜的提议下，两人开始探讨解决方案。经过一番讨论，他们决定制定一个合理的作息时间表，既保证沈星澜有足够的休息时间，又不妨碍室友享受游戏的乐趣。此外，他们还约定在特殊情况下（如考试周、作业截止日等），双方可提前沟通调整作息，以确保相互理解和支持。

　　自从实施了新的作息时间表后，沈星澜和室友不仅在作息上找到了平衡点，还在学习和生活上相互帮助，成了无话不谈的好朋友。

✎ **点评**

　　沈星澜与室友的作息矛盾是大学宿舍中的一个典型问题。沈星澜通过积极沟通，成功化解了与室友的作息矛盾，展现了成熟的人际交往能力。同时，该阅读材料也告诫大学生，面对冲突时，积极沟通、寻求共识是解决问题的关键。

（5）接受和尊重差异。每个人都有自己独特的背景、价值观和观点。大学生应该接受和尊重他人的差异，并学会从他人的角度看待问题。

（6）持续学习。人际交往是一个持续学习的过程。大学生应阅读相关书籍、观看视频教程等，不断充实关于人际交往的知识。

3.2.4　思维认知

思维认知是指人们对于信息的接收、理解、加工和应用的能力，它影响个体的学习、决策和创新能力。具体来说，思维认知包括感知、记忆、思维、推理、解决问题等方面，是一个从低级感知到高级思维的复杂过程。

大学生提升自己的思维认知水平将有助于他们更好地适应学习、生活和未来的工作。以下提供了一些针对性的方法供大学生参考。

1. 保持好奇心

对于大学生来说，保持强烈的好奇心是思维认知发展的重要驱动力。通过不断拓宽知识视野，大学生可以为自己的思维注入丰富的素材和灵感。阅读各类书籍、观看纪录片或参与学术讲座等活动都是激发好奇心的有效方式。

2. 培养批判性思维

大学生在获取知识的道路上，不能盲目地相信所接收到的任何信息，无论是来自书本、网络还是他人的观点。例如，大学生在阅读学术著作或者专业论文时，要保持理性的态度。大学生应仔细思考作者的研究方法是否符合科学规范，收集的数据是否可靠准确，得出的结论是否存在局限性；当与他人观点不一致时，大学生不应轻易改变自己的想法。大学生要以理性的态度和充分的论证来阐述自己的看法，这不仅能让自己更加深入地理解问题，还能在与他人的思想碰撞中不断完善自己的思维认知，有助于批判性思维的培养。

3. 注重思维训练

大学生应该注重思维训练，定期参与脑力活动，如解谜题、玩策略游戏或练习编程等。这些活动可以刺激大脑的不同区域，进而提高解决问题的能力。此外，大学生参加数学、哲学、心理学等学科的课程同样重要。这些课程往往包含复杂的理论和概念，能有效锻炼大学生的抽象思维能力和逻辑推理能力。通过不断地挑战自我，大学生能够在智力层面取得显著进步，为未来的学业和职业生涯奠定坚实的基础。

4. 使用思维工具

大学生可以积极学习并运用一些思维工具来提升思维认知能力。例如，思维导图是一种非常实用的工具。在准备考试复习时，大学生可以用思维导图将各个知识点之间的关系清晰地呈现出来。此外，当面临选择职业方向或创业项目时，大学生可以利用SWOT分析等工具进行决策分析。通过分析自身的优势（Strengths）、劣势（Weaknesses）、外部机会（Opportunities）和威胁（Threats），做出更加理性的决策。这些思维工具的学习和使用能够让大学生在学习和生活中更加有条理地思考和处理问题。

5. 反思与总结

定期反思自己的学习过程和思维过程，这是提升思维认知能力的重要途径。大学生应学会识别并纠正自己的认知偏差，同时总结成功经验，提炼出行之有效的方法。通过不断反思和总结，大学生可以不断完善自己的思维方式，提高思维效率。

◎ 脑海探险

近年来，人工智能在图像识别、语音交互、医疗诊断等多个领域取得了惊人的进展。从能够识别各种物体的智能安防摄像头，到能与人类进行无障碍对话的智能语音助手，再到辅助医生发现早期病变的人工智能医疗系统，人工智能正以前所未有的速度融入我们的生活。

（1）在一些行业中，人工智能已经开始替代部分人力开展工作。这是否意味着人类的某些思维能力不再重要？还是说这是一种促使人类去发展其他更高级思维能力的机会？

答案：_____

（2）从你日常接触到的人工智能应用来看，你发现目前的人工智能在理解人类复杂情感或文化内涵方面存在哪些局限性？这反映了人类思维的哪些独特性？

答案：_____

（3）你认为人工智能的快速发展会对人类的思维方式产生哪些影响呢？例如，它是否会改变我们解决问题的逻辑或我们对知识和信息的获取方式？

答案：_____

（4）如果你有机会参与研发人工智能产品，你会如何考虑将人类的积极思维特质融入其中？例如，如何让人工智能在决策过程中体现人类的道德伦理思维。

答案：_____

3.2.5　沟通协作能力

沟通协作能力是指一个人在与他人交流和合作过程中展现出来的能力，它包括有效地传达信息、理解他人的意图和需求、解决问题、协商及合作等方面的能力。沟通协作能力对大学生的个人成长和职业发展至关重要。

大学生可以通过以下几种方式来提升自己的沟通协作能力。

（1）积极参与课堂讨论。在课堂上，大学生要克服内心的羞涩与恐惧，主动争取发言机会。同时，大学生要认真倾听他人的观点并给予积极反馈，如点头、微笑或使用鼓励性的语言，保持良好的倾听习惯和尊重他人的态度。通过课堂讨论，大学生可以学会如何在多元观点中寻求共识，提升其在团队中的沟通效率。

（2）加入社团与组织。通过参与学生会、学术社团、兴趣小组等，大学生可获得丰富的团队合作机会。在这些组织中，大学生可以担任不同的角色，如项目负责人、协调员或普通成员，通过实际项目的策划、执行和总结，锻炼自己的团队协作能力，提升领导力和责任感。

（3）参加团队建设活动。户外拓展训练、志愿服务、团队竞赛等活动，不仅增强大学生之间的默契度和协作精神，还能培养大学生解决问题的能力、适应变化的能力和团队合作精神。在这些活动中，大学生可以学会如何在压力下保持冷静，有效沟通，与他人共同面对挑战，达成目标。

（4）学习冲突解决策略。在团队中，出现冲突是难免的。大学生应掌握基本的冲突管理技巧，如协商妥协、寻求共识、倾听对方意见等，以便在遇到分歧时能够冷静分析，找到双方都能接受的解决方案。此外，学会自我反思，了解自己的沟通风格和情绪管理，这也是有效处理冲突的关键。

3.2.6　执行力

执行力是指将计划、决策或构想转化为实际行动并最终达成目标的能力。它涵盖完成任务的效率，同时也涉及对资源的有效利用、时间管理及应对挑战和解决问题的能力。对于大学生而言，良好的执行力是成功完成学业、积极参与课外活动及为未来职业生涯做好充分准备的关键因素。

提升执行力是一个涉及多方面的过程，大学生需要从目标设定、计划制订、执行策略等多个角度入手，全面提升自己的执行力。

（1）设定清晰目标与计划。大学生要明确自己想要达成的目标，并制订切实可行的计划。这样可以让自己按照计划一步步前进，避免迷失方向。

（2）分解任务。将大任务拆分成小任务，并且每次只专注于完成一个小任务。这样更容易实现对任务的管理，也能让自己在完成每个小任务后获得成就感，从而激励自己继续前行。

（3）设定时间限制。大学生要给自己设定一个截止日期，让自己感受到时间压力，从而更快地行动起来。同时，大学生也要学会合理分配时间，确保重要任务得到及时处理。

（4）集中注意力。在完成任务时，大学生要集中精力，避免分心。可以关闭手机等干扰源，创造一个专注的工作环境，提高自己的工作效率和质量。

（5）克服拖延症。拖延只会让事情变得更复杂。大学生要学会克服拖延症，及时行动起来。大学生可以通过设定奖励机制、寻求他人监督等方式来激励自己克服拖延。

3.2.7　信息处理能力

现代社会是一个信息爆炸的时代，如何有效地获取、筛选和利用信息成了一项重要的技能。大学生一定要掌握基本的信息技术工具，如办公软件、数据分析工具等，并能够熟练使用互联网进行信息搜索和整理。更重要的是，大学生还应学会批判性地思考，区分信息真伪，避免被虚假信息误导。

在实际工作中，快速准确地收集所需信息，并对其进行分析解读，能够为大学生的职业发展提供有力支持。这种能力不仅能够帮助大学生做出更加明智的决策，还能提升他们的工作效率和专业水平。

此外，大学生在信息处理的过程中，必须高度重视信息安全，避免在操作过程中泄露个人隐私和企业机密。这是维护个人声誉和职业信誉的重要一环，也是遵守职业道德和法律规范的必然要求。

3.2.8　AI工具应用能力

AI工具应用能力是指在实际的工作和学习中，能够理解和运用人工智能技术解决实际问题的能力。它体现在多个领域和场景中，包括文案创作、图像处理、视频编辑、办公自动化和设计等。

在当今数字化时代，AI技术已经渗透到多个领域，无论是医疗、教育，还是金融、制造业等，都受其影响。因此，对于大学生而言，具备 AI 工具应用能力已成为一项不可或缺的技能。该项技能能够帮助大学生更好地理解和应对未来工作环境中的技术变革，进而增强职业发展的适应性和灵活性。所以，大学生要有意识地锻炼自己的 AI 工具应用能力，其主要途径如下。

（1）选择计算机科学、数据科学、人工智能等专业的课程进行深入学习，或者参加校内外提供的 AI 工具应用培训课程，系统掌握 AI 基础知识和应用技能。

（2）积极参加校内外的实践活动，如加入学校的 AI 技术社团或参加相关的创新创业大赛，在实践中积累经验，提高应用能力。例如，在大赛中运用 AI 数据分析工具进行市场调研。

（3）充分利用网络上丰富的 AI 学习资源，如在线课程等，不断自学新知识。大学生也可以加入 AI 技术爱好者社区或论坛，与相关人员交流心得，解决学习中的疑问。

 知识链接　　　　　　　　　　　　　**职业创变者**

　　职业创变者是指通过整合资源创造新就业形态的群体。他们不满足于既有岗位，而是将兴趣转化为商业模式，如汉服设计师。职业创变者往往具备较强的学习能力和适应能力，能够在快速变化的社会环境中迅速找到新的定位和发展机会。他们可能是从传统行业转型到新兴领域的先行者，也可能是跨领域融合的创新者，他们以独特的视角和创新的思维推动职业向着新的方向发展。例如，一位程序员因热爱传统文化，开发古风游戏并开设线上课程，形成"技术 + 文化"的复合身份。

　　想一想：如果你是一名职业创变者，面对未来的职业发展，你会选择哪个领域或方向进行创新和变革呢？

3.3　实践与实习

对于大学生来说，积累实践、实习经历是提升个人就业能力的关键。很多企业在选聘人才时，都会将实践和实习经历作为重要的考核指标，所以对于大学生来说，如何有效地抓住并利用好各种实践与实习机会，就显得尤为重要了。

3.3.1　实践

实践，是一种将理论知识与实际操作相结合的过程，也是大学生提升个人能力和职业素养的重要途径。它让大学生有机会走出象牙塔，亲身体验职场，从而更加明确自己的职业方向和定位。

1. 实践的核心价值

实践是大学生将理论转化为能力的关键路径，其核心价值体现在知识应用与职业准备两方面。

（1）知识应用

实践为大学生提供了一个将课堂上学到的理论知识应用于解决实际问题的机会。通过亲身参与项目或工作，大学生能够验证理论知识是否适用于现实，并根据实际情况调整自己的思维方式。这种理论与实践相结合的学习方式不仅有助于加深大学生对所学内容的理解和记忆，还提高了他们分析和解决问题的能力，使理论学习更加生动具体，从而提升大学生的创新思维能力和动手能力。

（2）职业准备

在实践中，大学生可以获得特定行业的专业技能，如编程、市场营销策划、工程设计等。这些技能是未来求职时的重要资本，也是大学生进入职场后快速上手工作的关键。同时，大学生还可以学习使用各种工具和技术，掌握行业标准和操作流程。通过不断积累实践经验，大学生能够在自己感兴趣的领域中建立起扎实的专业基础，为未来的职业发展打下坚实的技术支撑。

2. 实践的多元途径

大学生可以通过以下方式来开展实践。

（1）课程实验与产学研项目：高校通过开设专业实验课、模拟实训及校企联合实验室，为大学生提供贴近行业的实践场景。

（2）志愿服务与社会调研：大学生可以参与"三下乡"、社区帮扶等活动，既能服务社会，又可锻炼他们的组织协调能力。

（3）创新创业大赛：鼓励大学生参加全国大学生职业规划大赛、中国国际大学生创新大赛、"挑战杯"等赛事，将专业知识转化为商业方案，培养他们的创新思维与团队协作能力。

3.3.2　实习

实习，作为实践的一种高级形式，通常要求大学生在一段时间内全职或兼职参与企业的日常工作，承担具体的岗位职责。实习不仅能够帮助大学生深入了解行业内的运作流程和企业文化，还能让他们在实践中学习新的技能和知识，积累宝贵的工作经验，为将来的就业打下坚实的基础。

1. 实习的价值

实习期间的岗位技能学习和实习总结与反馈有助于大学生未来的职业发展。

（1）岗位技能学习

在实习期间，通过承担具体的工作任务，大学生将逐步掌握岗位所需的各项技能。他们将有机会熟悉工作流程，深入了解所在行业的运作模式、市场动态和行业标准，并进行大量的实践操作。每一次解决实际问题的经历都是大学生提升能力的重要契机。

（2）实习总结与反馈

实习结束后，大学生需要对自己的工作进行总结与反馈。有效的总结不仅能巩固所学知识，还能帮助大学生客观评价自己的能力和潜力，识别出需要改进的地方。大学生可以通过自我评估、收集外部评价及整理成果展示，清晰地认识到自己的优势与劣势，进而制订出切实可行的职业行动计划，以确定未来的学习和发展方向。

2. 实习的途径

大学生实习的途径多种多样，除了到传统的全职或兼职企业实习，还包括参与校企合作项目、自主申请参与短期实习、科研团队转化及创业孵化实习等途径。

（1）参与校企合作项目：部分高校会与领头企业共建实习基地，为大学生提供学期内定点实习或暑期集中实训，如金融专业大学生进入银行参与信贷分析。

（2）自主申请参与短期实习：大学生可通过招聘平台（如国家大学生就业服务平台、BOSS直聘）主动投递简历，或参与"扬帆计划"等政府支持的实习项目。

（3）科研团队转化：大学生可以跟随导师参与横向课题或产学研合作项目，如生物实验室大学生进入药企参与新药研发。

（4）创业孵化实习：大学生可以加入大学科技园或创业团队，体验产品从设计到市场落地的全过程。

📝 身临其境

陈芷昕在一家知名互联网公司获得了为期三个月的实习机会。起初，她对这份工作充满期待，视其为职业生涯的重要起点。然而，实习的第一个月里，陈芷昕就遇到了一些挑战，她逐渐感到沮丧。

首先，因为经验不足，她每天几乎都在做一些重复性工作，如数据整理和文档校对，而其他同事则负责更具挑战性的项目，这种差异影响了她的积极性。其次，工作中的一些复杂任务和技术难题，她往往无从下手，并时常感到力不从心，自信心受挫。最后，作为新成员，陈芷昕难以融入团队，表达想法时担心不够专业或问题过于基础，因此在团队讨论中她常常保持沉默，错过了许多学习交流的机会。

想一想：如果你是陈芷昕，你会如何应对上述困境？你认为作为一个实习新人，需要在职场中重点培养哪些能力？

⫽ 探索自我 ⫽

沟通能力在人际交往中至关重要，它涉及理解他人、清晰表达自己及有效协商和解决冲突等多个方面。以下是一个简单的沟通能力测试，旨在帮助大学生评估和提升自己的沟通能力。请你根据自己的实际情况回答以下问题。

🐚 沟通能力测试

〖测试说明〗

以下问题考查你的沟通能力，请你尽快给出答案。需要注意的是，本测试仅供参考，不代表最终结论。

沟通能力测试

1. 当你与他人交流时，你（　　　）。
   A. 总是积极倾听对方的观点，不打断
   B. 有时会急于表达自己的看法，可能会忽略对方的表达细节
   C. 很少主动倾听，更多是在等待自己的说话机会

2. 在团队讨论中，你倾向于（　　　）。
   A. 鼓励每个人发表意见，并努力整合大家的观点
   B. 主要发表自己的看法，偶尔听取他人的意见
   C. 保持沉默，不太愿意在众人面前发表观点

3. 当你有不同意见时，你会（　　　）。
   A. 尊重对方的观点，然后提出自己的看法，寻求共识
   B. 直接指出对方观点的错误，坚持自己的看法
   C. 避免冲突，即使不同意也不会表达出来

4. 在非言语沟通方面（如肢体语言、面部表情），你觉得自己做得如何？（　　　）。
   A. 很好地利用非言语信号来增强沟通效果
   B. 有时会忽略非言语信号，但大多数情况下做得还可以
   C. 不太擅长使用非言语信号，可能因此影响了沟通效果

5. 当别人向你表达不满或批评时，你的反应通常是（　　　）。
   A. 保持冷静，认真倾听并尝试理解对方的立场
   B. 可能会感到生气，不太容易接受批评
   C. 想要逃避或辩解，不太愿意面对问题

〖测试分析〗

每题A选项得3分，B选项得1分，C选项得0分。

总分12～15分：你的沟通能力很强，善于倾听和理解他人，同时能够清晰表达自己的观点。请继续保持！

总分6～11分：你的沟通能力有待提高。在某些方面你可能做得很好，但在其他方面还有改进的空间。尝试更加积极地倾听他人，注意自己的非言语信号，并学会更有效地表达自己的不同意见。

总分0～5分：你的沟通能力可能需要较大的提升。建议多参与团队讨论，练习倾听和表达技巧，同时关注自己的非言语沟通方式。你可以寻求专业人士的帮助来提升自己的沟通能力。

思考与练习

1. 简述专业知识与跨学科知识在大学生职业生涯中的重要性。
2. 大学生应该如何借鉴他人优秀的学习方法，以提升自己的学习能力？
3. 简述衡量大学生适应能力的维度有哪些？
4. 描述沟通协作能力的主要组成部分及其提升方法。

5. 阅读以下材料，回答问题。

李泽熙在化工道路上逐梦十余年，他的成长离不开对行业的热爱与执着，以及心中"工匠精神"的种子。

初入大学时，李泽熙和其他新生一样，对未来感到迷茫，不清楚学习的方向和未来的职业规划。然而，学校开设的职业生涯规划课程如同灯塔般照亮了他的道路。讲师强调，为了明确未来的定位，大学生需要把理论与实践相结合，还需要多听取行业专家的经验分享。因此，每当学校邀请业内专家学者、技术能手或劳模工匠开展专题讲座时，李泽熙总是积极参加。同时，"专业导论""职业生涯规划"及"化工制图"等课程成了他探索自我并规划职业的重要指南，尤其是"化工制图"为他日后的图纸审阅和设备安装工作打下了坚实的基础。

然而，在大学期间，将理论知识应用到实践是他遇到的一大瓶颈。幸运的是，在学校组建的校企合作项目中，企业导师（包括资深专家和技术能手）的授课内容紧密围绕实际生产流程设计，使李泽熙的技能训练更加专业化、实用化。

读大三时，学校与某公司深度合作，李泽熙凭借优秀的学业成绩和参与企业实战项目的经历获得实习机会。实习初期，他面临诸多难关，环境方面有"温度高、辐射强、粉尘大"的问题，技术方面存在"上手慢、经验少、仪器老"的困扰。最初是3个实习生一起工作，但后来只剩下他一人独自面对。在这最艰难的时候，学校的实习指导老师给予了他大力支持。实习指导老师定期与企业沟通，了解他的工作情况，还通过视频远程指导他操作老旧仪器、优化工艺流程，甚至联系企业技术专家为他一对一辅导。就这样，李泽熙克服重重困难，从实习生成长为生产部副调度员。

后来，产业转型升级的浪潮席卷而来。李泽熙勇敢走出"舒适区"，转战有机化工领域。他在新岗位上积极努力，白天在不同车间穿梭跑流程、拦设备，晚上梳理现场管线、绘制PID流程图，最终练就扎实的基本功，被选聘为苯乙烯工段的工段长。

（1）李泽熙在大学期间是如何克服将理论知识应用到实践这一瓶颈的？

（2）在面对复杂的工作环境和技术难题时，李泽熙是如何保持积极态度并不断提升自己的专业技能的？

青春榜样

逐梦航天，巾帼展才

鲍硕，作为北京航天飞行控制中心的首位女性总调度，在"天问一号"火星探测任务和嫦娥五号复杂任务的执行中展现了非凡的专业能力和坚强意志。

自研究生毕业加入北京航天飞行控制中心后，鲍硕从上行控制岗做起，负责向航天器发送指令。面对调度岗位的巨大挑战和自身性格内向、不擅长沟通的问题，她没有退缩，而是以坚韧不拔的毅力，夜以继日地刻苦学习，一步步克服这些看似不可逾越的障碍。她主动向前辈请教，并勇于实践，通过不断地练习和调整，最终成为一名优秀的调度员。

　　在执行"嫦娥五号"任务期间，鲍硕与遥操作团队共同面对前所未有的技术挑战，成功完成了月壤表取、封装工作，比预定时间提前了近7小时。这次任务不仅要求高度精确的操作，还需要对方案预案进行深入研究，并反复演练每一个关键节点。在实际月面工作过程中，两千余条指令、近万句调度语无一错漏，最快仅用时37分钟就完成一次表取采样放样工作，这在地面演练时需近半天才能完成，充分展示了她在高压环境下出色的工作能力。

　　鲍硕始终牢记党的先进性要求，用党的创新理论武装头脑，指导实际工作。她以"奋斗是青春最亮丽的底色"为信念，怀揣拼搏进取之心，将全部智慧和力量投入航天事业中，恪尽职守、真抓实干、不计名利、任劳任怨。特别是在重大任务准备阶段，她白天在大厅组织联调联试，把每一次联调、演练都当成实战，结束后回到办公室钻研方案预案，尽可能多地梳理并牢记正常及应急处置方法及口令，一天工作十几个小时，力求完美完成每一次任务。她始终以老一代航天人为榜样，敢于迎接艰难险阻，勇于承担责任，展现出极高的职业素养和无私奉献的精神。

　　此外，鲍硕还注重知识更新和技术探索，积极学习新知识、研究新方法。面对新的航天任务，她站在全局高度思考问题，同时深入一线，潜心钻研各种高新技术专业知识，提高团队协同效率，保证了任务的顺利完成。

启示　　鲍硕以其卓越的专业技能、坚韧不拔的精神品质及对航天事业的无限热爱，成了年轻一代航天工作者的楷模。她的事迹激励着更多的大学生投身于国家航天事业的发展之中，同时，她的事迹也告诉大学生，只有不断努力、迎难而上，才能在职业道路上实现自我价值。

第 4 章

做好求职准备

张越在准备自己的实习简历时，他的室友刚刚参加了一场面试，回到寝室后难过地对张越说，自己的实习估计没戏了。

张越很惊讶："你们的面试结果当场就公布了吗？"室友叹气道："那倒不是，但我没有回答好面试的问题。主要是我对这家公司不够了解，很多问题都不知道怎么回答，我觉得面试官应该对我的回答不太满意。"他还提醒张越，要做好充分准备，要对自己的简历内容足够熟悉，还要提前了解一下实习单位的信息，特别是关于实习单位业务内容的信息。

这让张越陷入了沉思。他忍不住想，我的简历会是HR喜欢的吗？我对实习单位的了解如何？我能不能自信地回答面试官提出的问题？

室友的面试经历，意外点破了张越在求职准备中的盲区。这是否也引发了你的共鸣？面对即将到来的就业季，你是否已经做好了充分的准备？在这个信息爆炸、竞争激烈的时代，如何有效地收集和分析就业信息，以及如何编写既能展现自我优势又能匹配岗位需求的简历，是每位即将步入职场的大学生必须面对的挑战。

本章将深入解析就业信息的相关内容，并详细讲解个人简历的编写技巧，全面指导大学生根据不同岗位需求量身定制简历。通过本章的学习，大学生能够更清晰地认识到自己在求职准备上的不足，并制订出切实可行的改进计划，从而更好地开启自己的职业生涯。

4.1 解析就业信息

在当今这个信息化社会中，信息是决定胜负的关键因素。大学生就业市场同样如此，谁能够有效且快捷地掌握就业信息，谁就能在求职过程中占据先机。因此，对于即将步入职场的大学生而言，求职前的准备工作至关重要，就业信息的收集与整理更是不可或缺的。

4.1.1 获取并筛选就业信息

大学生就业在本质上是一种职业选择的过程。在这个过程中，科学合理的决策是非常关键的，而这种决策需要建立在准确、全面且系统的信息基础之上。因此，为了成功踏入理想的职业领域，大学生必须高度重视并有效获取相关的就业信息。

1. 就业信息的内容

在大学生就业过程中，就业信息的内容涵盖多个重要方面，这些方面相互关联、相互影响，是大学生做出正确就业决策的依据。初次择业的大学生应主要了解以下3个方面的就业信息。

（1）企业相关信息。企业相关信息是就业决策的基础，这包括企业的规模、性质、经营状况及企业文化等，了解这些信息有助于大学生判断企业的稳定性和发展潜力。

（2）岗位相关信息。岗位相关信息是就业决策的关键，它涉及岗位职责、技能要求、学历要求及工作经验等。大学生需要明确岗位的主要工作内容和要求，评估自己是否具备相应的能力和素质，以确保能够胜任该岗位。

（3）行业相关信息。行业相关信息对职业选择有着深远的影响。大学生应当关注行业的整体发展趋势、市场动态和技术革新，以确保所选职业方向具有良好的发展前景。同时，大学生了解行业的平均薪资水平、竞争态势及相关政策法规，可以帮助其更好地把握行业内的机会与挑战。此外，大学生还要掌握特定行业的特殊要求和准入条件，提高求职成功率。

知识链接　　　　　　　　　　　　　数字游民

数字游民指的是那些利用信息技术在全球范围内移动工作的人群。他们不受地理位置限制，可以一边旅行一边工作，享受不同的文化和风景。这种生活方式特别适合自由职业者和远程工作者。

想一想： 你适合做数字游民吗？适合做数字游民的大学生应该具备哪些特征和能力？

2. 就业信息的获取渠道

在求职竞争中，就业信息获取的及时性与全面性，关系着职业选择的方方面面。大学生在求职过程中应高度关注各类就业信息，并熟悉其获取渠道。随着互联网的发展与新媒体的崛起，大学生就业信息的获取渠道已大幅拓宽，主要包括以下几种。

（1）学校机构

高校设立的毕业生就业指导中心、就业工作处或就业办公室等机构，是大学生就业服务的重要平台。这些就业服务机构与政府部门及大型企业保持着紧密的合作关系，通过它们，大学生能够获取到权威、准确、可信的就业信息。这些就业信息的针对性、实用性和有效性强，往往与学校的专业设置、教学质量及学生生源情况相匹配。

因此，对大学生而言，学校就业服务机构不仅是获取就业信息的首选渠道，更是他们了解就业市场、规划职业生涯的重要窗口。学校就业服务机构提供的职业规划、简历制作等服务，有助于提升大学生的就业竞争力。此外，学校就业服务机构还能为大学生提供政策咨询、就业协议签订等一站式服务，极大地简化了求职流程，提高了求职效率。

（2）校园招聘会

校园招聘会具有信息更新迅速、岗位种类丰富和互动性强的特点。通过校园招聘会，大学生能够现场了解就业信息，即时投递个人简历并参加面试，从而缩短求职周期，提高成功率。

通常校园招聘会在每年3～6月及9～12月举办，这两个时间段是企业招聘和大学生求职的高峰期。招聘会吸引大量企业参与，为大学生提供了一个与用人单位面对面交流的平台，使得大学生可以深入了解用人单位的工作环境及岗位要求等，促进用人单位和求职大学生的双向沟通和选择。

（3）网络招聘

由于互联网的便捷性及信息的多样性，互联网已成为当代大学生获取就业信息的主要渠道。大学生通过网络招聘获取就业信息的渠道具体有以下3种。

- 专业招聘网站。互联网上有大量的专业招聘网站，如国家大学生就业服务平台、智联招聘、前程无忧、BOSS直聘等，此类招聘网站通常汇集了众多企业的就业信息，覆盖了各个行业和岗位，为大学生提供了丰富的选择。在专业招聘网站上，大学生可以根据自己的专业背景、兴趣爱好及职业规划，精准地搜索和筛选适合自己的职位。此外，通过定期浏览专业招聘网站，大学生还可以及时了解到最新的就业信息和行业动态，为自己的求职之路做好充分准备。

● 企业官方网站。许多大型企业如华为、腾讯等会在自己的官方网站上发布就业信息，这些职位通常具有较高的含金量和良好的发展前景。通过浏览这些企业的官方网站，大学生不仅可以获取到详细的职位信息，还可以对企业的文化、业务范围、发展前景等有更深入的了解。与此同时，企业官方网站上的就业信息通常更加真实可靠，避免了虚假信息的干扰。因此，大学生在求职过程中，可以重点关注自己感兴趣的企业的官方网站，及时获取就业信息，并了解企业的招聘流程和要求，以便更好地准备面试。

● 社交媒体与职业社交网络。企业正逐渐将招聘重心转向社交媒体与职业社交网络，以互动性和精准性吸引大学生求职者。目前主流的社交招聘渠道有3种：一是职业社交平台，如脉脉作为职业网络平台，允许大学生完善职业档案、跟踪企业动态并直接投递简历；二是微信公众号/小程序，企业通过官方账号推送就业信息，而"腾讯招聘"等小程序整合了职位浏览、一键投递和进度查询功能，简化了求职流程；三是微博、知乎等开放平台，初创企业常常会通过话题互动、直播宣讲等方式发布就业信息，如微博的"新浪&微博 校园招聘"话题就聚合了企业的最新动态。这些平台以短视频、在线答疑等形式打破信息壁垒，贴合大学生碎片化获取信息的需求。

 知识链接　　　　　　　　　　**求职 App 依赖症**

求职 App 依赖症是指那些过度依赖求职应用程序来寻找工作的人。他们可能会花费大量时间在浏览、筛选和投递简历上，而忽略了其他求职渠道和机会。虽然求职 App 提供了便利的求职方式，但过度依赖求职 App 可能导致错过其他合适的岗位和机会。

想一想：你是否曾经或正在经历求职 App 依赖症？你认为除了求职 App，还有哪些有效的求职方式？

（4）社会关系

社会关系网络是就业信息的重要来源之一。此类就业信息来源的可靠性通常较高，因为此类就业信息往往来自家长、亲友中在目标单位工作的人员，他们对目标单位内部的职业需求有着深入的理解。

然而，由于个人社交圈的局限性，大学生通过家长和亲友获得的就业信息可能相对固定且有限，并不一定能够反映当前就业市场的实际供求状况。因此，对于那些专业较为特殊或具有独特竞争优势（如成绩优异、项目经验丰富、具有学生干部经历或特定技能）的大学生来说，此类就业信息可能不太适用。

（5）社会实践、毕业实习

大学生寒暑假的社会实践单位及毕业实习单位等一般都是与专业对口的。实习过程中，大学生不仅能将自己所学的知识直接用于管理、生产或其他社会服务，而且可以更直接地了解所在单位的人员需求情况。同时，用人单位也会对大学生有一定的了解，假如用人单位有意招人，这对积极主动的大学生就是一个很好的机会。

（6）校友

校友作为非正式的就业信息提供者，能为大学生提供宝贵的就业洞察。通过联系在目标单位工作的学长学姐，大学生可以获得关于目标单位的内部信息，尽管这并不保证一定能得到工作机会，但有助于大学生加深对目标单位的了解。

校友提供的职业信息尤其贴近母校及专业的实际情况，反映了本专业毕业生在人才市场的供需状况及其在行业内的发展路径。特别是最近几年毕业的校友，他们拥有实际的收集和筛选职业信息的经验，以及参与竞争择业的第一手体会，这些都使得他们的建议更具实用性和参考价值。

（7）各种大众媒体

报纸、广播、电视、杂志等大众媒体是大学生获取就业信息的传统渠道，大众媒体一般都会定期或不定期地发布就业信息。大众媒体具有便捷、传播范围广、速度快、信息量大、可信度高、省钱省时、选择机会多等诸多特点，凭借这些特点，大学生可以很容易地获取大量的就业信息。需要注意的是，由于这些就业信息传播面广，时效快，所以其内容往往不具体，如果大学生选用这种方式获取就业信息，还应进一步地了解这些就业信息是否真实。

📝 **身临其境**

孙瑾瑜是一名市场营销专业的应届毕业生，面对即将到来的毕业季，他积极投身于求职大军中。然而，孙瑾瑜很快发现，虽然就业信息看似无处不在，但真正与他专业相关且符合他职业规划信息的却少之又少。学校就业指导中心提供的企业招聘要求高；校园招聘会投递很多简历却很少收到回复；海量网络就业信息不知如何筛选；父母推荐的小公司的岗位不是自己想要的；实习企业的氛围虽好但今后发展路径不明确；校友提供的企业地域差异大难以抉择；大众媒体信息笼统不好区分。

想一想：你是否和孙瑾瑜一样，面对众多的就业信息却感到无从下手？你会如何梳理这么多的就业信息来源，从而找到适合自己的工作呢？

3. 就业信息的筛选

就业信息每天都会更新，大学生可以轻松获取很多就业信息。但获取的就业信息并非全都对求职有帮助，其中甚至还可能含有虚假信息和诈骗信息，所以大学生很有必要对获取的就业信息进行筛选，提炼出有效信息。

（1）筛选原则

在筛选就业信息时，大学生需要遵循3个原则，即真实性原则、有效性原则和具体性原则。

- 真实性原则。就业信息，特别是网络就业信息可能掺杂虚假内容，大学生一定要仔细甄别。专业招聘网站通常会对发布者的资质进行审核，以确保用人单位的真实存在。为了验证信息的真实性，大学生可以通过国家企业信用信息公示系统或天眼查等官方渠道查询企业的基本情况和资质。

- 有效性原则。信息有效性取决于大学生能否适应岗位。大学生应明确自身的接受范围，包括期望值和最低线，并对薪资、上下班时间、通勤与住宿条件、加班及出差要求等信息进行获取。大学生要将获取的就业信息与个人标准对比，筛选有效的就业信息。
- 具体性原则。就业信息应完善具体。大学生应对那些缺乏具体细节、使用煽动性语言但不提供实质信息的招聘内容保持警觉，如"不限学历高收入"等表述，因为这类就业信息往往可能导致实际工作体验与预期相差甚远，甚至涉嫌诈骗。

（2）筛选方法

通过筛选就业信息，求职者（特别是大学毕业生）可以找到既符合个人职业发展目标又适合自身条件的工作。筛选就业信息的方法主要包括：查重法、时序法、类比法3种。

- 查重法。查重法主要是针对就业信息中的岗位内容、工作要求等方面进行检查，查看是否存在大量重复或者相似的内容。例如，在某专业招聘网站上搜索某一行业（如市场营销）的职位，可能会出现众多名称不同但实际工作内容相似的岗位，如市场专员、营销助理等。此时通过查重法，大学生可以初步筛选出那些具有独特工作内容或者要求的岗位信息，减少后续深入研究的数量。
- 时序法。时序法是按照时间顺序对就业信息进行筛选的方法。一方面，大学生要考虑信息的时效性，如某些行业的招聘旺季和淡季不同。另一方面，大学生还要关注企业的发展阶段，新兴企业可能处于快速扩张期，新兴企业的招聘需求频繁且变化快；而成熟企业的人员流动相对稳定，就业信息的稳定性较高。
- 类比法。类比法是将所获取的就业信息与自己已有的知识、经验或者其他熟悉的岗位进行类比的方法。例如，如果你是一名有电商客服经验的求职者，在看到一份新的在线销售岗位就业信息时，你可以通过类比自己之前的工作内容，如客户沟通方式、订单处理流程、售后服务等方面是否相似，来初步判断自己是否适合这个岗位。

4.1.2　分析就业信息

在成功获取并筛选出所需的就业信息后，大学生还必须学会有效利用这些信息。为了判断自己是否适合某一岗位，大学生需要对就业信息进行细致解读，并深入挖掘就业信息背后所隐含的能力要求与岗位特性。

例如，周云在学校的就业指导中心处，看到了一则招聘启事，如图4-1所示。通过分析该招聘启事的内容，周云需要整理出以下几点。

1．明确职位的核心要素

周云需关注职位名称（销售工程师）、工作职责（从事化工、天然气、电厂、新能源、半导体、高校实验仪器等配套产品的推广）、任职资格（本科及以上学历，机械类、油气储运、机电自动化、仪器仪表类、材料、化工、能源及环境保护、英语、国际贸易等相关专业优先）等具体信息，以确定该职位的工作性质，判断个人能否胜任。例如，职位名称为"销售工程师"，这暗示了工作的技术性和销售属性；主要职责包括市场开拓和客户关系维护，表明这是一个需要频繁与客户接触的岗位。

职位详情

四.销售工程师　聘8人　20岁~40岁
1、本科及以上学历。能看懂英语样本，有销售经历者优先；
2、机械类、油气储运、机电自动化、仪器仪表类、材料、化工、能源及环境保护、英语、国际贸易等相关专业优先；
3、善于沟通，语言表达能力强、亲和力强，有较强的工作韧性，对销售进程具有分析能力；
4、工作计划性强，执行能力突出，有团队协作精神；
5、熟悉本公司的产品，能独立开拓市场、发展新客户；维护及增进已有客户关系，完成销售指标；建立项目信息及客户信息库；
6、从事化工、天然气、电厂、新能源、半导体、高校实验仪器等配套产品的推广。
薪酬待遇 5000~20000元/月 + 奖金 + 双休 + 节假日 + 社保 + 国外培训

图4-1　"销售工程师"招聘启事

2. 识别隐含的能力指向

就业信息中"善于沟通，语言表达能力强""亲和力强"及"有较强的工作韧性"等描述，不仅指出了岗位所需的软技能，也反映了用人单位对个人魅力和抗压能力的要求。同时，"工作计划性强，执行能力突出"也对应聘者的组织能力和行动力提出了要求。

3. 评估自身条件与岗位匹配度

周云应当对照自己的学历背景、专业知识、工作经验和个人特质，看自身是否符合或接近就业要求。假如，周云的专业是机械工程，并且有相关实习经验，那么他可能更符合这一职位的要求。

4. 考虑职业发展与生活平衡

"薪酬待遇5000 ～ 20000元/月＋奖金 ＋双休＋节假日＋社保＋国外培训"对于大学生来说是一个重要的吸引点。合理的薪资、奖金和社保，彰显了用人单位对员工的关怀与重视，双休和节假日休息有助于员工保持工作与生活的平衡，国外培训机会则是一个很好的职业发展提升机会。如果大学生更看重职业发展的长远利益，国外培训机会可能会成为其选择这个岗位的重要因素。

通过对就业信息各个方面的分析，周云能够更好地理解该职位的具体需求，并且可以有针对性地准备应聘材料和面试内容。

4.1.3　使用就业信息

大学生在成功分析就业信息后，可以采取以下策略来有效使用这些信息，以提高求职的成功率。

1. 编写并投递个人简历

深入分析就业信息后，大学生应针对每个职位的具体需求编写不同的个人简历。这意味着个人简历要突出与该职位最相关的技能、经验和成就，从而确保招聘人员一眼识别你的匹配度。同时，大学生应优先考虑在信誉良好的招聘网站上投递个人简历，并有针对性地按照企业的申请流程提交相关资料。面对心仪职位，大学生要勇敢地迈出第一步，主动与用人单位联系。

2. 准备面试

准备面试是有效利用就业信息的重要步骤之一。大学生应当深入研究目标单位的背景，包括其发展历史、文化、产品或服务及市场地位，这样大学生可以在面试中自信地回答相关问题。此外，大学生还需练习回答常见的面试问题，特别是那些可以展示自身如何满足职位要求的问题。同时，大学生还可以准备一些实际的工作或项目经验案例，展示你在相关领域的技能和解决问题的能力。

◉ 脑海探险

想象一下，你是一位勇敢的探险家，进入了一个充满宝藏（即理想职位）的神秘岛屿。但是，要找到这些宝藏，你必须先解开一系列谜题，每个谜题都隐藏在一则就业信息中。你准备好接受挑战了吗？

（1）你发现了一张藏宝图，上面写着："寻找那位能用技术语言打动人心，同时拥有钢铁般意志的销售勇士。"从这句话中，你能推断出这个职位最看重哪两项能力吗？

答案：_____

（2）在另一个线索中，你找到了一张便签，上面写着："我们寻找的是那个能用创意点亮市场，同时脚踏实地执行计划的人。"这个描述中隐含了哪些关键的职业特质？

答案：_____

（3）你找到了一封密信，信中提到："加入我们，成为那个既能深入技术细节，又能引领团队向前冲的领航员。"这个职位要求的核心技能组合是什么？

答案：_____

4.2　编写个人简历

个人简历是大学生求职过程中最为重要的材料之一。虽然大多数大学生都认识到了个人简历的重要性，但在编写个人简历时能够突出自身优势、吸引用人单位注意力的大学生却不多。那么，大学生究竟该如何编写一份优秀的个人简历，以赢得用人单位的青睐呢？

4.2.1　确定应聘目标

个人简历不仅是大学生给用人单位留下的"第一印象"，也是展示大学生技能、经验和成就的关键工具。因此，在编写个人简历之前，大学生一定要明确应聘目标，这包括确定申请的职位类型、行业及理想的单位。明确的应聘目标可以帮助大学生进一步编写个人简历的具体内容，使其更加贴合用人单位的需求。

（1）选择具体职位。根据你的职业兴趣和专业背景，选择一个或几个你真正感兴趣的职位。

（2）了解行业需求。研究目标行业的最新趋势和要求，如可以研究哪些企业在你感兴趣的领域处于领先地位，他们的企业文化、发展方向及对人才的要求等，从而更好地调整个人简历内容以符合市场需求。

（3）设定清晰的职业方向。思考并定义自己未来3～5年的职业发展路径，使个人简历中的信息能够支持这一发展方向。

4.2.2 研究岗位描述

大学生深入研究目标职位的岗位描述，可以帮助其更精准地编写个人简历的内容，提高个人简历与目标职位的匹配度。

1. 仔细阅读岗位职责

在研究目标职位的岗位描述时，大学生应首先仔细阅读其中列出的每一项职责，明确该职位的核心任务是什么。这一步骤对于理解用人单位的期望至关重要，因为大学生只有清晰地知道目标职位的具体要求，才能有针对性地展示自己的相关经验和技能。特别要注意识别和记录描述中反复出现的专业术语、技术名词或行业特定词汇，这些往往是用人单位筛选简历时重点关注的内容。

2. 分析所需资格条件

大学生需要评估职位所需的最低学历、专业背景、证书等硬性条件，以确认自己是否符合或接近这些标准，并在个人简历中突出展示这些资历。

此外，大学生还应关注软技能的需求，如沟通能力、团队合作精神、领导力等，思考自己是否有相关的经历或项目可以证明这些软技能，并将这些实例融入个人简历中，使招聘方能够直观地看到应聘者的综合素质和潜力。

3. 关注用人单位的文化和价值观

大学生可以通过访问用人单位的网站、社交媒体平台及查阅新闻报道等方式，深入探究用人单位的文化信息。例如，某些科技公司可能强调创新思维，而传统企业则更重视稳定性和可靠性。根据了解到的文化信息，大学生应在个人简历的语言表达上做出相应调整，使其风格更加贴合潜在用人单位的偏好。这种做法不仅能让个人简历显得更加贴心，还能增加个人简历与用人单位文化的契合度。

4. 寻找隐藏的信息

除了显而易见的要求，大学生还应尝试从岗位描述中寻找隐藏的信息。比如，大学生应推断出用人单位对该职位未来发展的期望，如是否涉及跨部门协作、项目管理等。如果有相关经验和能力，大学生可以在个人简历中加以强调。同时，大学生应结合当前行业发展动态，预测该职位可能面临的挑战和发展机遇。如果大学生具备应对这些变化的能力，也要在个人简历中提及。这样的深度分析可以帮助大学生更好地准备面试，也能让招聘方看到应聘者的前瞻性思维和适应能力。

📝 **身临其境**

　　江昊天是2025届的一名计算机科学专业毕业生，他在浏览就业信息时发现了两个吸引他的职位，一是知名科技公司的AI工程师，该职位要求应聘者具有深厚的数学基础和丰富的实战经验，该公司可为应聘者提供稳定的晋升路径和接触前沿技术的机会，适合追求技术创新和全球化视野的候选人；二是初创企业的数据科学家，这个职位更注重快速适应变化的能力和解决实际问题的技巧，给予员工较大的自主权，适合愿意在充满活力的环境中成长并直接为业务决策提供支持的人才。这两个职位的具体要求和发展机会各不相同，江昊天一时难以抉择。

　　想一想： 你是否也和江昊天一样遇到过相同的困境？如果你是江昊天，在面对上述两种截然不同的职业选择时，你会如何做出决策？

4.2.3　复盘项目经历

　　项目经历是个人简历中展示大学生实际工作经验和能力的部分，也是用人单位十分看重的部分。大学生使用STAR法则［情境（Situation）、任务（Task）、行动（Action）、结果（Result）］来撰写项目经历，可以使个人简历中项目经历的描述更加具体、有吸引力和说服力。

　　（1）情境。描述项目背景、面临的挑战或问题。

　　（2）任务。说明你在项目中的具体职责和目标。

　　（3）行动。阐述你采取的具体行动、策略或方法。

　　（4）结果。突出你通过行动取得的成果。

　　假设某个大学生在大三时参与了一个智能交通系统的设计项目，那么他在个人简历的项目经历部分就可以参照表4-1进行描述。

表4-1　项目经历描述示例

情境	我在大三时参与了一个智能交通系统的设计项目，旨在减少城市道路拥堵现象
任务	作为团队成员之一，我负责算法设计部分，需要考虑如何有效地调度车辆通行顺序
行动	我首先进行了文献调研，学习现有解决方案；接着利用Python编写了模拟程序并进行测试；最后结合实际路况调整参数，优化了算法性能
结果	经过多次迭代改进，我们的方案最终取得了平均等待时间减少20%的效果，并且得到了导师的高度评价，在校内获得了科技创新一等奖

4.2.4　编写个人简历初稿

　　个人简历虽小，却是一项系统工程，它不仅能体现个人情况，还能反映大学生的文字功底、审美、习惯及潜在职业素质。因此，编写个人简历需秉持科学的态度与方法，注重合理性设计。

　　个人简历的基本框架应涵盖：个人信息、教育经历、实习经历、项目经历、个人优势等，如图4-2所示，大学生可根据实际情况灵活调整内容。

陈子涵

女 | 22 岁　☎ 18080×××××　✉ hello××××@sina.com

应届生 | 求职意向：**法语国际化运营** | 期望城市：深圳

教育经历

外国语学院　　　本科　　　法语专业　　　2020.09~2024.07

主修课程：法语基础语法、法语高级会话、法国文学、法语口译技巧、法语报刊阅读、法语写作、法语翻译理论、法语语言学、法国历史与文化

荣誉奖项：

1. 法语系优秀学生奖学金（2021 年 11 月）
2. 校法语演讲比赛一等奖（2022 年 5 月）
3. 全国法语写作大赛优胜奖（2023 年 3 月）
4. 校法语话剧表演最佳女主角奖（2023 年 10 月）
5. 全国高校大学生外语水平能力大赛法语组银奖（2024 年 12 月）

实习经历

国际文化交流中心　　　　法语项目助理　　　　2023.07~2023.09

活动策划：协助组织中法文化交流活动，通过创新宣传策略和优化活动流程，成功提高活动参与度达 20%。

社交媒体管理：负责管理中法双语社交媒体账号，制订并执行内容发布计划，粉丝增长量提升 30%。

资料翻译：协助翻译中法文化交流资料，高效完成翻译任务，累计翻译量超过 10000 字。

中法合资企业　　　　法语市场营销实习生　　　　2022.12~2023.02

方案策划：参与法语市场营销方案策划，通过精准定位和创意策略，协助提升品牌知名度 15%。

文案管理：管理产品法语推广文案，进行关键词优化，使点击率增加 25%。

市场分析：跟踪分析法语市场动态，撰写并提供 10 篇详尽的竞品分析报告，为市场策略调整提供数据支持。

项目经历

中法青年创业交流项目　　　　项目经理　　　　2023.02~2023.07

项目策划：针对中法青年创业交流项目，制订详细计划书，成功吸引 50 名创业者参与，确保项目启动顺利。

活动组织：负责每周一次的线上交流会，连续 8 周高效组织，确保参与者互动频繁，信息交流顺畅。

反馈管理：系统收集并整理项目反馈并开展满意度调查，调查结果显示 90% 的参与者对项目表示高度满意。

法语文化推广平台搭建　　　　项目协调员　　　　2023.01~2023.03

平台搭建：协同团队搭建法语文化推广平台，成功发布 100 篇高质量文章，丰富平台内容。

活动策划：独立策划并执行 5 场线上文化讲座，吸引累计超过 500 人参与，提升平台影响力。

数据分析：深入分析用户反馈，精准调整推广策略，使平台访问量显著提升 40%，优化用户体验。

个人优势

法语语言能力：作为法语专业毕业生，具备扎实的法语听说读写能力，曾在法语演讲比赛中获得一等奖，在校期间担任法语角活动的主要组织者，有效提升了法语应用水平。

跨文化交流经验：拥有丰富的跨文化交流经验，曾参与中法文化交流项目，成功协助组织多场国际交流活动，提升了跨文化沟通和协调能力。

市场分析与项目协调：在实习期间，深入参与法语市场分析工作，独立完成多份市场调研报告，并成功协调多个国际化运营项目，积累了宝贵的实战经验。

团队合作与领导力：擅长团队合作，曾带领团队成员完成多项法语学术项目，团队荣获校级优秀团队称号，展现出卓越的领导力和团队协作能力。

图4-2　"个人简历"示例

1．个人简历的编写技巧

编写个人简历并不需要依照固定的格式，但为了清楚地表达信息，同时尽量获得用人单位的认可，大学生在编写个人简历时可以使用一些技巧。

（1）个人基本信息。简历开头应简明扼要地列出姓名、性别、年龄、籍贯、政治面貌（视求职岗位需求而定，如公务员、国企等可强调）、联系方式及健康状况或身高（如岗位有特定要求）。

（2）教育背景。详细列出大学名称、专业、所获学位及毕业时间，应特别强调与申请职位相关的专业课程，成绩优异者可提及高考成绩。注意保持信息的条理清晰，避免冗长。

（3）实习经历与工作经验。对于应届高校毕业生来说，实习经历是简历中的亮点。列出实习单位的名称、岗位、主要职责及成果，强调在实习中展现的技能和解决问题的能力。在工作经验方面，如有学生干部经历，也应详细说明自己在组织活动、团队协作等方面的成就，以弥补工作经验的不足。已有一定工作经验的大学生则需精选经历，突出关键成就，保持简历的精炼度。

（4）专业技能与品质。明确列出与求职岗位相匹配的专业技能，如语言能力、软件操作能力、项目管理能力等，并附上运用这些技能解决问题的具体事例说明。同时，大学生在编写个人简历时应强调个人品质，如责任心、团队合作精神等，可以通过具体事例加以证明。

（5）兴趣爱好。选择性地列出与求职岗位相关或能体现个人积极特质的兴趣爱好，如与行业相关的社团活动、志愿服务等，避免列出过多与职业无关的内容。

（6）职业期望。简短明了地表达对未来工作的期望，如期望岗位类型、行业发展方向等，同时展现出对目标职位的热情和适应性。职业期望不要提及具体的薪资、休假等敏感话题，以免给招聘方留下过于功利的印象。

2．个人简历的格式

个人简历的格式主要包括表格式和半文章式两种类型。

（1）表格式。表格式是个人简历的常用格式。表格式个人简历完全以表格的形式呈现，综述多种资料，层次分明，易于阅读，可以比较直观、清晰地将求职者的个人情况、经历展示出来。

表格式个人简历模板

（2）半文章式。半文章式个人简历是一种综合使用表格和文章的个人简历，在这种格式下，一些信息可以使用表格清晰地表示，而对于不适用表格表达的大篇幅内容，则使用整段文字进行说明。

除此之外，个人简历的格式还有文章式、小册子式、时序式等类型。无论使用哪种格式，重心都在于方便负责招聘的人员阅读，给用人单位留下良好的印象。

4.2.5　利用AI工具优化个人简历

随着人工智能技术的发展，越来越多的大学生开始利用AI工具来优化个人简历。这些工具不仅可以帮助大学生更高效地编写和调整个人简历，还能提高简历通过自动筛选系统的概率，并最终增加获得面试机会的可能性。

在优化个人简历方面，未来简历、YOO简历、职徒简历等AI工具都是大学生的优选。这些工具各有其独特的特点和使用方法，大学生可根据实际需求选择适合自己的平台。

1. 未来简历

未来简历是一款颇受大学生欢迎的简历优化AI工具。它利用GLM-130B大模型技术，为求职者提供高度专业、个性化简历定制服务。未来简历的工作流程也较为简单明了：大学生只需输入个人基本信息（如姓名、性别、联系方式等），教育背景（包括就读院校、专业、学历学位及入学和毕业时间等）等信息，系统便会依据这些输入的内容自动进行分析，并且生成符合人力资源筛选标准的个人简历。

个人简历制作的10项要领

若大学生已制作好个人简历，便可单击"上传简历"页面中的"上传"按钮，如图4-3所示，将制作好的Word或者PDF格式的简历文件进行上传，待成功上传后，单击 开始优化简历 按钮，此时系统就会根据个人简历的整体情况及可能应聘的岗位类型（如果你在上传时有输入相关岗位信息）进行优化，如图4-4所示。稍后将自动显示优化结果，如在关键词优化上，如果应聘的是运维工程师岗位，系统会确保个人简历中出现如"系统运维""网络安全""自动化运维""数据库维护""云服务配置"等相关的热门关键词，并调整关键词的布局，使其更符合招聘者的搜索习惯和评估标准。

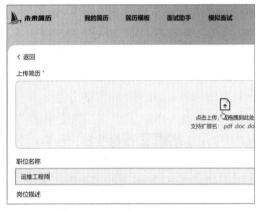

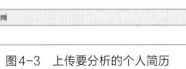

图4-3 上传要分析的个人简历

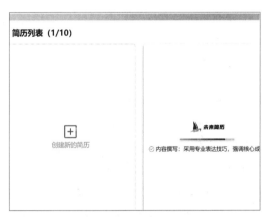

图4-4 显示优化进度

2. YOO简历

YOO简历是一款具备一站式服务的AI智能简历工具，它提供了丰富的功能，从简历的编写到分析，再到岗位的探测及最后的投递，形成了一个完整的求职服务链条。在使用上，大学生有较强的自主性。

首先，在个人简历编写环节，大学生可以选择系统提供的大量模板。这些模板覆盖了不同的行业和岗位类型，能够满足多样化的需求。如果大学生已经拥有自己编写的个人简历，则可以在"YOO简历"的主页面中，单击"AI简历分析"选项中的 开始分析 按钮，直接导入要分析的个人简历，稍后系统就能利用AI技术对导入的个人简历进行智能分析，并在"AI智能分析"页面中显示综合得分，如图4-5所示。若大学生想查看更完整的分析报告和修改意见，则需要单击"AI智能分析"页面中的 查看完整分析结果 按钮，在打开的页面中可查看具体的分析内容，包括得分指数分布、简历优势点、具体问题及建议等。

图4-5　AI智能分析结果

4.2.6　基于简历内容探测企业岗位

基于简历内容探测企业岗位是指利用AI技术对大学生的个人简历进行深度分析，以识别其技能、经验、教育背景等信息，并与企业的岗位需求进行精准匹配的过程。这种技术不仅能帮助大学生更准确地找到适合自己的岗位，而且还能为他们的职业发展奠定坚实的基础。

这里以YOO简历AI工具为例，介绍基于个人简历内容探测企业岗位的方法。首先打开"YOO简历"官方网站的首页，成功注册会员并登录后，单击首页"AI岗位探测"选项中的 开始探测 按钮，进入"岗位探测"页面，接下来单击 开始探测 按钮，然后上传已准备好的个人简历文件至系统中。一旦上传完成，YOO简历将自动分析简历内容，并根据分析结果探测出最适合大学生的岗位信息，基于简历进行岗位探测的结果如图4-6所示。

图4-6　基于简历进行岗位探测的结果

知识链接

绿色职业

绿色职业是那些有助于环境保护、可持续发展或减少碳排放的职业。随着全球对环保问题的关注度逐渐增加，绿色职业逐渐受到重视。

想一想： 你对绿色职业感兴趣吗？你认为未来哪些行业会有更多绿色职业相关的机会？

∥ 探索自我 ∥

在多变且复杂的求职环境中，精准定位自身优势与岗位需求之间的连接点至关重要。本调查将从信息获取、能力匹配等维度切入，帮助大学生熟悉求职前应做好的准备。下面是一份关于个人求职准备与信息整合能力评估的调查，请根据你的实际情况作答。

求职准备与信息整合能力评估调查问卷

〖调查目的〗

该调查可以帮助大学生系统评估求职信息获取能力、简历优化需求及岗位匹配度认知，从而帮助大学生提升求职竞争力。

求职准备与信息整合能力评估调查问卷

〖调查内容〗

1. 你现在就读几年级？（单选）
   - ☐ 大一
   - ☐ 大二
   - ☐ 大三
   - ☐ 大四
   - ☐ 研究生及以上

2. 你目前的求职进展如何？（单选）
   - ☐ 已有明确目标岗位
   - ☐ 正在探索方向
   - ☐ 尚未开始准备

3. 你是通过哪些渠道获取就业信息的？（多选）
   - ☐ 国家大学生就业服务平台
   - ☐ 企业官网/公众号
   - ☐ BOSS直聘/智联招聘
   - ☐ 校园宣讲会
   - ☐ 导师/学长推荐
   - ☐ 其他（请注明）_____

4. 你如何评估自身技能与岗位要求的匹配度？（多选）

☐ 对照招聘中的职位描述逐条分析

☐ 使用职业测评工具（如MBTI职业性格测试）

☐ 咨询企业HR/导师

☐ 未系统评估过

5. 制作个人简历时，你会针对不同岗位调整内容吗？（单选）

☐ 会（如技术岗突出项目经验，运营岗强调活动策划）

☐ 不会（使用通用版简历）

6. 你如何获取目标企业的深度信息？（多选）

☐ 企业年报/ESG（环境、社会及公司治理）报告

☐ 脉脉员工评价

☐ 参加行业峰会/开放日

☐ 未主动收集过

7. 你在求职准备中遇到的最大困难是什么？（多选）

☐ 不清楚岗位核心能力要求

☐ 缺乏相关实习经历

☐ 简历投递后无反馈

☐ 面试技巧不足

8. 你希望获得哪些求职支持？（多选）

☐ 一对一简历诊断

☐ 行业导师咨询

☐ 模拟面试训练

☐ 企业内推资源

☐ 岗位需求解读指南

9. 你是否愿意参与"职业信息分析"专项培训？（单选）

☐ 非常愿意

☐ 愿意

☐ 一般

☐ 不太愿意

▉ 思考与练习 ▉

1. 简述大学生获取就业信息的主要渠道。

2. 在编写个人简历之前，大学生需要明确哪些应聘目标？

3. 阅读下面关于招聘启事的内容，并回答问题。

招聘职位名称：产品经理（全职）

招聘人数：3人

职位描述如下：

一、主要职责

1. 用户调研和产品分析;

2. 项目开发跟踪与上线验收;

3. 负责需求管理,编写需求文档。

二、职位要求

1. 计算机相关专业本科及以上学历,能够阅读英文技术文档;

2. 具备独立分析问题、解决问题、总结问题的能力;

3. 具备良好的文档编写能力,清晰的语言表达能力和沟通能力;

4. 善于合作、逻辑清晰、具备较强的学习能力;

5. 此岗位为教育部学生服务与素质发展中心信息处代聘。

(1)从职位要求来看,这一岗位的硬性要求是什么?软性要求是什么?

(2)如果你打算应聘此岗位,在"工作经历"这一栏目中你会如何编写?

// 青春榜样 //

持之以恒,终见花开

对于杜丽来说,法学专业是一门充满机遇的学科。初入校园时,她也曾对是否转换专业感到迷茫,但通过参加学校组织的法律人才实验班,她不仅接触到了丰富的国际法课程,还结识了许多优秀的同学和前辈,明确了职业发展的道路。

为了更好地规划职业生涯,杜丽积极利用学校提供的平台获取就业信息,包括参与行业讲座、招聘会,借助校友网络拓展人际关系,并通过模拟法庭竞赛积累实战经验。此外,她积极加入法学院学生会,锻炼了领导力和团队协作能力。

在实习方面,杜丽抓住每一个可以学习的机会,在不同的环境中磨炼自己。她首先在国内某人民法院实习,初步了解司法程序和律师的工作方式;随后在一家律师事务所实习,进一步熟悉了国内法律环境下的业务操作流程。最令她难忘的是在某律师事务所的近半年实习经历,这里的高强度工作节奏和全英文工作环境让她迅速成长,尽管经常加班至深夜,但她见证了律师们对专业的极致追求和热情,极大地提升了她的实践能力和职业素养。"每一次的努力都让我离梦想更近一步。"杜丽说,"当看到自己的付出得到了回报,那种成就感是无法用语言来形容的。"

回顾四年的大学生活,杜丽认为最大的收获是在压力之下保持良好的心态。"忙碌的生活教会我如何高效地处理问题,并以简单直接的方式看待问题。"这种态度不仅帮助杜丽顺利地完成了保研准备工作,也为她未来的职业发展奠定了坚实的基础。

启示 　　杜丽的故事展示了有效利用学校的资源进行就业信息的获取,以及通过多样的实习经历提升自我的有效途径。大学生应勇于抓住校园提供的各种机遇,积极参与社会实践,明确职业方向。同时,大学生应保持积极心态,勇于面对挑战。

第 5 章　笔试面试通关

情景导入

张越坐在书桌前，盯着屏幕上的面试通知，脸上满是期待与不安。

"怎么了？收到面试通知了吗？"赵强问道。"嗯，是一家知名科技公司发来的AI面试通知。"张越应道，声音里带着一丝忐忑，"我还没有接触过AI面试这种形式。"

赵强轻轻拍了拍他的肩膀："别紧张，AI面试的核心还是考验你的专业技能和临场发挥能力。你准备得怎么样了？"张越叹了口气："在专业知识方面，我准备得很充分，但因为要应对AI面试，我仍有一些紧张。"

赵强笑了笑："其实，现在有很多AI模拟面试平台，可以帮你练习，熟悉常见问题，还能提高你的表达和应变能力。这样，你就更有底气面对真正的AI面试了。"

听到这儿，张越的眼睛亮了起来："有这样的平台？那你快给我讲讲！不管是AI面试还是在线笔试，我都得全力以赴，做好最充分的准备。"

赵强点点头："没错，准备得越充分，心里就越有底。咱们一起加油！"

张越的焦虑反映了许多大学生在就业季时所面临的共同挑战。面对新型的面试形式（如AI面试）、多样化的笔试种类、有效的应试技巧及求职礼仪等，许多大学生或许会感到紧张或困惑。这些问题都是即将踏入职场的大学生需要重视的。

本章将深入讲解笔试和面试的通关攻略，并细致阐述掌握笔试的方法与技巧，如何应对不同类型的面试，以及了解求职过程中的礼仪规范等。通过本章的学习，大学生将更有针对性地准备笔试和面试，从而提升自己的求职竞争力。

5.1　笔试攻略

笔试是考查求职者理论知识的一种书面考试形式，用以考核求职者特定的知识、专业技术或求职者对文字的运用能力。相对于面试，笔试不受面试官主观情绪的影响，更加公正，应用也十分广泛。

5.1.1　笔试的准备

大学生对笔试要比面试熟悉得多，因为大学生在学生生涯中已经经历过很多大大小小的考试。用人单位的笔试和学校的考试在形式上基本一致，但笔试作为用人单位对大学生的专业知识、文化素养和心理健康等综合素质进行考查和评估的重要参考依据，仍然需要大学生重视。大学生只有在笔试之前做好充分的准备工作，才能从容应对笔试，取得优异的成绩。

大学生在笔试前的准备工作主要包括以下3个方面。

（1）平时认真学习。良好的笔试成绩来自大学期间的努力学习和积累。大学生在大学期间学习的内容不仅包括专业知识，还包括课外知识，以及社会信息。

（2）进行必要的复习。复习是准备笔试的重要方式。从考试准备的角度讲，知识可以分为靠记忆掌握的知识和靠应用掌握的知识，用人单位往往比较重视求职者对所学知识的实际应用能力。一般来说，笔试都有大体的范围，求职者可围绕这个范围翻阅有关的图书资料，有针对性地复习，灵活运用所学知识解决实际问题。

（3）保持良好的身心状态。参加笔试需要有良好的心理素质。求职者在临考前，一要正确评价自己，树立自信心，调整好心理状态；二要保持充足的睡眠。求职者可以在笔试前参加一些文体活动，使高度紧张的大脑得到放松和休息，以充沛的精力参加笔试。

5.1.2　笔试的种类

各用人单位的笔试都有不同的考试内容和侧重点，了解了笔试的大方向，大学生就可以有目的地进行准备。目前，常见的笔试可以分为以下5种类型。

1．专业考试

专业考试主要是为了检验求职者的专业知识水平和相关能力。用人单位一般从大学生的成绩单就可以大致了解其知识水平，但一些专业性要求较高的岗位，仍需通过笔试的方式对求职者的专业水平进行考核，如涉外贸易岗位要考核求职者的外语水平，金融岗位要考核求职者的金融专业知识，法务岗位则需要考核求职者的法律知识等。

2. 心理素质测试

当下，用人单位越来越关注求职者的态度、兴趣、动机、智力、个性等心理素质，这使得心理素质测试的应用越来越普遍。用人单位一般采用事先设计好的标准化问卷，对求职者的心理素质进行简单测试。

3. 技能水平测验

技能水平测验主要是考查求职者的动手能力和实践能力，一般是考核求职者在实际工作中需要使用的技能，如操作计算机的能力，英语会话和阅读的能力，以及财务、法律、驾驶等方面的专业能力等。例如，如果用人单位招聘财务人员，可能就会让求职者制作相关财务报表。

4. 命题写作

有些用人单位通过写论文或公文写作等方式来考查求职者的文字表达能力及分析归纳能力。例如，让求职者限时写出一份会议通知、请示报告或某项工作总结；也可能提出一个论点，让求职者予以论证或辨析等。命题写作能够检验求职者的分析、综合、比较、归纳、推理等思维能力，从而推测出求职者思想认识的深刻程度。由于命题写作往往会得到各种不同的结果，易于用人单位发现人才，所以远比简单的测验题更能判断求职者的水平。

5. 文化素质测试

文化素质测试通常用于检验求职者的文化素质，是由用人单位给出测试范围或特定要求，让求职者通过撰写具体的文字内容来考查求职者的知识、思维、文字表达能力的笔试方式。文化素质测试的题目以开放性题目居多，如要求求职者运用某一原理或某一历史知识分析某一问题，或者要求求职者运用某一专业知识解决某一实际问题等。

📝 **身临其境**

> 沈君茹是一名即将毕业的大学生，她积极准备了几家心仪公司的招聘考试。在一次重要的笔试前，沈君茹做了大量的准备工作，包括复习专业知识、进行心理素质训练及保持良好的身心状态。然而，在笔试当天，她发现该公司的笔试内容与预期差异较大：不仅涉及广泛的专业知识，还包含心理素质测试和技能水平测验，甚至有要求分析某一社会现象的命题写作。面对如此多样的考试形式和内容，沈君茹感到非常紧张，担心自己无法应对这些未曾预料到的题型，影响最终的成绩。
>
> **想一想：**如果你是沈君茹，你会如何调整自己的心态并有效应对这场突如其来的挑战？

5.1.3 掌握笔试的方法与技巧

和面试一样，笔试也有一定的方法与技巧，掌握并在笔试中运用这些方法与技巧，有利于大学生发挥出更高的水平，取得更好的成绩。

1. 了解内容，增强信心

大学生虽然参加了很多考试，但是对用人单位的招聘笔试仍旧缺乏经验，一些大学生可能会缺乏信心，在笔试过程中怯场，从而发挥失常。大学生应在了解笔试内容、做好笔试准备的同时，客观冷静地正确评估自己，克服自卑心理，增强自信心。笔试的时候，大学生要给自己积极的心理暗示，相信自己的能力，克服不良情绪，坚信自己能够通过笔试获得这份工作。

2. 明确重点，掌握方法

大学生需要掌握科学的答题方法，笔试中科学的答题方法主要有以下几种。

经典笔试试题汇总

（1）通览试卷。大学生在拿到试卷后，首先应通览一遍试卷，了解题目的多少和难易程度，按照先易后难的原则安排答题顺序，以便掌握答题进度，合理安排答题时间。

（2）写清个人信息。答题前，大学生一定要先将自己的姓名等个人信息填写清楚，否则，即便考出较好的成绩，也可能无法被用人单位录用。

（3）掌握难题及易错题的处理方法。答题时，大学生不要被难题所困而耽误时间，最后要尽可能留出时间对易错的地方进行复查，注意不要漏题。

（4）分点答题。在作答主观题时，大学生要将自己的答案整理成若干小点，然后分点作答，做到突出重点、条理清晰，方便阅卷者领会答案，有效判卷。

（5）卷面整洁。大学生在答题时的行距和字号不宜太小，卷面字迹要力求清晰，做到段落齐整、版面美观。卷面整洁、字迹清晰，会使阅卷者产生"愉悦感"，从而不知不觉送上"心理印象分"。

（6）答题态度端正。笔试不同于其他专业考试，用人单位不仅在意求职者分数的高低，还关注其态度是否认真、观点是否新颖等。

🎯 **知识链接**　　　　　　　　　　　　　　　**内卷**

"内卷"最初是一个学术名词，用于描述在农业社会里，在土地资源有限的情况下，农民为了提高产量不断增加劳动力投入，然而边际效益却不断降低的现象。现在被广泛应用于社会各个领域，表示一种竞争的状态。在求职面试方面，大量求职者为了在某些行业竞争有限的岗位，不断提升自己的学历、考取各种证书、参加大量实习。例如，一个普通的文案编辑岗位，可能会有几十位名校毕业且有丰富实习经历、多种写作相关证书的求职者来竞争。

想一想：在这种内卷的环境下，求职者应该如何突出自己的优势而不是单纯地随波逐流呢？

5.2　面试攻略

面试作为招聘者与面试者之间近距离的直接交流形式，本质上是一种双方相互博弈的过程。在求职流程里，面试通常处于最后一个环节，这一环节不仅复杂程度较高，而且极具技巧性，对最终结果有着决定性的影响。大学生要想在面试中脱颖而出，顺利获得心仪的职位，就需要掌握一些有效的面试策略。

5.2.1　了解面试类型

面试存在多种不同的类型，而应用较为广泛的类型是结构化面试、非结构化面试、无领导小组讨论、压力面试、情景面试等。用人单位通常会依据实际情况采用不同的面试类型。

1. 结构化面试

结构化面试是用人单位根据特定职位的岗位要求，遵循固定的程序，采用专门的题库、评价方法和评价标准，并通过面试官与面试者的面对面交流，来评价面试者是否符合招聘岗位要求的人才测评方法，结构化面试如图5-1所示。它是一种比较规范的面试类型，有效性和可靠性较高，但不便于进行设定问题外的提问，从而局限了面试的深度。

2. 非结构化面试

非结构化面试也称"随机面试"，所提问题不需遵循事先拟定好的框架和规则，用人单位可以任意地对面试者提出不同的问题。这种面试方法可以给予双方充分的自由，但由于该面试方法的结构化和标准化较低，面试者之间的可比性不强，从而会影响面试的信度和效度。

3. 无领导小组讨论

无领导小组讨论是人才测评中比较常见的一种方式，通常采用情景模拟的方式，即给一组面试者（一般是5～7人）一个与工作相关的问题，让面试者进行一定时间的讨论，最后得出结论，如图5-2所示。在无领导小组讨论中，用人单位往往不会指定领导者，而是要求面试者自行安排、自行组织，面试官通过观察面试者的整个讨论过程，来筛选自己需要的人才。

无领导小组讨论
考核内容

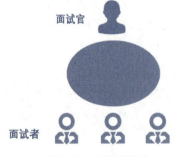

图5-1　结构化面试

图5-2　无领导小组讨论

4.　压力面试

由招聘者对面试者施加压力，就某一问题或某一事件对面试者连续发问，目的在于观察面试者在压力下的思维敏捷程度及应变能力。

5.　情景面试

由用人单位事先设定一个情景，提出一个问题或一项计划，请面试者通过角色模拟完成该问题或该项计划。其目的在于考查面试者分析问题和解决问题的能力。

5.2.2　熟悉面试内容与形式

大学生在面试前，需要对面试的内容和形式进行了解，只有做好这方面的准备，才能在面试时更有自信，进而实现面试的成功。

1.　面试的内容

面试可以考查面试者的各项综合能力和素质，如知识水平、表达能力、应变能力、心理素质等。因此，主考官可通过面试来深入考查面试者，从而判断出面试者是否符合他们的要求。面试测评的主要内容有以下6个方面。

（1）仪表风度。指面试者的相貌服饰、谈吐举止、精神状态等。像教师、公关人员、职业经理人等职位，对仪表风度的要求较高，一般要求从业者仪表端庄、衣着整洁、举止文明，做事有规律、注意自我约束且责任心强。

（2）专业知识。指面试者掌握专业知识的深度和广度，一般包括所学专业的特点、课程设置、学习成绩、外语水平等。

（3）工作能力。面试官一般会根据面试者的个人简历或求职登记表，进行相关的提问。例如，根据面试者的有关背景及过去的工作情况，对面试者的工作经历与实践经验进行深入了解。另外，面试官还可以考查面试者的责任感、逻辑思维能力、口头表达能力等。

（4）应变能力。指面试者对面试官所提问题是否能够准确理解并迅速作答；对突发问题的反应是否机智敏捷、回答恰当；对意外事情的处理是否得当；等等。

（5）工作态度。指面试官通过了解面试者过去的学习和工作情况，来判断其在新的工作岗位上能否做到勤勤恳恳、认真负责。

（6）求职动机。指面试官通过了解面试者为何希望来本单位工作，在工作中追求什么，判断本单位所能提供的职位或工作条件等能否满足面试者的工作要求和期望。

2.　面试的形式

随着科技的不断进步，面试的形式也经历了显著的演变，由以前单一的单人面试的形式，发展为视频面试、集体面试、AI面试等多种面试形式。

（1）单人面试

单人面试是指用人单位的面试官逐个与面试者进行单独面谈的面试方式。这是最普遍、最基本的一种面试形式。其优势在于提供面对面交流的机会，促进双方深入地交流。单人面试又可以分为两种形式：一种是只有一位面试官负责整个面试过程，这种面试形式大多在较小规模的单位录用较低职位人员时采用；另一种是多位面试官参与整个面试过程，但面试官每次均只与一位面试者交谈，国家公务员的面试大多采用这种形式。

（2）视频面试

视频面试包括在线视频面试和异步视频面试。其中在线视频面试指面试双方通过即时视频聊天软件进行在线同步交谈的面试方式；异步视频面试指利用异步视频面试系统，用人单位面试官只需要用短信或者邮件将面试问题发给面试者，面试者可以通过智能手机、摄像头等设备录制并上传面试视频，然后用人单位面试官通过观看、评价、分享和比较视频，完成对面试者的筛选。

（3）集体面试

集体面试是指很多面试者同时进行的面试。有时，企业会组织多位面试者同时参与面试，以评估面试者在团队环境中的表现。这种面试形式可以帮助面试官观察面试者的互动技巧、领导能力及在群体中解决问题的能力。

（4）AI面试

AI面试是近年来兴起的一种新型面试形式，它利用人工智能技术进行自动化面试和评估。AI面试通常包括语音识别、面部表情分析、情感分析等技术，可以对面试者的回答进行实时分析和评分。这种面试形式可以极大地提高面试效率，降低人力成本，并减少人为因素对面试结果的影响。然而，AI面试也可能存在技术问题、评估标准不够全面等问题。

📝 身临其境

张思思是一名市场营销专业的大学生，她得到了一个知名企业的面试机会，而这个企业采用的是AI面试的形式。

张思思按照要求提前进入了面试系统。她看到屏幕上显示着一系列的问题，这些问题涵盖了专业知识、应变能力、职业规划等多个方面。当开始回答第一个关于市场推广方案的问题时，张思思深吸一口气，尽量让自己能平稳清晰地作答。她知道，虽然看不到面试官，但AI系统可能会对她的语音语调、回答的逻辑结构进行分析。在回答过程中，张思思特别注意自己的用词和表达的流畅性。她想起之前了解到AI面试可能会分析面试者的面部表情，虽然看不到自己的表情，但她还是努力让自己保持微笑，积极面对。

然而，在回答一个应急应变类问题时，张思思突然卡壳了一下。她稍微停顿了几秒，调整思路后继续作答。面试结束后，张思思有些担心，她不知道AI系统是否能够准确理解自己的回答，她也不确定评估标准是否全面。

想一想：如果你参加这样的AI面试，你会如何准备呢？你认为AI面试相对于传统面试有哪些优势和劣势呢？

5.2.3 学习面试技巧

为了能在较短的时间内成功地营销自我，面试者除了要以自己的专业知识、能力和才华打动面试官，还应在面试过程中适当应用一些技巧。

1. 线下面试技巧

线下面试是一场面对面的考验。它是面试者与招聘者最直接的接触方式，每一个细节都可能影响最终的结果。

（1）着装得体。选择正式的服装，如西装或商务大衣，确保颜色和款式得体。得体的着装能够在第一时间给面试官留下专业、稳重的印象，展现出你对这份工作的尊重及自身的职业素养。

（2）提前准备。提前10～15分钟到达面试地点，调整心态，熟悉环境。这样做不仅体现了面试者的守时观念，还能让面试者有足够的时间适应新环境，避免因匆忙而带来的紧张感。

（3）自信大方。保持自信的态度。自信是一种强大的力量，它能让面试者在面试过程中更加从容地应对各种问题，展现出自己的实力。

（4）面试礼仪。保持良好的仪态，不要在等待时使用手机或与其他面试者闲聊。良好的仪态包括端正的坐姿、站姿及礼貌的言行举止，这有助于塑造积极正面的个人形象。

（5）表达清晰。在回答问题时，面试者要使用逻辑词和序数词，确保表达清晰、有条理。清晰的表述能够让面试官更好地理解面试者的想法和观点，提升面试者在面试官心中的好感度。

2. 线上面试技巧

不同于面对面的沟通交流，线上面试具有省时省力、方便快捷等特点。那么，大学生面对这种新型的面试模式时，应该如何提升自己的面试成功率呢?

（1）技术准备。稳定的网络和正常工作的设备是线上面试能够顺利进行的基础，而合适的环境则能为面试者加分不少。

（2）形象呈现。穿着得体，保持良好的姿势和面部表情，确保背景整洁。即使是通过屏幕，面试者的外在形象依然能够被面试官看到，良好的形象有助于提升面试者的竞争力。

（3）沟通技巧。语言表达清晰，语速适中，避免使用方言或口头语。清晰的语言表达能够让面试官准确地接收面试者的信息，适中的语速可以体现面试者的沉稳。

（4）时间管理。注意回答问题的时间，避免冗长或过短的回答。合理控制回答时间既能充分展示自己的观点，又不会让面试官感到厌烦。

3. AI面试技巧

相比传统面试，AI面试具有高效、精准、标准化等优势，因此，它也会是未来招聘方式发展变革的重要趋势。所以，掌握应对AI面试的技巧成为大学生的"必修课"。

（1）提前准备。熟悉面试流程，了解常见问题，并提前准备答案。同时，大学生要准备好相关资料，如简历和作品集。

（2）明确表达。面试者在回答问题时，要使用清晰、简洁的语言，避免使用过多的行话和术语。面试者要遵循STAR法则，确保回答具有逻辑性和条理性。

（3）注意非语言沟通。面试者要保持坐姿端正，避免过多手势动作，与面试官要保持眼神交流，穿着得体。

（4）检查设备与环境。确保面试环境安静整洁，设备性能良好，网络连接稳定。面试者在面试前要进行设备测试，确保摄像头、麦克风等设备能正常工作。

（5）保持积极心态。保持冷静自信，即使遇到困难也要保持礼貌和耐心。面试结束后，面试者要向面试官表达感谢之情。

 知识链接   **面霸**

"面霸"一词源自网络用语，形象地比喻那些在面试中表现出色、几乎无往不胜的求职者。他们通常拥有丰富的面试经验、出色的专业技能和优秀的沟通能力，能够在各种面试中脱颖而出，轻松获得心仪的职位。这些"面霸"们往往对行业动态有着敏锐的洞察力，能够准确把握面试官的需求，从而给出精准而有力的回答。在职场竞争日益激烈的今天，"面霸"已成为许多求职者向往和追求的目标。

想一想：如果你也想成为"面霸"，你会如何提升自己的面试技巧和专业能力呢？

5.2.4   应对面试难点

尽管大学生在面试前做了大量的准备工作，但仍有可能遇到一些意想不到的情况，若处理不当，会直接影响面试的结果。这里介绍一些主要的应对策略，以便大学生有针对性地加以准备。

（1）紧张情绪管理。面试时的紧张情绪是普遍存在的，关键在于大学生如何对其进行有效管理。建议大学生在面试前进行充分的心理准备，如通过深呼吸、正面思维等方式来放松自己。同时，大学生可以事先准备一些常见问题的答案，增加自信心。

（2）棘手问题应对。面试官可能会提出一些棘手或敏感的问题，如"请描述你难忘的一次受批评的情景"。对于这类问题，大学生应保持诚实，同时注重回答的策略性。大学生可以结合自己的经历，用积极、正面的语言来描述这类问题，展现出自己的成长和改进。

（3）优势与不足的展现。在面试中，大学生需要突出自己的优势，同时诚实地面对自己的不足。在谈论优势时，大学生应围绕应聘岗位的技能来展开，用具体事例来支撑。在谈论不足时，大学生可以提及一些已经采取措施改进或正在改进中的缺点，展现出自己的积极态度和进步空间。

5.2.5   熟悉常见的面试提问方式

在面试过程中，面试官可能会采用多种提问方式来考察面试者的能力和素质，如行为面试提问方式、假设性提问方式、压力面试提问方式等。

1．行为面试提问方式

行为面试提问方式主要基于大学生过去的经历来预测其未来的行为表现。面试官可能会问："请讲述一次你在大学社团活动中担任领导角色的经历，你是如何组织活动的？"或者"你在之前的实习工作中，遇到过最困难的任务是什么？你是如何克服的？"这些问题旨在深入了解大学生在特定情境下的决策过程、行动方案及最终结果。

面对这类问题，大学生应遵循STAR原则进行回答。首先描述情境（Situation），即当时面临的具体背景和挑战；接着说明任务（Task），即你承担的具体职责和目标；然后详细阐述行动（Action），包括你采取的策略、步骤等；最后陈述结果（Result），即你的行动带来的具体成效和反馈。这样的回答结构清晰，有助于面试官全面了解你的能力和经验。

面试的20个经典问题

2. 假设性提问方式

假设性提问方式中，面试官会设定一个假设的工作场景，要求大学生提出解决方案或应对思路。例如，"假如你是我们公司的市场专员，公司要在短时间内推出一款新产品，你会如何制定推广方案？"或者"如果你的团队成员之间发生了严重的意见分歧，你会如何协调解决？"这类问题旨在考查大学生是否具备应变能力、分析能力等。

回答这类问题时，大学生应先分析问题，明确关键所在，然后提出切实可行的解决方案。在回答过程中，大学生要有意识地展示自己的专业知识、行业见解及解决问题的能力。同时，大学生在回答问题时要表达清晰、条理分明，让面试官能够轻松地理解你的思路和计划。

3. 压力面试提问方式

压力面试提问方式中，面试官可能会对大学生的个人简历、回答等进行质疑，给大学生施加一定的压力。例如，"你在简历中说自己有很强的项目管理能力，但在你描述的那个项目中，似乎并没有体现出太多独特的贡献，这是为什么？"或者"你说自己擅长数据分析，这个岗位需要处理大量复杂的数据，你觉得你能胜任吗？"这类问题旨在考查大学生的抗压能力、应变能力和自我反思能力。

面对这类提问，大学生应保持冷静、理性应对，不要因面试官的质疑而慌乱失措。大学生可以重新阐述自己的观点，强调自己在项目中的实际贡献和成长。如果确实存在不足，大学生要诚实地承认，并提出具体的改进措施和未来计划。

4. 个人素质类提问方式

个人素质类提问方式主要关注大学生的性格特点、职业规划和价值观等方面。例如，"你觉得自己是一个外向型还是内向型的人？这种性格对你的工作会有什么影响？"或者"你对自己未来3～5年的职业有什么规划？"这类问题旨在了解大学生的个人特质和职业规划是否与岗位要求相契合。

回答这类问题时，大学生应根据岗位要求阐述自己的性格特点及其对工作的积极影响。同时，大学生也要提及如何克服可能存在的消极影响，以展现自己的成熟度和自我提升的能力。对于职业规划问题，大学生要体现出自己的目标性和规划性，并与应聘岗位的发展路径相契合。

5.2.6　利用AI模拟面试平台练习

AI模拟面试平台为大学生提供了一个良好的面试练习机会。例如，未来简历、职徒简历等平台可以模拟真实的面试场景，从面试环境的设置到面试官的提问风格，都能进行高度仿真。这可以帮助大学生提前适应面试流程，提升面试技巧。大学生可以根据自己的需求和喜好选择合适的平台。在选择时，大学生应关注平台的真实度、功能丰富度、用户评价等方面。

确定练习平台后，大学生就可以充分利用模拟面试功能，在这些平台上进行练习，图5-3所示为"未来简历"平台提供的模拟面试画面，通过反复练习，大学生将逐渐克服紧张情绪，提高答题速度和准确性，增强应对各种面试情况的能力。同时，大学生也能在练习中发现自己的不足之处，并及时进行调整和改进，以便在实际的面试中有更好的表现。

图5-3　"未来简历"平台提供的模拟面试画面

👁 阅读材料
撒贝宁的央视面试之旅

撒贝宁，作为中国中央电视台（CCTV）的知名主持人，以风趣幽默且才华横溢的主持风格深受观众喜爱。他的职业生涯始于一次不同寻常的面试经历，通过这次面试，他实现了从校园到荧屏的转变，也开启了自己的职业生涯。

在参加央视主持人的职位面试之前，撒贝宁已经在北京大学法学院展现出了个人风采。除了在学术上成绩斐然，他还积极参与各种社会实践活动，这些经历不仅提升了他的沟通能力，也为他积累了宝贵的经验。对于法律的理解，撒贝宁不只停留在书本知识层面，而是将法律视为一种充满逻辑与智慧的艺术。因此，在选择职业道路时，他将自己对法律的热忱与传媒行业相结合，立志成为一名能够传播法律知识的优秀主持人。

面试当天，撒贝宁身着一件并不合身的黑色西服，内搭白衬衫，腋下还夹着一个公文包。电视台的领导肖晓琳见到撒贝宁的第一眼就被他的装扮逗笑了，不过作为领导的她并没有当着撒贝宁的面表露出来。

过了一会儿，工作人员把撒贝宁领进了一间很昏暗的房间，这个房间除他之外别无他人。工作人员指示他坐在凳子上等待着面试官发问，屋内装有设备，可以实时观察他的表现。突然，扬声器中传出"开始吧"的指令，撒贝宁条件反射般背诵起自己的毕业论文。

"停！说点人话！"扬声器里的声音打断了他。撒贝宁抹了把额头的细汗，瞥见角落里的报纸，转而用生动的案例解读法律精神。

这一机智的转变让监控室里的肖晓琳眼前一亮。最终，撒贝宁凭借着扎实的专业背景、良好的应变能力和对工作的热情成功获得了这份工作。

 点评

撒贝宁的成功并非偶然。他凭借着自己的才华和努力，以及对主持事业的热爱和执着追求，最终实现了自己的梦想。他的经历也提醒大学生应注重综合素质培养，突破专业局限，面试时应保持良好的心态、展现应变能力，这些都是面试能够成功的重要因素。

5.3 求职礼仪

用人单位在录用员工时，不仅会衡量求职者是否有能力胜任招聘岗位，更重要的是考查求职者是一个怎样的人。为了在有限的时间里认识求职者，用人单位往往会直接根据求职者的外在形象和举止进行判断，因此，大学生在求职时必须注重自己的求职礼仪。

5.3.1 面试礼仪

面试是面试官与面试者面对面的接触，面试者的礼仪表现将直接影响面试官对其印象的好坏，进而决定是否录用他。因此，大学生要想在职场中赢得面试官的青睐，就需要了解一定的面试礼仪。

1. 准时赴约

准时赶到指定地点参加面试，这是最基本的礼仪。准时关系到用人单位对面试者的第一印象，面试者参加面试时，最好提前10分钟到达现场，这样既不失礼貌，又可以稳定情绪，可以稍做准备，避免手忙脚乱、仓促上阵。

若面试者对面试地点不熟悉，应事先将交通中可能出现的不利因素考虑在内，如堵车等。面试者应早点出发，以保证万无一失。如果临时发生了不可抗拒的意外情况，导致不能按时参加面试，面试者也应及时告知用人单位并表示歉意，争取用人单位的谅解和补试的机会。

2．敲门进入面试室

面试时，面试者应先在面试室外轻轻敲门（面试室的门一般是关着的），得到许可后方可进入面试室。面试者在敲门时不可用力太大，也不可未进门时先将头伸进去张望，更不可直接推门而入。进门后，面试者应轻轻地转过身关上门。

3．主动与面试官打招呼

进入面试室后，面试者面临的第一件事就是与面试官打招呼，真正的面试就从此刻开始，面试者应当立即进入角色。进入面试室后，面试者可对面试官微笑点头，也可进行问候（如上午好、下午好、各位领导好等），面试者要有礼貌地告诉面试官自己是谁，做到举止大方、态度热情。需要注意的是，面试时面试者不宜直接与面试官握手，除非面试官主动伸手。

4．微笑待人

面对面试官，面试者的微笑可以缓解紧张气氛，使双方的心理距离迅速缩短，有利于提高面试的成功率。

5．回答问题时精神要集中

面试者回答问题时要集中精神，力求给对方以诚恳、沉稳、自信的印象。根据面试官的反应适时调整自己的语言表达方式，并且保持不卑不亢的态度。

在谈吐方面，谈话的内容和说话的方式同等重要。面试者说话要和蔼可亲，不要随意打断对方，必要时可以先道歉再插话。同时，面试者在讲话时应当条理清楚，并通过表情、语调、声音等的配合，传达出真诚、乐观、热情、大方的态度。

5.3.2　着装礼仪

在求职过程中，恰当的穿着会给面试官留下良好的第一印象。大学生的求职面试是一个严肃的活动，在服饰方面要注意朴素大方、干净整洁，着重突出职业特点。此外，大学生在应聘不同岗位时，宜进行不同的衣着搭配。虽然不同职业对人的要求是有差异的，也没有成文的规定来划分各职业的穿着标准，但已形成模式化的思维。

一般情况下，着装礼仪分为正装和非正装两个方面。

1．正装

正装是指适用于严肃场合的正式服装，它通常用于表达对场合和他人的尊重，如西装。男士西装与女士西装套装的搭配，作为经典的职业装扮，始终占据着求职着装的重要地位。

（1）男士西装选择

男性在职场中的正式着装通常以西装为主，穿着西装能使人显得庄重、成熟、自信。但是西装的穿法有很多讲究，大学生对此应特别注意，如果违反了穿着规范，就会显得失礼，也会给人留下马虎、粗心的印象。

一些用人单位在面试时可能会要求求职者着正装，所以有需要的大学生在求职时可以选购一套西装。如何选购一套适合自己的西装也是一门学问。第一，西装一定要合身。第二，西装的面料、色彩图案、款式、造型等方面的细节也很重要。

- 面料。西装穿起来应该具有轻、薄、软、挺的效果。毛料是西装首选的面料，纯毛、纯羊绒的面料及高比例含毛的毛涤面料，皆可用作西装面料。尽量不要选择不透气、不散热、发光发亮的各类化纤面料制作的西装。
- 色彩图案。西装的色彩必须庄重、正统，职场男性首选的西装颜色为藏蓝色，还可以选择灰色或棕色，黑色也可予以考虑。在正式场合不宜穿色彩过于鲜艳或发光发亮的西装，色彩朦胧、过渡色的西装通常也不宜选择。西装一般以没有任何图案为最佳，如果要选择竖条纹的西装，以条纹细密者为佳，以条纹粗阔者为劣。
- 款式。按照西装的件数可以将其划分为单件西装与套装西装。职场男性在正式的商务交往中常常穿套装西装，在参与高层商务活动时，以3件套（西装外套、马甲和西裤）的套装西装为佳。
- 造型。西装的造型又称西装的版型，指西装的外观形状。相比较而言，英式西装与日式西装更适合中国人穿。在选择西装前，建议先进行试穿。

（2）搭配男士西装的物品

在正式场合穿着西装，通常还需搭配领带、衬衫、腰带和鞋袜。大学生穿着西装时，一定要搭配得当，保证自己着装得体。

- 领带的选择。西装驳领间的"V"字区最为显眼，领带处在这个部位的中心，在西装的穿着中起着画龙点睛的作用。领带的材质应较优良，颜色常用蓝、灰、棕等单色，图案以传统样式为佳，大小则应与"V"字区比例协调。在一些场合，男士也可以用领结代替领带，如果已经佩戴了胸针或者口袋巾，则领带要与之搭配。
- 衬衫的搭配。衬衫材质以棉质衣料为优，颜色应为单色，且应与西装整体颜色保持协调，同时衬衫不宜过薄或过透，领子要挺括。衬衫下摆放进裤腰，衣袖应稍长于西装衣袖1～2厘米，衣领要高出西装领子1～1.5厘米，以显示衣着的层次。
- 腰带。在商务场合，应该选择窄而薄的皮质腰带，腰带的颜色需要与鞋袜、服装的花纹颜色等相匹配，腰带扣则要与身上的饰品金属相匹配。
- 鞋袜的搭配。穿西装一定要搭配皮鞋，且裤管应盖住皮鞋鞋面，皮鞋要保持光亮、整洁。同时要穿透气性较好的袜子，袜子的颜色必须和西装的整体颜色保持协调。

（3）女士西装套装的选择

女士的标准职业着装是西装套装，西装套装可以选择裤装或裙装，通常来说裤装更为实用，如图5-4所示。女士西装套装的着装要求如下。

职场穿着的西装套装，上衣与裤子的面料应该相同，并保持匀称、平整、光洁、柔软、挺括；

图5-4　女性西装套装的着装样式（裤装）

造型上讲究扬长避短，所以提倡量体裁衣。

西装套装的色彩以冷色调为主，颜色应当淡雅而庄重，如藏青、炭黑、烟灰、雪青、茶褐、紫红等色彩都可以，不宜选择过于鲜亮、刺眼的色彩。

（4）女士西装套装的搭配

女性除了注意西装套装的选择之外，还要注意西装套装与衬衫、鞋子和配饰的搭配。

- 衬衫。衬衫的颜色多种多样，只要与西装套装相匹配即可，以白色、黄白色和米色的衬衫最为常见。
- 鞋子。用来和西装套装搭配的鞋子一般应选择低跟或中跟的皮鞋，颜色以黑色或裸色为主，也可以选择与西装套装色彩一致的皮鞋。同时，女士要确保鞋子舒适且适合长时间站立或行走。
- 配饰搭配。首饰应简约大方，避免过多装饰。可以选择款式简单的项链或耳钉，手表也应选择简洁款式。手提包或公文包应与整体造型协调，颜色以深色系为宜。

2. 非正装

非正装指的是不用于正式场合的服装，通常用于休闲、日常或非正式活动中，强调的是休闲、自在的穿衣风格。对于创意设计、互联网等氛围轻松、着装自由的行业，这种休闲、自在的风格尤为适用。尽管着装在这些行业中更为灵活，但面试者仍需注意体现个人风格与专业形象，确保自己的穿着既符合行业氛围，又能展现职业素养。

- 颜色选择。推荐大学生选择明亮或柔和的颜色，如浅蓝、淡紫、米白等，这些颜色能够营造轻松愉悦的氛围，同时展现个人活力与创造力。避免过于刺眼或暗沉的颜色，以免给面试官留下消极的印象。
- 纹饰选择。大学生可以选择带有简约图案或抽象设计的衣物，如条纹、波点或艺术感印花，但图案不宜过于复杂，以免分散注意力。通过纹饰展现个性的同时也要保持整体的专业感。
- 全身搭配。大学生可以采用混搭风格，将休闲与正式元素巧妙结合，如牛仔裤搭配衬衫或简约针织衫，外加一件有设计感的开衫或西装外套。注意层次感，避免过于随意。
- 配饰选择。配饰是展现个性的关键，大学生可以选择一些有创意的饰品，如特色耳环、手链。同时，大学生还可以携带一款设计感十足的背包或手提包，这样既能满足工作需求，又能彰显个人品位。需要注意的是，配饰虽重要，仍需保持整体协调，避免过多堆砌饰品导致杂乱无章。

5.3.3　仪态礼仪

面试官对面试者的评价，往往开始于对面试者仪态表现、言行举止的观察和概括。因此，在面试时，文明规范的仪态是十分重要的。

1. 表情

在面试时，最常用和最富有表现力的表情就是目光和微笑。

（1）目光。面试者在面试中，正确的注视方式应该是望着对方额头的上方，只有在双方谈到共同话题时才有自然的视线接触，目光要自然、柔和、亲切、真诚。

（2）微笑。第一，面试者微笑时必须真诚、自然；第二，面试者在微笑时要适度、得体。适度指微笑要有分寸、不出声，含而不露；得体指微笑要恰到好处，当笑则笑，不当笑就不笑，否则容易适得其反，给面试官留下不好的印象。

2. 手势

在揭示人的内心活动方面，手势极富表现力，如紧张时，双手相交；愤怒时，紧握拳头；等等。面试者在面试时运用手势一定要注意以下4项内容。

（1）适合。所谓适合主要体现在两个方面：第一，语言表达与手势所表示的意义符合；第二，手势的量要适中。

（2）简练。面试者在面试时每做一个手势，都力求简单、精练、清楚、明了。

（3）自然。手势贵在自然，动作要舒展、大方，令人赏心悦目，切忌呆板、僵硬。

（4）协调。手势要和声音、姿态、表情等密切配合，这样的动作才是优美和谐的。

3. 体姿

体姿是指通过身体的肢体语言来表达情感、传递信息的体态语，主要包括坐姿、站姿和行姿3种。

（1）坐姿

站有站相，坐有坐姿，面试者进入面试室落座后应全身放松，女士应将双腿自然并拢，男士则可以将双腿适当分开，以显得更加自在而不失庄重。面试者应将双手放在膝上，挺直腰背，身体微向前倾，既不可坐得太浅，也不能坐得太深。坐浅了容易使自己紧张，导致注意力不集中；坐深时斜倚在靠背上，会给人以懒散感。正确的坐姿可以体现面试者精神振奋、朝气蓬勃的状态。

在面试的过程中，面试者不要有小动作，以防给面试官留下不耐烦、不自信的印象，常见的一些不正确的小动作包括：下意识地看手表；坐时双腿叉开，摇晃不停；跷二郎腿，或双腿不停地抖动；讲话时摇头晃脑；用手掩口；用手挠后脑勺、摸头发等；不停地玩弄随身携带的小物件；等等。

（2）站姿

站立是人们在交际场所最基本的姿势，是其他姿势的基础。站姿可以体现一种静态美，是培养优美、典雅仪态的起点。

男性站姿整体上要求挺、直、高。基本要领是头正，双目平视前方，嘴唇微闭，下颌微收，面部表情平和自然；双肩展开放松，稍向下沉，身体有向上的感觉，呼吸自然；躯干挺直，收腹，挺胸，立腰，提臀；双臂放松，自然下垂，中指对准裤缝；双腿并拢立直，膝和两脚跟靠紧，小腿向后发力，人体的重心在前脚掌，脚尖分开呈60°。

女性则稍有不同，站立时应身体微侧，呈自然的45°，斜对前方，面部朝向正前方。脚呈"丁"字步，四指并拢，虎口张开，双臂自然下垂置于腹部，将右手搭握在左手四指上，左手四指前后不要露出，这样的站姿可以使女性看上去体态修长，同时也显得更加庄重。

另外，面试者需要注意：站立时双手不可叉在腰间，也不可抱在胸前；站立时身体不能东倒西歪，也不能倚门或靠墙；站累时，脚可以向后撤半步，调整重心，但上身仍须保持挺直，不可把脚向前或向后伸得过多。

（3）行姿

面试者从步入面试室，到走出面试室，整个过程都在面试官的观察中，每个细节都会反映在评分表上。潇洒和优雅的走路姿势能够体现一个人的风度，给面试官留下良好的印象。正确的行姿是：身体直立、收腹直腰、两眼平视前方，双臂放松，在身体两侧自然摆动，脚尖向正前方或微向外伸出，跨步均匀，两脚之间相距约一只脚，步伐稳健，步履自然。女性在穿裙装时步幅应小一些，穿裤装时步幅则可稍大一些，以显示自身的干练；男士则按照平时习惯的步幅即可。

5.3.4　仪容礼仪

一个人的仪容最能反映出他的精神状态，面试官对面试者的第一印象也来源于对面试者外在形象的观察。因此，面试者一定要注意自身仪容的修饰，如女性适当地化淡妆，不仅能让自己更加神采奕奕，还可以表现出自己对这次面试的重视。

1．慎用饰物

女士尽量不要过多佩戴耳环、项链、手镯等饰品，尤其是金光闪闪的饰物；男士不宜佩戴饰品。

2．化妆与发型

在面试时，化妆与发型也很重要。面试前，面试者应整理仪容，将头发清洗干净，梳理整齐。男士最好不要留胡子和长发；女士不要浓妆艳抹，不要用浓烈的香水，适宜化淡妆。太过浓艳的妆容会显得不够庄重，可能给面试官留下不好的印象，从而影响面试结果。

3．腿部

面试者参加面试时，不仅要衣着得体，还要注意腿部的细节。女士穿裙装不能光腿，要穿丝袜；袜子不能出现残破，要高过裙子的长度。男士穿西装时要穿黑色棉质的袜子，长及小腿中部，袜口不能下滑。

5.3.5　面试后的礼仪

许多大学生只注重应聘面试时的礼仪，而忽略了面试结束后的善后工作。其实，这些善后工作同样能加深面试官对面试者的印象，以下是面试后需要注意的礼仪。

1．感谢

当面试官表示面试结束时，无论结果如何，面试者都要慢慢起身表示感谢，并将自己的椅子扶正，摆放在进门时候的位置，再次表示感谢后，再轻推门离开。

2．不可贸然打听面试结果

面试结束后，面试者不可贸然地打电话询问面试情况，可以通过在招聘平台发送感谢信的方式再次加深用人单位对自己的印象。若是一周内没有接到任何回信，此时，可以给用人单位打电话询问面试结果，以表示对这个工作的兴趣和热情，同时也能从用人单位的语气中推测面试结果。

探索自我

大学生在面试过程中，除了展现扎实的专业知识和技能，还需要具备良好的团队合作能力和其他重要的软技能，以全面展示自己的综合素质。为了更好地评估和提升自己在团队合作方面的能力，以下提供一份团队合作能力测试，这份团队合作能力测试将帮助大学生了解自己在团队合作中的表现，从而在面试中更有针对性地展示自己的优势。

团队合作能力测试

〖测试说明〗

在现代职场中，团队合作能力被视为极其重要的软技能之一。许多企业在招聘时，都会特别关注应聘者是否具备良好的团队合作能力和协作能力。你了解自己的团队合作能力吗？以下是一份用于初步测试团队合作能力的测试题，大学生可以以此为参考，对自己的团队合作能力进行自我评估。需要注意的是，该测试仅供参考，不作为专业心理评判。

团队合作能力测试

评估要素	说明	评分（1～5分）
协作意愿	愿意与他人合作，不排斥团队工作	
角色认知	明确自己在团队中的角色和职责，不越权也不推诿	
冲突解决	能够妥善处理团队内部冲突，维护团队和谐	
信息共享	主动分享信息，促进团队内部沟通透明	
支持他人	在团队成员遇到困难时，能够给予支持和帮助	
共同目标	认同团队目标，并为之付出努力	
责任感	对团队任务负责，不推卸责任	
灵活性	能够适应团队变化，灵活调整自己的合作策略	
贡献率	在团队项目中，能够做出实质性的贡献	

〖测试分析〗

根据自己的实际表现进行评分，最低分为1分，表示完全不符合自己的实际情况；最高分为5分，表示完全符合自己的实际情况。评估后将各项评估要素的分数相加，得分越高，则表示面试者的团队合作能力越强。

∥ 思考与练习 ∥

1. 简述面试的主要类型及其特点。
2. 面对AI面试这种新型面试形式，大学生应该如何开展有效的准备工作？
3. 在面试中，大学生应如何有效地管理紧张情绪并应对棘手问题？
4. 面试礼仪包括哪些方面？为什么面试礼仪很重要？
5. 阅读以下材料，回答问题。

张思颖是一位计算机科学专业的应届毕业生，她在大学期间成绩优异，并参与了多个编程项目和实践活动。毕业后，她收到了心仪互联网公司的笔试通知。这家公司以严格的技术考核著称，对候选人的专业知识要求非常高。距离笔试只有五天时间，张思颖发现自己在某些关键概念上理解不深，而且对于如何将所学理论知识应用于解决实际问题中也缺乏足够的经验。面对即将到来的专业考试，她感到十分紧张。

为了确保自己能够在专业考试中表现出色，张思颖制订了详细的复习计划。首先，她集中精力掌握最为基础且关键的专业理论知识，这些往往是考试的重点。其次，她尝试将所学的专业理论知识应用于解决实际案例，通过做历年真题来训练自己的思维模式。此外，她还特别关注自己理解不够透彻的地方，针对性地加强学习，确保全面覆盖知识点。最后，为了提升答题速度与准确性，张思颖进行了多次模拟测试，合理分配每个部分的时间，以保证自己能够在规定时间内完成所有题目。

经过几天的努力准备，张思颖顺利通过了笔试环节，并受邀参加下一轮的面试。在面试过程中，她展示出扎实的专业技能、良好的沟通能力和团队合作能力。最终，张思颖成功获得了这份工作机会，正式开启了她的职业生涯。

（1）案例中的张思颖是如何有效准备笔试的？

（2）除了专业技能，张思颖在面试过程中还展示了哪些能力？这些能力对于她成功获得工作机会有何重要性？

6. 回答面试官的问题是面试过程中的关键环节之一。以下是企业面试时常用的问题，请你结合自己的实际情况为以下问题准备答案。

（1）请简单介绍你自己。
（2）你为什么选择我们企业？
（3）你最大的优点是什么？
（4）你最大的缺点是什么？
（5）描述一次你遇到困难并解决的经历。
（6）你对未来的职业规划是什么？
（7）你对加班怎么看？
（8）五年以后你对你的工作有什么期望？
（9）你认为怎样才能算事业成功？
（10）你如何处理遇到的困难？

∥ 青春榜样 ∥

焊花淬炼，匠心筑梦

曾正超，中冶集团"劳动模范"、中冶工匠、五矿集团特级技师，高级工程师。中国第一位世界技能大赛冠军，被授予"国家最优选手"奖，并获得"中国青年五四奖章""全国技术能手""四川省劳动模范"等荣誉。

初入焊接领域时，曾正超常常因弧光伤害眼睛，每晚都像眼睛里进了沙子一样流泪。然而，面对这些挑战，他从未退缩，心中始终秉承着"要做就做好"的信念，在师傅的带领下不断钻研、打磨技艺，从焊接的角度到精度，他都坚持准确。尤其是在进行仰焊作业时，人蹲在钢板下面，2000摄氏度的铁水从上往下掉，常常穿透防护服直接烫伤皮肤，但他依然坚持不懈。经过两年的磨炼，无论哪一种焊接工艺，他手里笨重的焊枪都能灵活地在钢板间游走，焊缝像鱼脊般均匀平滑。

凭借这种不屈不挠的精神，曾正超最终站在了第四十三届世界技能大赛焊接项目的最高领奖台上。这一刻，中国队终于实现了世界技能大赛金牌"零"的突破。

荣誉面前，曾正超依旧沉稳，扎根一线，成为十九冶集团焊接突击队的一员。回到工作岗位的曾正超常年扎根在国内外工程项目一线。如果说曾正超一开始是为了有"一技之长"，那么现在支撑着曾正超一路走下来的，就是对工匠精神的传承。曾正超始终相信，不管再苦再累，只要坚持往前走，属于自己的风景终会出现。

曾正超说："希望有更多青年人能体会到技能成才带给技术工人的价值感，为企业贡献青春与才智。我也将继续努力，精益求精，培养和影响更多的高级技术工人，将'中国制造'的品牌推向全世界！"

启示 　曾正超用亲身经历诠释着"技能的传承"与"就业的力量"。他的故事告诉我们，只要掌握真正的技能，就能在就业市场上占据优势，实现个人价值和社会价值的双重提升。

第 6 章
调适就业心理

情景导入

赵强坐在书桌前，手握刚修订完毕的论文草稿，眼中闪烁着迷茫与焦虑。论文与求职的双重压力时常让他感到力不从心。夜深人静时，求职的焦虑有时还会让他辗转反侧，难以入眠。

"第一份工作至关重要，我必须谨慎选择！"赵强深知，第一份工作关乎个人未来的职业发展轨迹，更是自我价值和能力的试金石。他珍视每一次求职机会，却在广投简历的过程中屡屡碰壁。

正当赵强深陷焦虑的泥潭无法自拔时，学校举办了一场关于大学生就业心理的讲座，他带着一丝好奇与期待踏入了讲座现场。在那里，他遇到了许多与他"同病相怜"的人，也聆听了讲师对大学生就业心理的深刻剖析与实用建议。这场讲座，驱散了赵强心中的迷雾，帮助他缓解了就业焦虑。

随着大学生涯接近尾声，心理状态成为影响就业与职业发展的关键。你是否也曾像赵强一样，感到迷茫与焦虑？在求职的十字路口，你如何保持冷静与理智，做出最适合自己的职业决策？这不仅是赵强的疑问，也是无数大学生心中的困惑。

本章将深入剖析心理素质对大学生就业的影响，揭示求职过程中的常见心理问题及其根源。同时，大学生通过学习自我调适方法，以增强心理韧性，帮助其更加从容地应对求职挑战。

6.1 心理素质影响

心理素质与个体的情绪和心理状态密切相关，是影响个体做出合理行为决策、有效应对各种挑战的关键因素。对于处于人生转折点的大学生群体而言，心理素质的培养与增强，对于他们平稳过渡到社会、顺利开启职业生涯至关重要。

6.1.1 心理素质对大学生就业的影响

个人的心理素质是在先天素质的基础上，经过后天环境与教育的影响而逐步形成的。心理素质包括人的认知能力、情感品质、意志、气质和性格等方面。个人的心理素质水平直接影响人的发展、人的活动效率及人对各种环境的适应能力。因此，心理素质对大学生就业的影响是不容忽视的。总体来说，心理素质对大学生就业的影响主要包括以下3个方面。

1．对确定就业目标的影响

拥有良好心理素质的大学生能客观、正确地评价自我，并客观分析社会和用人单位所需的人才特征，从而在求职择业的坐标中找准自己的位置。如果大学生的心理素质低下，就会导致自我认识失衡，造成情绪紧张慌乱、意志力下降等一系列心理问题，难以找准职业定位，从而带来就业的困扰。

2．对就业实现过程的影响

大学生的就业过程，也是用人单位评判、筛选大学生的过程。大学生在就业过程中将要面临自荐、笔试、面试等一系列的考验。能否顺利地通过这些考验，心理素质起着重要作用。良好的心理素质可以使大学生在面对困难时，沉着冷静、乐观向上、勇于创新、缜密思考、果断决策。

3．对职业适应的影响

走上工作岗位后，角色的转变、工作环境的变化及人际关系的变化，将给大学生带来新的考验。良好的心理素质对职业适应起着促进和保障作用，可促使大学生充分发挥自己的聪明才智，挖掘自己的潜力，把握自我，拓展自我，与新的环境保持良性互动，尽快适应职业角色。

👁 脑海探险

班杜拉的自我效能感理论认为，个人对自己能否成功完成某一行为所进行的推测与判断直接影响其行为选择、努力程度及面对困难时的态度。高自我效能感能够激发个体积极应对挑战的信心，而低自我效能感则可能导致逃避和放弃。

（1）你对自己的求职能力有信心吗，尝试分析原因。

答案：_____

（2）当遇到挫折时，你的反应是怎样的，尝试举一个例子。

答案：_____

6.1.2　心理素质对大学生择业的影响

在择业过程中，心理素质同样起着关键作用。心理素质对大学生择业的影响主要体现在以下3个方面。

1. 助力精准就业

拥有良好心理素质的大学生能够清楚地认识自己的兴趣、能力和职业目标，并据此选择适合自己的职业路径。相反，心理素质较差的大学生容易跟风选择热门职业，而没有充分考虑自身的兴趣、能力和专业知识是否匹配，没有着眼于自身的长远发展，最终可能导致职业选择上的失误。

2. 拓展择业范围

如今新兴行业不断涌现，传统岗位也在快速转型升级。具备开放心态的大学生，倾向于尝试不同的职位和工作领域，勇于探索和应对挑战，积极拓展自己的择业范围。

3. 增加择业机会

在择业过程中，积极主动的态度和优秀的沟通技巧可以帮助大学生扩展人脉圈，增加获得推荐或内部机会的可能性。通过参与社交活动、加入专业社群或利用校友资源等方式，大学生还可以结识更多业内人士，了解行业动态，甚至直接获取就业信息。

6.1.3　大学生应具备的心理素质

心理素质影响着大学生目前的学业表现和未来职业的发展方向。大学生应具备的心理素质主要有以下3个方面。

1. 强大的心理适应能力

心理适应能力体现为对外部环境的适应与内在压力的调节。职场不同于大学校园，大学生需要从多个维度适应职场环境。

（1）情绪管理。大学生应掌握识别、表达与管理情绪的技巧，如使用"情绪日记"记录压力事件的身心反应，运用正念呼吸法缓解焦虑，避免将负面情绪转化为攻击性言行。

（2）提升抗压能力。大学生需建立对挫折的理性认知，重新定义失败，如将竞赛落选视为技能改进契机，而非否定个人价值。

（3）社交与环境适应。大学生需在尊重个体差异的前提下提升沟通效能，如在团队合作中主动协调分歧，在用户调研中共情用户，在跨文化交际中克服认知偏见等。

2. 稳定的内在动力

内在动力是推动个体持续进步和发展的内部驱动力。大学生心理素质的可持续发展依赖于稳定的内在驱动系统。

（1）明确目标。大学生应树立清晰的目标，将宏观理想（如成为专业领域创新者）细化为可操作的阶段性计划（如每月精读两篇顶级期刊论文），并通过可视化工具（如甘特图）强化目标约束力。

（2）建立自我激励机制。在完成重要任务后，大学生应适当奖励自己（如参与兴趣活动），遇到瓶颈期时，则通过复盘已有成绩重建信心。

（3）价值观塑造。更为深层的内在动力来源于价值观塑造，大学生需在多元文化碰撞中坚守道德底线。例如，大学生要在科研活动中恪守学术诚信，在社会实践中践行公平正义原则，使心理素质发展与社会主义核心价值观形成有机统一。

◉ 阅读材料　　　　黄文秀：扎根基层，奉献青春

黄文秀从北京师范大学硕士研究生毕业后，毅然选择回到家乡，投身基层扶贫事业。她先是回到广西百色，在石漠化片区的田阳区那满镇挂职任党委副书记，随后主动申请前往条件更为艰苦的乐业县新化镇百坭村担任驻村第一书记。

百坭村地形复杂，建档立卡贫困户的居住地分散在几个不同的山头，对于初来乍到的黄文秀来说，要在短时间内掌握全村的详细情况是一项艰巨的任务。然而，她没有失去信心，而是深入群众，积极融入当地生活。无论是帮助村民清扫院子，还是在田间劳作时与他们交谈，黄文秀都以实际行动拉近了与村民的距离。为了更好地与村民沟通，她还努力学习当地方言。通过不懈地努力，她逐渐赢得了村民的信任和支持。

百坭村拥有种植砂糖橘的传统，但由于技术落后和交通不便，产业发展受限。黄文秀引进能够传授先进种植技术的农业公司和技术员，推动标准化果园建设，提升了农产品的质量和市场竞争力。此外，她还鼓励村民发展八角、杉木等特色农业，有效提高了村民的收入。通过不懈的努力，全村砂糖橘种植面积翻了一番，八角种植面积扩大了三倍，枇杷产业也逐步形成规模。

为了拓宽销售渠道，黄文秀争取资金修缮产业路，并邀请外地果商进村收购产品。同时，她组织村民参加电商培训，建立了百坭村电商服务站，进一步促进了农产品的销售。在她的带领下，百坭村集体经济项目显著增收，扶贫工作取得了实质性进展。

作为一名党员干部，黄文秀始终扎根群众、心系群众，关心每一位村民的生活。她协助解决村民出行难题，并为孩子们申请助学金。这些举措不仅提高了村民的生活质量，更增强了大家对未来的信心。在她的影响下，百坭村党支部凝聚了强大的力量，共同致力于村庄的发展与进步。

点评

黄文秀以实际行动展现了新时代青年的责任与担当，并以高尚的性格品质和对家乡的深厚情谊，展现出坚强的心理适应能力。她毅然回归基层，用实际行动诠释了责任与奉献的真谛，是当代青年的楷模。

3. 乐观的心态

大学生在面对求职压力时，应及时寻找缓解的方法或措施，不能因挫折而气馁，也不能因委屈而消沉。大学生应学会及时调整心态，激发自己的积极情绪，保持乐观向上的态度，着眼于问题的积极面，勇于寻找解决问题的方法。

6.2   调适心理状态

在求职的过程中，面对激烈的竞争、招聘方的拒绝及种种不确定性，科学调适自身的心理状态，使其保持平衡，能够极大地提升个人的整体表现和适应能力。

6.2.1   求职过程中常见的心理问题

人的内心需要维持一种和谐的状态。求职过程中，大学生的心理面临多方面因素的影响，常见的心理问题主要有以下4种。

1. 自我认知偏差

自我认知是指个体对自己的洞察和理解，包括自我观察和自我评价。自我认知偏差会导致个体对自己的评价失当，并影响个体的正常行为。大学生常见的自我认知偏差包括自卑和自负。

（1）自卑。一些大学生由于客观原因产生了自卑心理，如非名牌大学、缺乏社会资源等；有些大学生则是受主观因素的影响产生了自卑心理，如自身素质和就业竞争力较低、性格内向、不善于表达、自我控制能力差等。不管自卑心理是如何产生的，在自卑心理的作用下，大学生往往精神不振、内心孤寂。自卑心理是大学生求职道路上的一块绊脚石，它会使大学生的择业标准一降再降，最终导致求职失败。

（2）自负。有的大学生自认为在就业上有明显优势，如曾任学生会负责人、掌握技能多，或者不少用人单位有意签约等，便过于自信，导致产生自负心理。持这种心理的大学生，往往自认为高人一等，傲气十足。在求职时，他们常常好高骛远，对自己的期望过高，对用人单位异常挑剔，因此他们很难找到令自己满意的工作。

2. 决策与行动中的心理阻力

决策与行动中的心理阻力主要表现为个体在面临选择时，因内在冲突与外部压力产生的行为抑制，表现出怯懦、畏惧、逃避和优柔寡断等心理特征。

（1）怯懦。怯懦主要表现为想做又不敢做。有的大学生在求学期间以理论学习为主，缺乏足够的实践技能，导致在求职时因为担心给用人单位留下不良印象而说话音量过小或者干脆不敢说话。

（2）畏惧。有的大学生在挫折的打击下一蹶不振，并对求职产生畏惧心理，出于心理上的自我保护，他们选择逃避失败、逃避就业，以此来减轻挫折对他们造成的心理打击。

（3）逃避。逃避实际上是一种抵触心理，一些大学生习惯了校园生活，不愿意走出自己的"舒适区"，即不愿意步入错综复杂的社会，因此产生了逃避心理和抵触情绪。

（4）优柔寡断。部分大学生没有足够的决断力，或是对自己的未来没有清晰的规划，虽然心中已有了意向单位，但仍然犹豫不决，一再拖延。优柔寡断心理容易导致大学生错失机会，浪费时间。

3. 不能合理对待他人

一些大学生无法以正确的态度对待他人，容易产生嫉妒、攀比和依赖等不良心理。

（1）嫉妒。嫉妒是大学生中比较常见的一种心理。在求职过程中，一些大学生看到其他同学找到了比较理想的工作，自己却一无所获，他们就会产生嫉妒心理。

（2）攀比。攀比是一些大学生在求职时不从自身实际出发，而与同学盲目比较的心理状态。例如，看到与自己成绩和能力都差不多的同学找到令人羡慕且收入可观的工作时，觉得自己找不到理想的工作就会很没面子。为了获得心理上的平衡，他们往往会提高自己的求职目标，结果高不成、低不就，错失了很多就业机会。

（3）依赖。这种心理往往出现在独立性较差的大学生身上。部分大学生诸事都由父母包办，习惯了"等、靠、要"，不愿意面对社会的竞争。面对就业，他们希望父母或亲戚给自己找到一份稳定的工作。在依赖心理的影响下，大学生缺乏个人独立性，容易迷失就业方向，不利于未来职业的发展。

📝 **身临其境**

王韦泽是一名来自非名牌大学的即将毕业的大学生。在求职的过程中，他发现自己既没有特别突出的专业技能，也没有丰富的实习经历。看着周围的同学要么已经找到了心仪的工作，要么正自信满满地参加各种面试，王韦泽开始怀疑自己的能力，并感到自卑和焦虑。

在一次校园招聘会上，王韦泽遇到了一家心仪的企业，但当他看到招聘要求上列出的条件时，他的内心充满了恐惧，非常担心自己不符合这些要求。他由于害怕被拒绝，甚至不敢上前递交简历。

想一想： 如果你是王韦泽，面对这样的情况，你会如何行动？你将采取哪些行动来克服内心的恐惧和不确定性？

4. 心理障碍

一些大学生在求职过程中会遇到种种心理障碍，如偏激、焦虑、抑郁等。这些心理障碍如果不加以妥善处理，就可能发展为心理疾病，大学生对此需格外警惕。

（1）偏激。偏激往往表现为固执地认为某种职业发展前景很好，一定要将自己的择业目标固定于此，并努力克服重重困难实现这一目标。其实，这都是大学生没有认真审视自己和审视未来，被一些固有观念或他人意见所影响的结果。最终，由于未能充分考虑自身条件与市场需求的匹配度，这类择业策略常常以失败告终。

（2）焦虑。焦虑是一种缺乏明显客观原因的内心不安或无根据的恐惧。大学生在求职过程中产生焦虑心理的现象非常普遍。一般而言，适当的焦虑可以增强大学生的进取意识，激发大学生的上进心，从而使其产生求胜的心理。但是，大学生如果过度焦虑且自身无法化解，就会影响其求职过程中的主观能动性的发挥。

（3）抑郁。求职的过程并不是一帆风顺的，部分大学生起初对自己的就业前景持有过高期待，当他们在实际求职过程中遭受挫折时，如不被用人单位认可、接受等，便容易产生情绪低落、悲观失望等抑郁心理。

6.2.2　大学生就业的心理矛盾

心理矛盾也可理解为心理冲突，指两种或两种以上不同方向的动机、欲望、目标及反应同时出现，而引起的紧张心态。职业目标上理想与现实的矛盾、职业选择上独立性与依赖性的矛盾等，都是大学生就业的心理矛盾的具体表现。

1. 理想与现实的矛盾

大学生的理想丰富多彩，在就业时总是踌躇满志并充满豪情壮志，准备在社会上拼搏一番。但由于对社会了解还不够深，他们的理想往往脱离客观现实，与社会需要存在较大差距。

有些大学生想留在大城市，追求社会地位高、经济效益好的工作，而不愿意到边远地区或条件不是很好的地方工作；有些大学生只看重工资收入，而并未真正思考过自己的气质、性格、能力、兴趣适合何种职业。

2. 独立性与依赖性的矛盾

大学生毕业后就将告别学校和老师，踏入社会，成为独立生活的成年人。在此背景下，大学生的自主意识逐渐增强，开始渴望自己独自做抉择，然而，意识上的独立并不代表能力上的独立。

有些大学生认为学习以外的事情不需要自己操心，许多事情还要依赖家长、亲朋好友、老师及社会的帮助；对自己喜欢什么样的工作，适合什么单位缺乏主见，对激烈求职竞争中的"双向选择"感到茫然，寄希望于家长的帮助和学校的安排，将自己的前途交于他人。

3. 所学专业与未来工作的矛盾

不少大学生将"专业对口"作为就业的重要标准，只要是专业不对口的职业，就认为不适合自己的职业发展。个人的职业选择受到多种因素的影响，专业虽然是其中最重要的影响因素之一，但也并不能直接起到决定作用。

事实上，在现代化的市场经济中，产业结构和职业结构是不断变化的。大学生进入职场后，其工作内容也并非完全固定。因此，大学生完全不必为"学不致用"而苦恼。

大学生可以将专业能力当作自己的优势能力，同时积极培养其他能力，拓宽自己的就业渠道。

4．多种选择与优柔寡断的矛盾

大学生在就业过程中，常常会遇到同时出现多种选择的情况，而每一种选择都有"诱惑"，导致大学生都不舍得放弃。此时大学生往往感到困惑和犹豫，迟迟无法与用人单位签约。由于缺乏客观面对现实的能力和分析、解决问题的经验，大学生有时分不清问题的主次，在矛盾面前顾此失彼、措手不及。

5．渴望创业与害怕受挫的矛盾

许多大学生毕业后想干一番大事业，于是试图在自己的专业领域进行创业，做出成就并实现自己的人生价值。但是，不少大学生缺乏艰苦创业的心理准备，害怕受挫，想走捷径，以早日实现理想目标。人生往往是没有捷径的，只有艰苦奋斗、努力拼搏，才可能走向成功。

 知识链接　　　　　　　　　　　　　　**躺平**

"躺平"一词，源自网络流行语，指的是面对生活压力时，选择不再过度奋斗，而是追求简单、低欲望生活态度的青年群体。他们不盲目追求升职加薪、社会地位或物质财富，而是选择"躺平"，即以一种相对消极但又不失平和的心态去面对生活中的种种挑战。

想一想：如果感到压力过大，你会考虑"躺平"来调整自己吗？

6.2.3　运用多种方法进行自我调适

为了克服求职过程中的心理问题，大学生可以运用多种方法进行自我调适。

1．正视压力

要想解决问题，首先要正视问题。一些大学生感觉自己心情低落、烦躁或者情绪变化大，但是却不敢正视问题，而是寄希望于"过几天就好了""睡一觉就没事了"。诚然，心理压力可以自行化解，但如果放任不管，也可能演变为更加严重的问题。

大学生应认识到，自己在求职时遇到的心理问题不是孤立的个案，而是大学生群体在求职过程中普遍存在的问题。大学生还应明白，心理问题是由多方面的因素造成的，个人应客观地看待，而不是把所有问题都归咎于自身。

2．自我反省

自我反省是最简单、最方便的自我调适方法。面对求职中的各种矛盾和问题，大学生首先要正确认识和评价自己，明确自己未来的发展方向，了解自己的性格特点，知道自己的优势与不足，弄清楚自己适合从事什么职业等问题。

只有通过理智、冷静的思考，才能客观地评价自己，才能在求职过程中准确定位，进行科学的人职匹配，为理想的职业生涯目标做好充分的知识准备、能力准备和心理准备。

3. 保持自信

自信是前进的动力，也是成功的保障。大学生在遭遇挫折时，一定要注意保持自信，多给自己积极的心理暗示，或者想想自己过去的成功经历。

4. 适度宣泄

宣泄就是将心里的焦虑、烦躁、冲动等不良情绪通过对人无害的方式发泄出来，以求得心里舒畅，达到舒缓压力的目的。宣泄的方式有很多，其中最常见的是倾诉。例如，向父母或者朋友倾诉自己的忧愁、苦闷，在此过程中，大学生可以获得更多的感情支持和理解。此外，大学生也可以邀请好友一起去运动场上挥洒汗水，释放压力、宣泄情绪。

肌肉张弛放松
训练法

5. 转移注意力

转移注意力是进行自我心理调适的最重要的方法之一。当出现心理问题时，大学生可以通过更换环境、参加娱乐活动等方式转移注意力。例如，爬山、旅游等方式不仅可以放松身心、开阔眼界，而且能让人在亲近大自然的过程中受到大自然的启发。除此之外，大学生还可以通过听音乐的方式来转移注意力。每个人的性格、音乐修养和乐曲爱好不同，所以应该有针对性地选择不同类型的音乐。

（1）心情抑郁时，宜听旋律流畅优美、节奏明快一类的乐曲，如《百鸟朝凤》。

（2）心情焦虑时，宜听节奏舒缓、风格典雅一类的乐曲，如《姑苏行》。

（3）感到愤怒时，宜听恬静悦耳、节奏婉转一类的乐曲，如《春江花月夜》《月光》等。

（4）夜晚失眠时，宜听旋律缓慢、清幽典雅的乐曲，如《摇篮曲》等。

◎ 脑海探险

每年高考季，数百万考生在同一时间奔赴考场，那些在高考中失利的同学，很容易陷入深深的自我怀疑和沮丧情绪之中。就业也是一样，面对优秀的竞争者，面试者也承受各种压力。

人在承受较大压力时，其生理和心理状态都会受到一定影响，我们必须及时意识到自己的异常，并积极进行调节。

（1）你是否见到过类似高考失利后陷入心理困境的同学呢？他们当时的心理状态是怎样的？

答案：_____

（2）如果是你处在他们的位置，你会如何运用前面提到的自我调适方法来摆脱这种困境呢？

答案：_____

（3）从这个现象延伸到求职过程，你觉得在求职过程中遇到类似的挫折（如面试失败多次）时，如何调整和应用这些自我调适方法呢？

答案：_____

∥ 探索自我 ∥

　　了解自己的心理健康程度是大学生做好就业心理准备的基础。下面将通过测试帮助大学生了解自己的心理健康程度。

心理健康测试

〖测试说明〗

　　测试共包括40道题目，对于题目内容，你如果感到常常是这样，画"√"（得2分）；你如果感到偶尔是这样，画"△"（得1分）；你如果感到完全没有这样，画"×"（得0分）。测试题目如下。

心理健康测试

　　1. 不知道为什么总觉得心慌意乱，坐立不安。

　　2. 上床后，怎么也睡不着，即使睡着也容易惊醒。

　　3. 经常做噩梦，惊恐不安，早晨醒来感到倦怠无力、焦虑烦躁。

　　4. 经常提早醒来1～2小时，醒后很难再入睡。

　　5. 学习的压力常使自己感到非常烦躁。

　　6. 在读书和看报时不能专心致志，往往不清楚自己在想什么。

　　7. 遇到不称心的事情便长时间沉默少言。

　　8. 感到很多事情不称心，经常无缘无故发火。

　　9. 哪怕是一件小事情，也总是难以放下，整日思索。

　　10. 感到现实生活中没有什么事情能引起自己的兴趣，郁郁寡欢。

　　11. 常常听不懂老师讲的概念，有时懂得快忘得也快。

　　12. 遇到问题常常举棋不定，再三迟疑。

　　13. 经常与人发生争执，过后又后悔不已。

　　14. 经常追悔自己做过的事，有愧疚感。

　　15. 一遇到考试，即使有准备也紧张、焦虑。

　　16. 一遇到挫折便心灰意冷、丧失信心。

　　17. 非常害怕失败，行动前总是提心吊胆、畏首畏尾。

　　18. 感情脆弱，稍不顺心就暗自流泪。

　　19. 瞧不起自己，也总觉得别人在嘲笑自己。

　　20. 喜欢与比自己年幼或能力不如自己的人一起玩或比赛。

……

〖测试分析〗

根据得分，查看测试结果。

0～8分。心理非常健康。

9～16分。心理大致健康，但应当注意，可以找老师或同学进行心理疏导。

17～30分。在心理方面存在一些障碍，应采取适当的方法进行调适。

31～40分。有可能患了某些心理疾病，应找专门的心理医生检查、治疗。

40分以上。有较严重的心理障碍，应及时找专门的心理医生治疗。

∥ 思考与练习 ∥

1. 心理素质对大学生择业的影响主要体现在哪些方面？
2. 大学生在求职过程中常见的心理问题有哪些？
3. 如何帮助大学生调适求职过程中的心理问题？
4. 阅读以下材料，回答问题。

24岁的赵洁，是某师范大学小学教育专业的一名公费师范生。2022年毕业后，她回到家乡的一所中学任教，成为学校唯一的"00后"教师。

刚得知要担任七年级新生的班主任时，赵洁内心充满了紧张和担忧。"我当时担心自己年轻、资历浅，无法管理好学生，也怕家长不信任我。"这种焦虑源于对未知挑战的恐惧和对自己能力的怀疑。然而，她迅速调整心态，投入新角色中，有条不紊地完成了新生登记等工作，并逐渐适应了班主任的工作节奏。

通过灵活的教学方法，赵洁逐渐赢得了学生的喜爱和支持。例如，在讲解《秋天的怀念》时，她将课文内容延伸至现实生活中的亲子关系讨论，增加了师生互动的机会，使课堂气氛活跃，也让学生们更加愿意参与课堂活动。作为班主任，赵洁深知许多学生家长常年在外地工作，难以给予学生及时的帮助。因此，她每周抽出时间到学生宿舍找学生谈心，并保持手机24小时畅通以应对紧急情况。"我把时间都交给了学生"，这句话不仅体现了她对学生的深切关怀，也展现了她在日常生活中对学生无微不至的关注。

两年的教学经历让赵洁变得更加稳重成熟。暑假期间，她开始注重体育锻炼，提高身体素质，希望能在教育事业上走得更稳更远。作为一名公费师范生，她深知自己的使命是托举起更多的农村孩子，为他们创造更好的未来。随着经验的积累，赵洁不仅教学进步显著，还学会了更好地与学生建立情感连接，她逐渐成长为一名深受学生和家长爱戴和信任的教师。

（1）案例中赵洁在得知要担任七年级新生的班主任时，内心充满了紧张和担忧，请分析赵洁产生这些情绪的成因是什么。

（2）赵洁在教学和日常生活中，是如何通过心理调适来赢得学生的喜爱和支持的？

∥ 青春榜样 ∥

心怀宇宙，知行合一

2005年，桂海潮怀揣航空航天的梦想，踏入北京航空航天大学。这是他由学生成长为教师，最终蜕变为航天员的关键起点。为了贴近翱翔天际的梦想，桂海潮选择了宇航学院飞行器设计与工程专业，一路攻读到博士学位，最终留校成为宇航学院的教师。在此期间，他从未忘却心中的"航天员梦"。

随着中国空间站时代的来临，桂海潮迎来了职业发展的转折点。国家开始选拔新的航天员类型——载荷专家，这无疑是一个千载难逢的机会。面对严格筛选和高强度训练，桂海潮凭借扎实的专业知识和顽强的意志力脱颖而出，成为中国第三批航天员中的一员。

然而，实现梦想的道路并非一帆风顺。进入太空后，桂海潮面临的是前所未有的挑战：失重环境导致的身体不适、密闭空间带来的心理压力及繁重的工作任务。在这种极端条件下，"身体素质""方法技能"和"毅力"，这三个要素成了他在太空中克服困难的关键。特别是毅力，它是冲破地球引力束缚的力量，更是战胜自我、超越极限的精神支撑。

回顾这段经历，桂海潮感慨万千，鼓励年轻一代："乾坤未定，且去拼搏。"在新时代背景下，青年们应珍惜机遇，勇敢追梦，将个人理想与国家发展紧密结合。

启示　　桂海潮的故事激励着广大的学子们：坚持梦想，勇于挑战，用坚韧不拔的毅力和积极向上的心态面对职业生涯中的种种困难。

第 7 章
迈入职场

情景导入

一个冬日的周末下午，周云接到了赵强的视频电话。"最近怎么样？工作还顺利吗？"赵强问道。

周云微微一笑，"挺好的。投身西部建设，成为一名基层工作者，我很有成就感。开始时，新工作环境让我手忙脚乱了一阵，随着工作的深入，我逐渐适应了自己的岗位和生活。"

赵强听后，轻轻点头，眼中闪过一丝敬佩："看来你做得不错，我在新岗位上就有些吃力了，工作上常常跟不上节奏，还经常受到领导的批评，与同事关系也较为平淡，职场和大学生活确实有很大不同。你的工作想必也不轻松，你是怎么适应的？你遇到过哪些头疼的问题？你是怎么处理的？跟我分享一下吧。"

　　周云与赵强的对话引发了关于大学生职场适应问题的思考。你是否想过，从校园步入职场会面临怎样的挑战？在职场这个新环境中，你如何迅速调整自己，适应新的角色要求、处理好复杂的人际关系呢？

　　本章将深入探讨大学生在职场适应过程中的相关内容，包括角色认知、职业适应技巧、职场情商培养等多个方面。通过本章的学习，大学生将更好地掌握职场适应的方法，提升自己的职场竞争力，迎接未来的挑战。

7.1　角色适应

　　快速适应新角色有助于融入职场、掌握新技能和建立良好的职业关系。反之，适应不良则可能阻碍职场发展。因此，大学生需重视并积极应对这一角色适应过程。

7.1.1　角色认知

　　对于刚踏入职场的大学生而言，角色认知是他们职业旅程中的第一步。从学生到职场人的转换不仅仅是身份上的转换，更涉及自我定位和对社会责任的重新认识。

1.　社会角色认知

　　社会角色是指个人在其所处的社会中，根据其特定的社会地位和身份而被期望展现出的行为模式与规范。它界定了个人在社会中的权利、义务及行为准则。随着时间和环境的变化，个人会在不同的情境下承担多种不同的社会角色，每个社会角色都伴随着特定的权利、责任和社会期待。

　　大学生主要扮演的是学习者的角色，他们是知识的接受者，也是自我发展的探索者。大学阶段是个人学术发展和个人成长的关键时期，大学生的主要任务包括但不限于获取专业知识、参与学术研究、拓宽视野和发展兴趣爱好。在这个过程中，大学生可通过系统的课程学习和严格的学业评估来不断塑造和完善自己。

　　然而，一旦步入职场，大学生的角色将发生转换。职场新人这一新的社会角色要求大学生迅速适应从校园到职场的过渡，理解并履行作为组织成员的新职责。

👁 **脑海探险**

　　马斯洛认为人类的需求像阶梯一样，可以从低到高按层次分为五种，分别是生理需求、安全需求、社交需求、尊重需求和自我实现需求。当低层次的需求得到满足后，人们会追求更高层次的需求。

　　（1）假设你在学校已经获得了足够的尊重需求，如成绩优秀备受老师赞扬、在社团里担任重要角色被同学敬重。这会使你对自己在学校中担任学习者这一角色的认知产生怎样的影响？

　　答案：_____

（2）从班级角度来看，每个同学都处于马斯洛需求层次的不同位置。作为班长，你要如何认知不同需求层次同学的角色？

答案：_____

（3）想象一下，未来你将成为一名职场人，你的生理需求和安全需求将由所在企业提供保障。那么在社交需求方面，你在职场中的角色与在学校中的角色会有何不同？你会如何调整自己的社交策略来适应这种角色的转换？

答案：_____

2. 学生角色与职场人角色的区别

大学期间，大学生的主要角色是"学生"，而大学毕业后，大学生就需要转换为"职场人"。学生角色与职场人角色的区别主要体现在以下4个方面。

（1）管理方式不同

大学生在校园里，受到学校和学院的监督管理，如定时熄灯查寝等，往往能养成良好的生活习惯；在学业上，老师会提前计划好学习任务和大纲，大学生只需要按照老师的布置就能基本完成学业。

在职场人的生活里，工作时间内遵守用人单位的相关要求和规定，工作时间外全由自己自由安排，若想要规律的生活，全靠自我控制。

（2）社会责任不同

大学生的主要责任是在学习和探索知识的同时，努力提升自己各方面的能力。并且，在探索的过程中，有一定的容错性，即学校鼓励大学生去积极探索创新，不怕失败与走弯路。

职场人的主要责任是服从企业的安排，通过自己的劳动为企业创造价值，获取一定的报酬。职场人在岗位上的行为后果都需要自己承担，若在工作中犯了错，则需要自己承担责任。

（3）角色规范不同

角色规范是对角色扮演者的行为规定。对于不同的社会角色，会有不同的行为规范和要求。学生角色阶段，学校是从教育和培养的角度出发规范学生的行为。例如，学校通过制定学籍管理条例、学生生活管理条例等规章制度，对学生的学习和生活提出相应的要求，以引导学生健康成长，使学生成为对社会有用的人才。职业角色阶段，是用人单位对从业者行为模式进行规范，不同的职业有着不同的标准。这些模式既具体又严格，一旦违背就必须承担责任，甚至追究法律责任。

（4）对独立的要求不同

从学生到职场人的角色转换，对大学生的独立性也有了更高的要求。在学生时代，大学生在经济上主要是依靠家庭的资助；生活上依赖家长的关照；学业上习惯了老师的指导，始终处在被人帮助的环境中。而在职场中，则出现了以下4个方面的变化。

- 由于有了工作报酬，经济上逐步成为独立者。
- 工作上要求能够独当一面，不再依靠家庭和老师。
- 学习上要会自我安排，在自己日常的工作、生活中通过自身的体验来了解和认知社会。
- 生活上要会自己照顾自己。

3. 尽快实现从学生角色到职场人角色转换的意义

人的职务或职业生涯会不断变化，角色也会随之发生变化。大学生告别校园，走上工作岗位，意味着他们已经脱离各方面的监护，开始独立自主地生活，因此，尽快地从学生角色转换为职场人角色对大学生的职业成功意义非凡。

（1）有利于尽快适应职业生涯

在新的工作岗位上，大学生要面对崭新的工作条件和生活环境、现实化的专业内容、复杂的人际关系。此时，谁能尽快实现角色转换，谁就能较快地适应社会，并成功地掌握主动权。大多数大学生能较快度过适应期，独立、愉快地开展工作。但部分大学生可能在一两年内都难以适应和胜任工作，进而产生负能量。此时，大学生就需要端正心态、正视自己、面对现实、脚踏实地。

（2）有利于在人才竞争中脱颖而出

市场竞争是无情的，适者生存、优胜劣汰是不以人的意志为转移的客观规律。初为职场人时，大学生必然会面临来自各方面的挑战和竞争，只有尽快将所学的理论知识应用于实践中，并不断提高自身素质和能力，快速进入职场人角色，熟练开展工作，才能在激烈的人才竞争中脱颖而出。

（3）为今后的发展打下良好的基础

从学生角色到职场人角色的转换，本质上是社会化的过程，是新参加工作的大学生学会在单位中行事，逐步了解和认同单位的价值观，具备单位所需的能力及社会知识，从而真正成为单位一员的过程。个人的社会化应达到的目标如下。

- 通过学习，熟悉所从事的工作。
- 与单位其他成员成功地建立起和谐关系。
- 了解单位独有的目标和价值观。
- 全面了解正式或非正式工作关系，以及单位内部权力结构。
- 掌握单位独有的专业术语及缩略语、行话等。

7.1.2 角色转换中存在的问题

在从学生到职场人的角色转换过程中，大学生可能会遇到一系列问题，如思维模式差异、对职场人角色的畏惧、眼高手低的高傲心理等。这些问题都需要大学生在角色转换过程中积极面对，不断调整心态，提升自我，以适应职场的新要求。

1. 思维模式差异

在校园时，大学生的思维模式往往比较理论化和理想化，习惯于在书本和课堂中寻找答案。然而，步入职场后，职场人需要解决实际问题。这种思维模式的转变，让许多初入职场的大学生感到无所适从，他们不知道如何将所学理论知识应用到实际工作中，或者对职场中的实际问题感到陌生和困惑。

为了应对这一挑战，大学生需要主动寻求实践机会，通过实际操作来加深对理论知识的理解和应用。同时，大学生应保持持续学习的态度，不断吸收新的技能和方法，以适应职场的变化和需求。

2. 对职业角色的畏惧

面对全新的职业角色，部分大学生可能会感到恐惧与不安，担心自己无法胜任或融入新的工作环境。这种畏惧心理会阻碍他们的职业发展，降低他们的工作效率和自信心。

为了克服这一障碍，大学生需要调整自己的心态，保持积极乐观的态度，相信自己能够胜任新的职业角色。同时，大学生要为自己设定明确的目标和计划，逐步适应新的工作环境和职责要求。

📝 身临其境

江雅琪是一名刚毕业的大学生，她成功应聘到一家公司市场部的相关岗位。

进入公司的第一天，部门主管给江雅琪布置了一个任务：针对公司新推出的一款产品，在一周内做出一份详细的市场推广方案，并且要包含目标客户群体的精准定位、竞争对手分析及独特的推广渠道建议。

江雅琪拿到任务后，顿时感到一阵焦虑。她坐在自己的工位上，大脑一片空白。在学校里，她虽然学习了很多市场营销的理论知识，如4P理论、市场细分等，但真要将这些知识运用到实际的产品推广方案中，她却不知从何下手。看着屏幕上空白的文档，她的心里充满了迷茫和无助。她开始回想大学时光，那时候遇到问题，只要翻开书本或者在课堂上向老师请教就能找到答案。可是现在，周围没有老师指导，同事们也都在忙碌着自己的工作。江雅琪觉得自己就像一个迷失在黑暗中的行者，找不到方向。

想一想：如果你是江雅琪，面对这样的困境，你会怎么做？

3. 眼高手低的高傲心理

部分大学生由于对自己能力的高估或对职场现实的低估，容易产生眼高手低的心态。他们可能不屑于从事基层工作，希望迅速获得晋升和认可。然而，这种心态会导致大学生在工作中难以脚踏实地，缺乏耐心和毅力，从而影响职业发展。

为了纠正这一错误观念，大学生需要正视职场中的实际情况和需求，明确自己的定位和发展方向。同时，大学生要从基层工作做起，逐步积累经验，不断提升自己的综合素质。大学生还应保持谦逊和开放的心态，虚心向他人学习。

4. 人际关系挑战

校园中的人际关系相对单纯，主要围绕同学、老师和家人。而职场中的人际关系更为复杂，包括上级领导、同事、客户等不同层次的角色关系，如在与上级领导沟通时，需要尊重；在与同事相处时，既要竞争又要合作。大学生在这个方面缺乏经验，容易出现人际冲突或沟通不畅的问题。

为了应对这一挑战，大学生需要提升自己的沟通技巧和表达能力。大学生应积极参与团队活动，与同事建立良好的关系，增进彼此的了解和信任。同时，大学生要学会尊重他人、理解他人，建立良好的人际关系网络。

5. 时间管理挑战

职场生活节奏快，任务繁重，需要良好的时间管理能力。然而，许多大学生在这一方面存在不足，导致工作效率低下，难以平衡工作与生活。为了应对这一挑战，大学生需要制订明确的工作计划和时间表，合理安排时间和任务，并根据任务的紧急程度和重要性来分配时间和精力，确保工作的高效完成。同时，大学生应保持专注和高效的工作态度，避免分散注意力和拖延时间。

7.1.3 实现角色转换

为了顺利实现从学生到职场人的角色转换，大学生需要采取一系列措施。

1. 做好从学校步入职场的准备

大学生从学校步入职场，应做好以下6个方面的准备工作。

（1）克服依赖性，增强主动性。

（2）提高职业道德，增强职业责任感和义务感。

（3）敢于面对困难，具有克服困难和正确对待挫折的勇气。

（4）制订合理有效的职业生涯规划。

（5）克服性格上的不足，认真对待每一次选择。

（6）合理调适情绪，勇敢面对每一次挑战。

2. 主动学习职场规则

刚进入职场的大学生要积极主动地了解本单位的发展历程、文化理念、规章制度等。大学生可以通过参加本单位组织的新员工培训、阅读员工手册、向老员工请教等方式，快速熟悉职场环境。例如，某些大型企业会有专门的新员工入职培训课程，涵盖这些企业的业务介绍、职业礼仪培训、办公软件使用等内容，大学生应认真对待这些培训机会。

3. 培养职业素养

职业素养包括职业道德、职业技能和职业形象等。在职业道德方面，大学生要诚实守信、保守公司机密、敬业奉献。例如，不泄露公司的商业机密是每个员工应遵守的基本职业道德。在职业技能方面，大学生要根据自己的岗位需求不断学习，以提升自己的能力。例如，一名平面设计师要掌握Adobe系列软件的高级操作技巧。同时，大学生也要注重职业形象的塑造，做到穿着得体、言行举止文明大方，给同事和客户留下良好的印象。

4. 提高人际交往能力

在与他人沟通时，大学生要注意倾听对方的观点和意见，简单明了地表达自己的想法。例如，在团队会议中，大学生要积极倾听同事的建议，然后有条理地阐述自己的方案。同时，大学生要学会换位思考，理解他人的立场和需求，以建立良好的人际关系。此外，大学生还可以参加一些社交活动，扩大自己的人际圈子，提升社交能力。

5. 通过"自我充电"提高综合素质

随着科技的飞速发展，很多用人单位对人才的要求也越来越高，为了适应不同工作的需求，大学生需要不断地学习，进行"自我充电"。

（1）持续学习。大学生要不断学习新知识、新技能，提升自己的专业素养和综合素质。大学生可以通过参加在线课程、阅读专业书籍、参加行业研讨会等方式，不断更新自己的知识和技能。

（2）培养兴趣爱好。大学生培养自己的兴趣爱好，有助于丰富个人生活，提升个人魅力。同时，兴趣爱好也可能成为职业发展的助力，如摄影、写作等技能在职场中具有一定的应用价值。

（3）关注身心健康。大学生应保持健康的生活方式，平衡饮食、运动和休息。保持身心健康是职场成功的重要保障，有助于提高工作效率和生活质量。

👁 **阅读材料**　　　　　　　**从志愿新生到职场人的蜕变**

　　曾韦泽在某航空航天大学入学后，学校随即招募新生志愿者。他积极响应，并荣幸地成为唯一一名以新生身份参与迎接新生工作的志愿者。这次独特的经历让他深切体会到服务他人的乐趣与价值，点燃了他内心深处对志愿服务的火焰。

　　随着对志愿服务理解的逐步深入，曾韦泽逐渐成长为一名经验丰富、技能娴熟的志愿者。他积极参与社区服务、科普支教、赛会服务等各类活动，身影活跃在志愿服务的各个领域。

　　面对未来的职业规划，曾韦泽毅然决定投身基层，将自己的青春热血奉献给需要的地方。因此，他选择加入研究生支教团，前往中国西部偏远地区开展支教工作。初到支教地，面对全新的环境和教学挑战，曾韦泽迅速调整心态，虚心向当地老教师请教，结合自身专业背景，不断探索并开发出适合当地学生的教学方法。他还利用课余时间组织研学活动，带领学生们走出校园，亲身感受外面世界的广阔与多元，拓宽他们的视野。

　　"我希望通过自己的努力，为孩子们打开一扇通往未来的窗户。"曾韦泽说，"如果我能在他们心中种下一颗颗梦想的种子，那么这段支教时光就是无比值得的。"他的辛勤付出得到了丰厚的回报，他的一名学生凭借自己的努力也考入了某航空航天大学。这一"满分结局"让曾韦泽深感欣慰，也激励着他继续在志愿服务的道路上坚定前行。

　　支教结束后，曾韦泽满载而归，回到母校继续深造。尽管学业繁忙，但他始终不忘初心，积极参与各类志愿服务活动。成为学校兼职辅导员后，他更是以身作则，带着学弟学妹参加志愿活动，吸引更多人加入，让志愿服务成为生活风尚。

点评

曾韦泽从一名青涩大学生到成熟职场人的转换过程中，不仅实现了他个人的成长与发展，更为社会带来了积极的影响。曾韦泽的经历告诉大学生，无论身处何方，只要心中有爱、肩上有责，就能在平凡的岗位上创造出不平凡的成绩。

6. 正确处理人际关系

良好的人际关系，可以成就一个人的事业，使其更有信心和力量。大学生如果能正确处理好自己与领导、同事的关系，就能尽早适应职场环境，实现角色的转换。

（1）与领导相处

在职场中，领导扮演着至关重要的角色，他们直接管理并评价下属的工作表现，对下属的职业发展和职位晋升具有决定性的影响。因此，作为初入职场的大学生，与领导建立良好的关系尤为重要。

- 积极高效地完成工作。作为下属，积极并高效地完成领导分配的工作是职场生存的基本法则，也是与领导建立和谐关系的基础。大学生应自觉服从工作安排，认真负责地完成每一项任务，以展现自己的专业能力和职业素养。
- 主动沟通。与领导保持积极的沟通，及时获取领导的反馈和指导，有助于大学生更快地了解工作内容和职业发展路径。通过沟通，大学生可以明确自己的工作方向，并在领导的指点下不断提升自己的能力和水平。
- 尊重领导。这包括礼貌地问候领导、虚心接受领导的批评和建议，以及在工作中展现出谦逊和礼貌的举止。
- 保持不卑不亢的态度。在与领导交往时，大学生应保持自尊自爱，不卑不亢。大学生过分讨好领导不仅可能损害个人尊严，还可能引起同事的反感。因此，大学生应建立正常的工作关系，以专业能力和工作成果赢得领导的认可和尊重。

（2）与同事相处

在职场中，同事是大学生日常工作中不可或缺的伙伴。与同事和睦相处，有助于工作的顺利开展和个人职业的发展。

- 学会团队合作。大学生应与同事保持团结一致，共同维护团队的和谐氛围。在工作中，大学生应讲究公事公办、开诚布公，敢于开展批评与自我批评，同时也要注意方式方法，避免破坏团队协作生态。
- 真诚相待。同事之间的关系应建立在真诚相待的基础上。大学生应宽容大度地对待同事，不虚假、讲诚信。大学生要通过真诚交流和合作，建立起同事之间的信任和友谊。
- 相互支持。在工作中，大学生应主动关心和支持同事，当同事遇到困难或需要帮助时，应热情地伸出援手，通过相互支持和合作，促进彼此的成长和进步，共同推动工作的顺利开展。
- 适度交往。虽然与同事建立良好的关系有助于工作的顺利开展，但大学生也应注意保持适当的距离。在帮助、关心和支持同事时，大学生要把握好分寸，避免过度热情而引起对方的反感。

7.2 职业适应

对于即将踏入职场的大学生而言，从学生到职场人的角色转换过程往往被动而缓慢，且可能伴随着诸多困难和心理负担。然而，为了迅速且高效地适应新职业的岗位要求，大学生必须主动出击，运用一定的职业适应方法和技巧，快速适应新工作。

7.2.1 职业适应的含义与影响因素

大学生从学生角色到职场人角色的过渡过程中，需要主动调整自己的行为，适应环境变化，使自己逐渐达到所从事职业的要求，并顺利完成职业活动。

1. 职业适应的含义

职业适应又称工作适应，是指人在职业活动中，由于工作而产生各种问题时的一系列心理过程。其主要包括个人对工作环境、工作任务，以及对自身行为和新工作的适应。人在与职业适应的过程中，居于主体地位并发挥主导作用。人与职业之间，应在不断磨合的过程中达到和谐与统一。

2. 影响职业适应的因素

事实上，造成当前大学生职业适应困难的，既有社会性因素，又有大学生自身问题。其中，社会性因素需要全社会共同努力改善，而大学生自身问题则需要自己去发现并解决。影响大学生职业适应的因素主要体现在以下6个方面。

职业适应期的
不同特征

（1）职业期望。大学生的职业期望往往受到市场经济环境的影响而趋于现实化。经过多年的学习积累，大学生希望尽快将所学知识转化为实际成果，以回报家庭和社会的支持。这种高期望值虽然反映了积极向上的态度，但也可能导致在面对现实工作时产生落差，从而影响职业适应。

（2）职业心态。大学生普遍期待专业对口的工作机会，但在实际就业市场上，职业选择需要综合考虑多方面的因素，包括但不限于行业前景、企业文化和地理位置等。忽略个人能力和兴趣，盲目选择高新职业，也无疑会增加职业适应的复杂性。

（3）职业待遇。合理的薪资待遇是生活保障的基础，也是个人价值的体现。薪酬水平未能达到心理预期，可能会导致大学生的不满情绪，进而影响到工作的积极性和效率。

（4）职业风险。现代社会鼓励年轻人勇于探索和创新，但与此同时，稳定的工作环境仍然是许多大学生所向往的。刚毕业的大学生渴望通过努力证明自己，但在面临过高或不确定的风险时，他们可能会感到不安，担心无法承受失败带来的后果。

（5）自我价值实现。随着"以人为本"理念的深入普及，大学生更加重视自我价值的实现。选择一份能够体现个人才华的职业，成为他们步入社会后追求的目标。如果现有职位不能满足这些需求，大学生的职业满意度就可能会下降，进而阻碍其职业适应。

（6）人际关系。在团队协作日益重要的今天，和谐的人际关系对大学生的职业适应至关重要。部分大学生虽然才华横溢，但缺乏与领导、同事的沟通与合作能力，导致人际关系紧张，阻碍了职业适应。

除此之外，性格也会对职业适应产生影响。性格越外向的人，职业适应能力越好。良好的性格有助于个人在受挫折时积极调整心态，从逆境中奋起。

👁 **脑海探险**

（1）想象你要进入一个全新的职业领域。你觉得自己的哪些能力（如学习能力、沟通能力、应变能力等）会帮助你快速适应新岗位？哪些能力是你觉得还需要着重培养的？

答案：＿＿＿＿＿＿＿＿＿＿＿＿＿＿＿＿＿＿＿＿＿＿＿＿＿＿＿

（2）当接受一个复杂的职业任务（如组织一场大型会议或者开发一款全新的软件）时，你认为将出现什么样的困难？你又将如何克服？

答案：＿＿＿＿＿＿＿＿＿＿＿＿＿＿＿＿＿＿＿＿＿＿＿＿＿＿＿

（3）如果把你比作一个乐器，在不同的职业环境中工作就像要在不同的交响乐团演奏。你觉得自己在哪种"乐团"（职业环境）里能够发挥出最好的演奏水平（职业能力）？为什么？

答案：＿＿＿＿＿＿＿＿＿＿＿＿＿＿＿＿＿＿＿＿＿＿＿＿＿＿＿

7.2.2　提升大学生的职业适应能力

职业适应能力的形成并非一蹴而就的，它依赖于个人的天赋，更需要通过后天的磨砺与锻炼来培养。在实际工作岗位上，大学生需要依据自身的性格特点来调整学习与工作方法，逐步适应新的工作环境。

1. 做好心理准备

初入职场的大学生，往往会面临现实与理想之间的落差。因此，做好充分的心理准备至关重要。大学生应锻炼自身的抗压能力，以积极乐观的心态面对新环境。大学生要认识到，基层岗位是职业生涯的起点，只有努力积累经验、提升能力，未来才有无限发展的可能。

2. 学会虚心学习

无论在学校里取得多么优异的成绩，有多么丰富的经历，在转换成职场人后，大学生都需要摆正自己的心态和位置，从工作中的小事做起，虚心向其他同事学习，不断积累工作经验。大学生只有虚心学习，才会不断进步。

3. 学会控制情绪

大学生应学会控制自己的情绪，避免将负面情绪带入工作中。大学生在面对工作压力和挑战时，应保持冷静和理智，以平和的心态完成日常工作任务。良好的情绪管理能力有助于提高工作效率。

4. 积累实践经验

大学生应通过实际工作场景中的任务执行、主动学习来加速完成从学生到职场人的角色转换。

（1）任务执行。进入职场后，大学生应主动接触跨部门、跨职能的工作内容。例如，参与项目全流程管理，系统性提升自己对业务链条的认知。同时，大学生还可以尝试短期轮岗或跨行业实践，如身处技术岗同时接触市场调研，或在运营岗参与数据分析，这种复合型经验能显著提高岗位适配度。

（2）主动学习。除了直接的实践经验，主动学习也是不可或缺的一部分。在工作中，大学生应保持开放的学习态度，积极向同事、上级请教，利用本单位内部的培训资源，紧跟行业发展趋势。大学生主动学习不仅能及时更新自己的知识体系，还有助于建立起有价值的行业人脉网络，为未来的职业发展铺路。

7.2.3　大学生职业适应技巧

在人的整个职业生涯中，难免会产生诸多不适应的问题，面对这些问题时，大学生应积极采取相应技巧来解决，以顺利适应职场生活。

1．塑造良好的职业素养

初入职场的大学生一定要意识到，塑造良好的职业素养极其重要。作为职场人，应在思想层面树立符合市场经济需求的正确职业观念，即科学的职业理念。这种正确的思想将始终引领大学生未来的职场发展道路。

初涉职场时的
细节问题

（1）专业的工作技能。知识和文凭是进入职场的敲门砖，但真正的工作技能才是立足之本。大学生应意识到，学校所学知识与实际工作需求可能存在差异，因此，大学生必须迅速掌握岗位所需的专业工作技能，以缩短职业适应期。

（2）规范的职业用语。大学生应遵守与人交流的语言规范。例如，银行员工在工作和公共场合中，必须使用的职业用语包括："请！""您好！""请稍等！""对不起！""请提意见！"等。

（3）良好的职业道德。职业道德是指从事一定正当职业的人，在特定的工作和劳动岗位上进行职业活动时，从思想到行为都应当遵循的道德规范。例如，爱岗敬业、诚实守信、办事公道、服务群众、奉献社会，一直是我国各行各业共同的职业道德规范。

2．正确看待挫折

不论从事何种工作，遭受挫折总是在所难免的。面对挫折时，大学生一定要保持心态平衡，积极想办法解决，可以从以下3个方面入手。

（1）自我调节。例如，将内心愤懑的消极情绪转化为发愤图强、力争上进的积极情绪；或"重振雄风"，加倍努力工作，去实现预定目标；或改变工作方法，另行尝试，以期达到既定的目标。

（2）正确认识工作上的成败。一帆风顺固然可喜，但遇到挫折也不要灰心，也许这一次挫折就是下一次成功的开始。只有看准目标，扎扎实实，一步一个脚印地走下去，才会成功。

（3）勇于面对挫折。遭受挫折并不可怕，可怕的是不敢面对挫折。其实，挫折就像一只纸老虎，你越恐惧，它就越强大；你越勇敢、越坚强，它就越软弱无力。所以，大学生一定要勇于面对挫折，全力以赴，不消极等待，不断地去战胜自己。

3. 理智面对冷遇

部分大学生走上工作岗位后可能会遭到冷遇，要想从冷遇的困境中挣脱出来，就要学会清醒分析，正确对待。

（1）寻找造成冷遇的原因

当大学生在工作中受到冷遇时，首先要从自身找原因。一般来说，主要原因有：自以为是，好高骛远，小事不愿做，大事做不好，领导难以安排合适的工作；对工作挑肥拣瘦，拈轻怕重；过于看重个人得失，不思奉献；没有工作责任心，马虎了事，不能完成领导交代的任务；没有摆正个人与集体、事业与家庭的关系。

（2）消除或避免冷遇的方法

大学生需要认真地剖析自己的言行，找出受冷遇的症结所在，然后通过自身的努力，尽快化解矛盾。其主要有以下3个途径。

- 谦虚好学。在这个知识飞速更新的时代，大学生所掌握的知识只是冰山一角，而且大学生在校学习的大多是理论知识。所以，大学生作为职场中有待成长的新人，要虚心向他人学习，绝不能自高自大，轻视自己的工作。
- 脚踏实地。大学生走上新的工作岗位后，除了虚心学习，还要有实干精神。因为用人单位招聘职员，是为了解决工作、生产、科研中的实际问题，只要大学生能脚踏实地干出一番成绩，领导、同事都会对其刮目相看。
- 豁达大度。有时，冷遇可能是由客观原因造成的。但无论如何，大学生都应沉着冷静、豁达大度，多从自身找原因，认真总结经验并吸取教训，这样才有利于问题的解决。

📝 **身临其境**

赵强刚从大学毕业，满怀憧憬地踏入了职场，成了一家知名企业的新员工。他对于这份工作充满了热情，希望通过自己的努力在职场上有所作为。然而，初入职场的他很快就遇到了一个难题。

在一次团队会议上，赵强提出了一个他认为很有创意的工作方案，但没想到却遭到了部门主管的当场否决。部门主管认为他的方案过于理想化，缺乏实际操作的可能性，并在会上提出了他的问题。赵强顿时感到自尊心受挫，情绪十分低落。会后，赵强还发现同事们对他的态度也有了一些变化，似乎不如之前熟络了。这让他更加感到沮丧和困惑，不知道自己究竟做错了什么，也不知道该如何面对这种困境。

想一想： 如果你是赵强，面对这种困境，你会怎么办呢？

4. 积极消除隔阂

在日常人际交往中，每个人都有可能与他人产生隔阂。消除隔阂是推动人际关系发展的关键。大学生与他人产生隔阂时，应冷静分析原因，然后有针对性地采取措施。针对不同原因产生的隔阂，有以下3种消除方法。

（1）因双方缺乏了解而产生的隔阂。大学生应该与对方坦诚相处，真诚交流，以自己的诚意换取他人的诚意。

（2）因为双方误会而产生的隔阂。大学生应该宽容、大度，或向对方善意地解释，以此来消除误会。

（3）因为自己的不慎，伤害了对方。大学生应该向对方诚恳地道歉，请求原谅，只要表现出足够的诚意和耐心，就有机会化干戈为玉帛，消除隔阂。

🎯 **知识链接**　　　　　　　　　　**解锁新技能**

"解锁新技能"是一种比喻性的表达方式，用来描述一个人学会了新的知识或技能，从而能够在某个领域或情境中表现得更好。这个概念源自游戏文化，在许多游戏中，玩家通过完成特定的任务或达到一定的条件，就可以解锁新的技能。其实，解锁新技能不仅是个人能力提升的过程，更是拓宽视野、丰富生活体验的重要途径。

想一想：如果有机会解锁几种新技能来丰富你的职业生涯，你会选择哪些技能呢？

7.3　职场情商培养

大学生从校园步入职场，就意味着大学生从此不再是校园里的学生，而是初入职场的新人。在这个新起点上，诸多方面需要大学生去学习探索，其中情商的培养尤为关键。

7.3.1　职场情商的含义与重要性

职场情商是指个体在职场环境中有效管理自己的情绪和理解、回应他人情绪的能力。它不仅关系到个人如何处理职场中的人际关系，还直接影响着工作效率和职业发展。职场情商高的人通常具备强大的认知能力和情绪管理技巧，能够敏锐地感知并恰当应对他人的情绪，从而维持良好的人际交往和团队协作。通过自我控制，高情商的人可以将情绪转化为推动目标实现的力量。

因此，职场情商是每个职场人不可或缺的素质，其重要性主要体现在以下5个方面。

1. 促进人际和谐

职场情商高的人擅长理解他人的情绪和需求，能够采取恰当的方式与他人沟通，有效避免误解和冲突。他们懂得尊重他人，善于倾听，能够赢得同事和上级的信任与尊重，从而在职场中营造出和谐融洽的工作氛围。

2. 提高工作效率

高情商的职场人能够迅速调整自己的心态，以积极乐观的态度面对工作中的挑战。他们不会因为一时的挫败而陷入消极情绪，而是能够迅速恢复精力，以高效的状态投入工作中。同时，他们还能通过激励自己和团队成员，提高整个团队的工作效率。

3. 推动职业发展

高情商的职场人在团队协作中往往能够脱颖而出，成为团队的核心力量。他们懂得如何与上级建立良好的关系，争取到更多的资源和支持；同时，他们也能够有效地指导下属，提升团队的整体绩效。这些能力将有助于他们在职场中迅速崭露头角，获得晋升和加薪的机会。

4. 增强抗压能力

职场环境复杂多变，充满挑战。高情商的职场人具备强大的抗压能力，能够在面对压力时保持冷静和理智。他们懂得如何调整自己的情绪，将压力转化为前进的动力，从而在职场中保持稳健的发展态势。

5. 塑造良好形象

职场情商高的人通常能够以积极、乐观的态度面对工作和生活，展现出良好的职业形象。他们的言行举止得体，能够赢得他人的尊重和认可，从而在职场中建立起良好的个人品牌。

📝 身临其境

孙昊天是一名刚从大学毕业的职场新人，进入了一家知名的广告公司工作。他所在的团队正在紧张地筹备一个重要且紧急的项目，客户期望能在短时间内看到初步的创意方案。整个团队都在全力以赴地为这个目标努力。

尽管孙昊天具备扎实的专业知识，但在团队协作中，他发现自己遇到了一些挑战。这些挑战并非完全源于他对工作的理解能力不足，而是更多地反映了他在情商方面的欠缺。例如，在团队讨论中，他常常专注于自己的意见，忽视倾听同事的意见；在同事们分享创意时，他又倾向于立即评判而不是尝试理解背后的理念。因此，许多同事因感到不被尊重而疏远他，他自己也觉得难以融入团队。此外，在面对批评或分歧时，孙昊天更多的是采取防御态度。

想一想：如果你是孙昊天，面对无法融入团队这样的困境，你会怎么做呢？

7.3.2 培养职场情商

对于刚踏入职场的大学生来说，他们常常带着"学生思维"进入新的工作环境。这种思维特点包括习惯依赖老师指导、侧重于理论知识的学习，以及相对缺乏实际工作经验和对职场规范的认识。为了在职场中迅速站稳脚跟，初入职场的大学生应当积极采取措施来培养职场情商。

1. 突破思维定式

在校园环境中，大学生往往以学业成绩为首要目标，这种思维模式相对直接且单一。然而，职场环境比校园环境复杂多变，工作任务的评价标准远不止准确性这一维度。以项目策划为例，大学生除了确保策划内容的准确无误，还需要综合考虑执行效率、成本控制及对团队成员情绪的影响等多重因素。

此外，在校园中，竞争氛围浓厚，大学生常常将超越同学视为成功的标志。但在职场中，合作共赢的理念尤为重要。不同部门、员工之间紧密相连，个人的成就往往建立在团队支持的基础之上，而团队的成功亦能反哺个人成长。因此，大学生需要摒弃那种只关注单一目标、过度强调个人竞争的思维方式，转而学会从多维度审视问题，树立并践行合作共赢的理念。

2. 提升情绪管理能力

大学生在校园里会遇到考试失利等挫折，但职场的挫折更加复杂多样。当受到领导批评时，大学生不能像在校园里那样只是感到委屈或者愤怒，而是要冷静下来分析批评是否合理。如果合理，就把它当作提升自己的契机，思考如何改进；如果不合理，也要以平和的心态去与领导沟通。

另外，长时间的工作容易使人产生疲惫和厌烦情绪。这时候大学生就需要像在校园中应对学习压力一样，采取有效的调节方式，以重新激发工作热情。例如，在午休时间外出散步，或者与同事愉快地聊天。

3. 培养同理心

在校园环境中，大学生往往更加聚焦于自我感受与需求。而在职场中，大学生则需要学会从他人的视角审视问题，展现出深刻的同理心。

当同事在工作中遭遇挑战，如由于个人或家庭原因影响工作进度时，大学生应摒弃仅从个人任务出发的视角，转而尝试站在同事的立场理解其处境。通过这种换位思考的方式，大学生能够更加全面地认识问题，还能促进团队内部的理解与和谐。

大学生可以通过多种具体行动来表达同理心。例如，大学生要主动询问同事是否遇到了难以克服的困难，并在自己能力范围内提供必要的支持。这样的行为不仅能够为同事解决燃眉之急，还能够在团队中营造出一种相互扶持、共同成长的良好氛围。

4. 提高自我认知

在步入职场之前，大学生可能更多聚焦于学习成绩上的优势。然而，在职场中则需要大学生进行全面的自我评估。

大学生应当深入剖析自己在各类工作能力上的表现，明确自身的强项与短板。例如，有的大学生在文案撰写方面游刃有余，但在数据处理方面却力不从心。通过细致地自我评估，大学生可以在工作中扬长避短，充分展现自己的优势，同时针对薄弱环节制订学习计划，不断提升自我。

此外，自我认知还应涵盖情绪管理能力。大学生需要认识到自己在不同情绪状态下的行为表现，并有意识地加以控制，如在面对工作压力时保持冷静与理性。深刻洞察和管理自我情绪，有助于大学生在职场中更加灵活地调整自己的行为，从而更好地应对各种挑战。

👁 **脑海探险**

镜像神经元是一种特殊的脑细胞，它们在我们观察他人行为时被激活，使我们感觉就像自己在执行该行为一样。这种机制被认为与模仿学习、共情理解及社会互动密切相关。

（1）试着回忆你在工作中遇到困难时，周围的人是如何反应的？你是否能够通过他们的眼神、语气或者其他非言语信号感知到他们的情绪，并据此调整自己的行为？

答案：_____

（2）如果你注意到一个同事在会议中显得紧张不安，你会采取什么措施让他感到更加舒适？

答案：_____

（3）如果你是项目负责人，在面对团队冲突时，你会如何运用你的共情能力去解决问题，确保每个成员的声音都被听到并且被尊重？

答案：_____

（4）镜像神经元的存在意味着我们可以从他人身上学到很多东西，不仅仅是技能方面，还包括态度和价值观方面。你有没有特别敬佩的职场榜样？你从他们那里学到了哪些品质？

答案：_____

∥ 探索自我 ∥

职业适应能力测试通常包括多个维度，如性格特质、工作动机、情绪智力、沟通技巧、解决问题的能力等。下面提供一组职业适应能力测试试题，旨在帮助大学生了解自己在职场环境中的适应能力和成功潜力。

🎓 **职业适应能力测试**

〖测试说明〗

职业适应能力测试

本测试由一系列选择题构成，每道题有A、B、C三个选项。其中，A选项通常代表积极的职业适应态度和行为，显示出较强的职业适应能力；B选项表示态度和行为较为中等，在某些方面存在一定的不足；C选项往往反映出消极或不恰当的应对方式，表明职业适应能力较弱。请根据你最自然的第一反应进行选择，不要过多思考，尽量保持诚实和真实。请扫描右侧二维码查看所有测试题目。

1. 初入职场，你发现公司的上下班打卡制度非常严格，你会（   ）。

A. 严格遵守，提前规划好出行时间，从不迟到早退

B. 偶尔因为一些突发情况迟到，但会向领导解释

C. 经常忽略打卡规定，觉得没必要这么较真

2. 当你接到一项全新的工作任务，你对相关知识和技能几乎一无所知时，你会（   ）。

A. 立即开始通过网络、书籍等资源自学，并向有经验的同事请教

B. 先试着做一部分，遇到问题再说

C. 觉得自己肯定做不了，向领导推脱

3. 在团队会议中，你发现大家的讨论方向与你的想法完全相反，你会（   ）。

A. 有条理地阐述自己的观点，并尝试引导讨论方向

B. 默默倾听，不再发表自己的意见

C. 直接打断别人，强行让讨论按照自己的想法进行

4. 公司组织团建活动，你（   ）。

A. 积极参与，主动与不同部门的同事互动交流

B. 参加但不太主动，只是跟着大家一起玩

C. 找借口拒绝参加

5. 你的同事在工作中犯了错误，导致部分工作需要你重新做，你会（   ）。

A. 虽然心里不太舒服，但还是认真完成，并提醒同事以后注意

B. 表面上不说什么，但在做的时候故意拖延或者敷衍

C. 向领导告状，把责任都推给同事

6. 当你发现自己的工作成果被同事剽窃并在领导面前邀功时，你会（   ）。

A. 冷静地向领导说明真相，并提供证据

B. 生气但不知道该怎么办，只能默默忍受

C. 找机会报复同事

7. 公司突然宣布调整办公地点，新地点距离你家更远了，你会（   ）。

A. 接受公司的安排，积极调整通勤方式

B. 向领导反映困难，希望能有其他的解决方案

C. 马上开始找新的工作机会

8. 在工作中，你需要与一位性格较为强势的同事合作，你会（   ）。

A. 尊重他的意见，同时巧妙地表达自己的观点，寻求合作共赢

B. 尽量避免与他发生冲突，按照他的想法做

C. 与他正面冲突，坚持自己的原则

9. 当你连续几个月没有得到绩效奖金时，你会（   ）。

A. 分析自己的工作表现，主动向领导询问原因并寻求改进方法

B. 觉得不公平，但也不知道该怎么办

C. 开始消极怠工

10. 新入职时，面对公司的规章制度，你会（   ）。

A. 认真学习并牢记每一条规定

B. 大致浏览一下，只记住一些相对重要的规定

C. 从不关心，觉得这些规定限制了自己的自由

……

〖测试分析〗

完成上述测试后，你可以根据选择的答案进行统计分析。每道题目的选项反映了不同的职业适应能力和倾向。

如果答案A的数量≥14个：说明你具有很强的职业适应能力。能够在各种职场情境下积极主动地应对挑战，善于与他人合作，能够灵活处理工作中的各种问题，并且有较好的自我管理和职业发展规划意识。

如果答案B的数量≥14个：说明你的职业适应能力处于中等水平。在一些情况下能够做出相对合适的反应，但在积极主动性、应对复杂情况的能力或者职业素养等方面还有提升的空间。需要更加注重自身能力的培养和职场规则的把握。

如果答案C的数量≥14个：说明你的职业适应能力较低。在面对职场中的各种变化和要求时，容易出现消极、逃避或者不恰当的行为。你需要重新审视自己的职场态度和行为方式，学习一些职场技能和人际交往技巧，以提高自己的职业适应能力。

思考与练习

1. 从学生角色转换到职场人角色的过程中，大学生可能会遇到哪些问题？

2. 影响大学生职业适应的因素有哪些？

3. 如何提升大学生的职业适应能力？

4. 大学生是社会主义现代化的建设者和接班人，未来必将会在各个岗位上发光发热。请同学们讨论并分享，自己要如何成为一个合格的职场人？

5. 阅读以下材料，回答问题。

钱雪娟，某学校会计学院的杰出学子，自踏入校园的那一刻起，她便深知实习的重要性。得益于学院的推荐与引导，钱雪娟顺利获得了一个很好的实习机会。

面对即将踏入的职场，钱雪娟如同众多同龄人一般，心中难免泛起迷茫与不安。她担心自己难以适应职场的快节奏，难以圆满完成领导交付的任务，更忧虑自己是否会在错综复杂的人际关系中迷失方向。然而，正是师长们的鼓舞与指引，使她鼓足勇气，迈出了走向社会的重要步伐。

实习期间，钱雪娟深切感受到了从校园到职场的变化。她初入职场，便以谦逊好学的态度，不断调整自我心态，以适应全新的工作环境。面对工作中的重重挑战，她勇于请教，勤于学习，逐渐掌握了与同事有效沟通的技巧，也学会了如何高效地完成工作任务。在这段宝贵的实习经历中，钱雪娟不仅锻炼了自己的沟通能力和语言表达能力，更在面对业务难题时，学会了独立思考。

这段实习经历，为钱雪娟日后的职业发展奠定了坚实的基础。她深刻体会到，职场的成功是需要不断积累与学习的。同时，她也深切感受到该会计学院为大学生搭建的优

质平台的重要性。正是这些平台，让他们有机会亲身接触真实的职场环境，从而在实习中不断成长，为未来的职业生涯做好充分准备。

如今，钱雪娟已顺利成为某数据服务有限公司的一员。回望实习岁月，她更深切地认识到，第一份工作对于大学生锻炼能力、积累经验、塑造职业素养的重要作用。她衷心感谢该会计学院为她提供的宝贵机会，让她能够在实习中不断成长，为自己的人生画卷增添浓墨重彩的一笔。

（1）钱雪娟在从学生到职场人的转变过程中遇到了哪些挑战？她是如何克服这些挑战的？

（2）从钱雪娟的经历中，我们可以总结出哪些有效的职场适应技巧？

▮ 青春榜样 ▮

科技筑梦，照亮报国之路

在西北工业大学友谊校区的一间实验室里，王震正指导博士生进行博弈智能的实验。作为西北工业大学网络空间安全学院院长及国家级科技创新团队首席科学家，王震致力于将基础研究与国家重大需求紧密结合，并强调"这是非常前沿而重要的领域，需要做实实在在的基础研究"。

作为团队的领导者，王震创建了专门的实验室，组建了一支高效的科研团队，集中力量攻克关键技术难题。为了尽快解决国家面临的重大科研挑战，他常常工作至深夜，办公室里的折叠床见证了他从早到晚不懈努力的工作状态。他经常激励团队成员说："科技革命和产业革命突飞猛进，我们要抓紧干，才不会辜负党和人民的期望。"

在王震的带领下，团队在新一代人工智能和网络空间安全领域取得了显著的研究成果。特别是在博弈智能方面，他创新性地提出了智能决策与认知的新理论和新方法，并在国际顶级期刊上发表了相关论文，获得了国内外知名学者的高度评价。此外，在智能无人系统及网络空间智能对抗的研究中，王震领导团队开发了多项智能分析系统，这些成果填补了该领域的多项技术空白，极大地提升了我国在这一关键领域的技术实力和创新能力。

王震不仅专注于科研，还特别重视教育工作，积极推进课程教学改革，注重理论联系实际，鼓励学生参与各类竞赛并多次获奖。他的一位学生分享道："王老师是我科研上的引路人，他对科研的专注和执着深深感染了我"。此外，王震还荣获第26届中国青年五四奖章，他表示："当代中国青年生逢其时，国家给我们提供了施展才干的广阔舞台。"面对未来，王震决心继续在人工智能和网络空间安全前沿领域攻坚克难，为建设科技强国贡献力量。

启示　王震不仅展示了如何利用自身专业知识服务于国家和社会，更传递了一种信念——科技强国是每一个青年学子的责任与使命。通过实际行动，他鼓舞着新一代大学生勇敢追梦，努力成为推动国家科技进步的中坚力量。

第8章
保障就业权益

情景导入

张越在校期间成绩优异，获得了许多荣誉。自6月份开始，他参加了十几场招聘会，工作却始终没有着落。其中，多家企业屡次以"我们更倾向于本地候选人"为由婉拒了他。张越对此感到十分懊恼，他不明白为什么自己完全有能力胜任的职位，用人单位却更倾向于录用本地人。同时，他也产生了困惑：在就业过程中大学生有哪些就业权益，大学生又该如何保障自己的就业权益呢？

在就业过程中，大学生可能会遇到种种不公平待遇，相信张越的求职经历可以很好地引发大学生对就业权利与义务的思考。面对职场中的不公平待遇，大学生应该如何保护自己的合法权益不被侵犯呢？

本章将深入探讨大学生就业的基本权利和义务，分析相关的法律法规，帮助大学生了解如何签订就业协议和劳动合同，确保自身权益得到保障。此外，本章还将讨论违约责任与争议解决办法，以及如何规避求职陷阱和采取安全应对策略。通过本章的学习，大学生将能够更好地理解并维护自己的就业权益。

8.1　权利与义务

面对求职过程中的不公平待遇，大学生应当如何有效应对并寻求必要的帮助呢？实际上，大学生在就业方面享有法律赋予的权利，他们应清楚地认识到自己的合法权益，并学会依法维护这些权益。同时，大学生也需要履行一定的义务。

8.1.1　大学生就业的基本权利

大学生作为就业市场的重要主体之一，在就业过程中除了享有普通劳动者所享有的劳动报酬权、休息休假权等一般权利，还享有许多特殊权利。

1. 接受就业指导权

《中华人民共和国高等教育法》第五十九条规定："高等学校应当为毕业生、结业生提供就业指导和服务。"由此可见，接受来自学校的就业指导与服务，是大学生的一项重要权利。

学校在大学生就业指导中发挥了重要作用。各高校成立专门机构，开设专门课程，安排专业人员对大学生进行全方位的就业指导与服务，其中包括宣传国家关于大学生就业的方针、政策，对大学生进行求职技巧指导，引导大学生根据实际情况择业等。大学生通过接受就业指导，可以对自身进行准确定位，合理择业。

2. 被推荐权

向用人单位推荐大学生是学校就业指导工作中的一个重要职责。实践证明，学校推荐与否会在一定程度上影响用人单位是否录用大学生。大学生在被学校推荐的过程中，享有如实推荐、公正推荐、择优推荐的权利。

（1）如实推荐。如实推荐指学校在推荐大学生时应实事求是，根据大学生本人的实际情况向用人单位进行介绍，不能故意贬低或随意拔高大学生在校表现。

（2）公正推荐。公正推荐指学校对大学生的推荐应做到公平、公正，学校应给予每一位大学生就业推荐的机会，不能厚此薄彼。

（3）择优推荐。择优推荐指学校在公正推荐的基础上，坚持择优标准，真正体现优生优用，人尽其才，这样才能调动广大大学生的就业积极性。

3. 就业信息知情权

就业信息知情权是指大学生拥有及时、全面地获取应该公开的各种就业信息的权利。它包括3个方面的含义。

（1）就业信息公开。就业信息应向所有大学生公开，任何团体、组织和个人都不得隐瞒、截留就业信息。

（2）就业信息及时。就业信息有很强的时效性，学校应及时、有效地向大学生公布，以免就业信息失去价值，影响大学生就业。

（3）就业信息全面。就业信息应当全面、完整，以便大学生对用人单位有全面的了解，从而做出符合自身要求的选择。

📝 身临其境

林晓雨，一名即将从市场营销专业毕业的大学生，正在积极寻找适合自己的工作岗位。

林晓雨尝试通过学校的就业指导中心获取就业信息。她发现，学校会定期发布一些企业的招聘信息和招聘会安排，但这些就业信息往往比较笼统，缺乏针对性和深度。为了获取更详细的信息，林晓雨开始主动出击，通过社交媒体、行业论坛和招聘网站等多种渠道搜索相关岗位信息。

然而，在搜索过程中，林晓雨发现了一些问题：有些招聘信息发布不及时，甚至已经过期；有些招聘信息则过于简略，缺乏必要的岗位描述和任职要求；还有些招聘信息则被隐藏在各种广告和推广之中，难以分辨真伪。这些问题让林晓雨感到十分困扰，她不知道该如何筛选出真正有价值的就业信息。

想一想：如果你是林晓雨，在求职过程中遇到就业信息不透明、不及时或不全面的情况时，你会怎么做？

4. 就业自主选择权

根据国家有关规定，高校毕业生可以在国家就业方针、政策指导下"双向选择，自主择业"，即大学生可以按照自己的兴趣、爱好和能力选择自己喜欢和擅长的职业，同时大学生还有权决定自己何时就业、何地就业等。家长、学校和用人单位可以为初出校门、缺乏工作经验的大学生提供建议和指导，但不能强迫或限制他们选择职业。

5. 平等就业权

大学生在就业过程中享有平等的就业权利。所谓平等，即大学生有公平的机会去竞争工作岗位，反对就业中的各种歧视行为，如性别歧视、学历歧视、地域歧视、身体条件歧视和经验歧视等。

大学生应当平等地接受学校推荐和参加用人单位的公开招聘，用人单位在招聘时也要做到公平、公正。如果在就业过程中遇到不公平待遇，大学生可通过合法途径维护自己的权利。

6. 违约求偿权

用人单位、学校、大学生三方签订就业协议书后，任何一方不得擅自毁约。如任何一方无故要求解约，必须承担相应的违约责任。大学生享有的权利具体可分为解除协议权、申诉权和求偿权。

（1）解除协议权。签订协议后，如果大学生的权益或人身自由、人身安全被用人单位严重侵害，大学生可以主动提出解除协议。

（2）申诉权。遭遇劳动关系纠纷时，大学生有向劳动争议仲裁委员会申请仲裁的权利，若对仲裁裁决不满意，还可以向人民法院起诉。

（3）求偿权。用人单位违约时，大学生有要求违约方承担违约责任、获得赔偿的权利。

8.1.2　大学生就业的基本义务

享有权利就需要承担相应的义务，大学生在就业上也是如此。大学生就业的基本义务主要包括以下7个方面。

1. 回报国家、服务社会的义务

劳动对于公民来说，既是权利又是义务，是权利和义务的结合与统一。大学生有自主择业的权利，但也有服从国家需要的义务。大学生应从大局出发，认真执行国家的方针、政策，根据需要为国家、社会服务。

按照"得之于社会、还之于社会、报之于社会"的原则，大学生应积极地、有责任地依托自己的职业行为，发挥自己的专业优势，以此来回报国家、社会，承担起自己应尽的义务。

2. 实事求是介绍自己情况的义务

大学生在求职择业的过程中，应如实向用人单位介绍自己的情况，这是基本的择业道德要求，也是自己应尽的义务。

大学生在填写就业推荐表、自荐信，与用人单位介绍自己时，必须实事求是，不得弄虚作假，对于自己的缺点不能回避，有过失也不可隐瞒，应该以诚相见。大学生只有如实介绍自己的情况，才能让人觉得可信、可靠，才会获得用人单位的信任。

3. 配合学校完成毕业交接的义务

大学生在毕业离校前，学校要根据《普通高等学校学生管理规定》《高等学校学生行为准则》等规定的要求，结合大学生在校期间各方面的基本情况，实事求是地对大学生进行鉴定。大学生应该认真总结，并积极配合学校做好此项工作，切实履行好此项义务。

另外，由于部分大学生在校期间接触到了学校的许多科技成果，甚至还直接参与了科技成果的研究与开发，因此，他们有保护学校知识产权的义务，即不能以此作为与用人单位签约的筹码。否则，他们将会因侵犯学校的知识产权而承担相应的法律责任。

4. 严格遵守和履行就业协议的义务

大学生与用人单位通过双向选择签订协议后，应严格遵守和履行就业协议，保证就业工作顺利进行。表里如一、言行一致是做人的基本准则，讲信誉是大学生应有的美德。协议一经签订就不能随便违约，大学生一旦出现违约行为，不仅会影响学校正常的就业秩序，还会损害用人单位、学校及其他同学的利益。因此，大学生应该慎重签约，严格履约。

5. 按规定期限到工作单位报到的义务

大学生办理完离校手续后，应按规定期限到用人单位报到。学校将不再负责大学生就业后的问题。

6. 依照职责完成工作任务的义务

大学生是受过高等教育的人才，用人单位往往会寄予厚望，使其承担重要职责。因此，大学生有义务遵守劳动纪律，积极努力地将自己的知识和才能充分发挥出来，切实履行工作职责，认真完成所承担的工作任务，为单位的发展作出自己的贡献。

7. 保守商业机密的义务

一些用人单位，在录用大学生之前，为了全方位了解大学生的情况，会安排其到单位实习。在实习期间，大学生要严格遵守单位的规章制度，尤其是对一些商业机密，更要严加保密，以防止侵权行为的发生。

知识链接 维权骑士

维权骑士是指那些在面对自身或他人权益受到侵害时，能够勇敢地站出来，利用法律武器维护正当权益的个人。这类人不仅关注自己的合法权益，还热心帮助周围的人了解并行使他们的权利，通过合法途径解决问题，促进社会公平正义。维权骑士通常具备一定的法律知识，懂得如何收集证据、寻求法律援助，并且熟悉相关的投诉举报机制和程序。

想一想：如果你在生活中遇到或者发现有人的合法权益被侵犯（如消费者权益、劳动权益等），作为一名维权骑士，你会采取哪些具体措施来帮助他们？

8.1.3 与大学生就业相关的法律法规

了解与大学生就业相关的法律法规有助于保护大学生的合法权益，还能帮助他们更好地适应职场环境，实现个人职业发展。

1.《中华人民共和国劳动法》

《中华人民共和国劳动法》（以下简称《劳动法》）是为了保护劳动者的合法权益，调整劳动关系，建立和维护适应社会主义市场经济的劳动制度，促进经济发展和社会进步而制定的。《劳动法》涵盖了工作时间、工资、休息休假、社会保险和福利等内容。

即将或刚刚踏入职场的大学生了解《劳动法》中关于平等就业、取得劳动报酬、休息休假、劳动安全卫生保护、劳动争议处理及劳动合同的签订与履行等方面的规定，有助于保障大学生的合法权益，降低在就业过程中受到不法侵害的可能。

（1）平等就业和选择职业的权利

大学生在就业过程中享有平等就业权，不应因民族、种族、性别、宗教信仰不同而受歧视。大学生有权自主选择用人单位，任何强令大学生到某单位就业的行为都是侵犯大学生自主权的行为。同时，大学生在参加就业求职的过程中，有权及时、全面、准确地获取就业信息，在就业时得到公平、公正且择优的推荐，并在参加"双选"时与招聘单位自主洽谈协商。

（2）获得劳动报酬的权利

大学生在参与劳动时，有权获得与劳动付出相匹配的报酬。用人单位在招用劳动者时，应当如实告知劳动报酬等情况，并在劳动合同中明确约定。如果用人单位未按照劳动合同的约定或国家规定及时足额支付劳动报酬，劳动者有权向劳动行政部门投诉，并依法要求用人单位支付拖欠的劳动报酬及相应的赔偿金。

（3）休息休假的权利

《劳动法》规定了劳动者享有休息休假的权利，以确保其身心健康和劳动效率。大学生在就业后，也应依法享受相应的休息休假待遇。用人单位应合理安排工作时间，确保劳动者每周至少休息一日，并在法定节假日安排劳动者休假。如果用人单位违反规定，剥夺或限制劳动者的休息休假权利，劳动者有权向劳动行政部门投诉，并依法要求用人单位承担相应的法律责任。

（4）劳动安全卫生保护的权利

大学生在劳动过程中应得到必要的劳动安全卫生保护，以防止工伤和职业病的发生。用人单位应提供符合国家安全卫生标准的工作环境，为劳动者配备必要的劳动保护用品，并定期组织劳动者进行职业健康检查。如果用人单位未履行劳动安全卫生保护义务，导致劳动者发生工伤或职业病，用人单位应承担相应的赔偿责任。

（5）提请劳动争议处理的权利

如果大学生在劳动过程中遇到权益受损的情况，有权提请劳动争议处理，维护自己的合法权益。劳动争议可以通过协商、调解、仲裁、诉讼等方式解决。大学生应了解劳动争议的处理程序和途径，以便在发生劳动争议时能够依法维权。

（6）劳动合同的签订与履行

劳动合同是劳动者与用人单位之间建立劳动关系的法律凭证。大学生在就业时，应与用人单位签订书面劳动合同，并仔细阅读合同中的各项条款，确保自己的权益得到保障。劳动合同应明确工作内容、劳动保护和劳动条件、劳动报酬、劳动纪律、合同终止条件等关键信息。同时，大学生应了解劳动合同的履行和变更规定，以便在劳动合同履行过程中维护自己的合法权益。

📝 身临其境

　　林小果是一名即将毕业的大学生，他通过校园招聘进入一家科技公司实习。实习期间，林小果表现优异，该公司决定录用他为正式员工。2023年7月，林小果与该公司签订了劳动合同，劳动合同中明确约定林小果的月工资为3500元，每月15日通过银行转账支付。然而，自2023年10月起，该公司开始拖欠林小果的工资，截至2024年1月，该公司已累计拖欠林小果4个月的工资，共计14000元。

　　想一想：如果你是林小果，遇到公司拖欠工资的情况，你会怎么做？

2.《中华人民共和国劳动合同法》

《中华人民共和国劳动合同法》（以下简称《劳动合同法》）是明确劳动者与用人单位之间权利义务关系的基本法律。它明确规定了劳动合同的订立、履行、变更、解除和终止等各个环节的要求，保护了劳动者的合法权益，有利于构建和发展和谐稳定的劳动关系。

即将踏入职场的大学生了解《劳动合同法》中的某些条款，能帮助他们理解自己的权利和义务，也能够指导他们在职业生涯初期做出明智的选择。

（1）劳动合同的订立

建立劳动关系，应当订立书面劳动合同。劳动合同应明确记载用人单位的名称、住所和法定代表人或者主要负责人，以及劳动者的姓名、住址和居民身份证或者其他有效身份证件号码。此外，合同还应详细列出合同期限、工作内容和地点、工作时间和休息休假安排、劳动报酬的具体数额及支付方式、社会保险的参保情况及其他相关福利待遇。

《中华人民共和国
劳动合同法》

（2）试用期的规定

试用期最长不得超过6个月，并且根据合同年限的不同有相应的最短和最长限制。试用期内的工资不得低于本单位相同岗位最低档工资或者劳动合同约定工资的80%，同时不得低于用人单位所在地的最低工资标准。另外，大学生应当了解并遵守用人单位的相关规定，以便顺利过渡到正式员工身份。

（3）解除与终止劳动合同

当劳动合同被依法解除或终止时，如果符合一定条件，劳动者有权获得经济补偿。经济补偿按劳动者在本单位工作的年限，每满一年支付一个月工资的标准向劳动者支付，以此类推。劳动者出现严重违反用人单位规章制度等情况时，用人单位有权解除劳动合同。同时，大学生要注意保存相关证据，确保在特殊情况下维护自身合法权益。

（4）履行和变更劳动合同

用人单位与劳动者应当按照劳动合同的约定，全面履行各自的义务。用人单位应当严格执行劳动定额标准，不得强迫或者变相强迫劳动者加班。用人单位安排加班的，应当按照国家有关规定向劳动者支付加班费。此外，用人单位与劳动者协商一致，可以变更劳动合同约定的内容。变更劳动合同，应当采用书面形式。大学生在进入职场后，应全面履行劳动合同约定的义务，也要善于维护自己的合法权益，确保劳动合同得到正当履行，与此同时，合理应对可能的工作环境变化或合同调整。

（5）非全日制用工

非全日制用工是指以小时计酬为主、劳动者在同一用人单位平均每日工作时间不超过四小时，累计每周工作时间不超过二十四小时的用工形式。该用工形式允许双方当事人订立口头协议，并且劳动者可以与一个或多个用人单位签订劳动合同，但后订立的劳动合同不得影响先订立的劳动合同的履行。

此外，非全日制用工双方当事人不得约定试用期，任何一方都可以随时通知对方终止用工而无须支付经济补偿，非全日制用工小时计酬标准不得低于用人单位所在当地人民政府规定的最低小时工资标准，劳动报酬结算支付周期最长不得超过十五日。大学生在参与非全日制工作时，应掌握相应的法律规定，以避免不必要的纠纷，更好地保护自己的合法权益。

3.《中华人民共和国就业促进法》

《中华人民共和国就业促进法》（以下简称《就业促进法》）是为了促进就业，促进经济发展与扩大就业相协调，促进社会和谐稳定而制定的。该法涵盖了政策支持、公平就业、就业服务和管理、职业教育和培训等方面的内容。

大学生熟悉《就业促进法》的关键内容有助于他们更好地规划职业道路，提升就业竞争力。

（1）公平就业

《就业促进法》明确规定，劳动者依法享有平等就业与自主择业的权利。在招聘过程中，用人单位不得因民族、种族、性别、宗教信仰等不同而歧视劳动者，不得实施不公正待遇。

（2）就业服务与管理

《就业促进法》规定，县级以上人民政府建立健全的公共就业服务体系，设立公共就业服务机构，为劳动者免费提供职业指导和职业介绍等服务。对于大学生而言，这些服务无疑为他们提供了宝贵的就业资源和指导。

（3）职业技能开发

《就业促进法》重视职业技能的开发和提升，规定了一系列措施来提高劳动者的专业素质。这包括职业院校、职业技能培训机构与企业应当密切联系，实行产教结合，为经济建设服务，培养实用人才和熟练劳动者。大学生可以通过参加各类职业技能培训项目，获取行业认证资格证书，从而提高自己的市场竞争力。

 知识链接　　　　　　　　　　　"一站式"就业服务

　　"一站式"就业服务是指通过整合各类就业服务资源，为求职者提供从就业指导、招聘信息获取、职业规划制定到法律咨询等一站式、全方位的服务。这种服务模式打破了传统就业服务中各部门各自为政的局面，实现了资源的优化配置和服务的无缝衔接。

　　想一想："一站式"就业服务对大学生是否有好处？有哪些好处？

4.《中华人民共和国劳动争议调解仲裁法》

《中华人民共和国劳动争议调解仲裁法》（以下简称《仲裁法》）是为了公正及时解决劳动争议，保护当事人合法权益，促进劳动关系和谐稳定而制定的。该法规定了劳动争议的调解、仲裁程序及相关法律责任。

大学生了解该法中的一些关键内容有助于维护自身权益，或在未来的职业生涯中更好地处理相关劳动争议。

（1）适用范围

《仲裁法》适用于中华人民共和国境内的用人单位与劳动者之间因确认劳动关系；因订立、履行、变更、解除和终止劳动合同；因除名、辞退和辞职、离职；因工作时间、休息休假、社会保险、福利、培训及劳动保护；因劳动报酬、工伤医疗费、经济补偿或者赔偿金等发生的争议。

《中华人民共和国
劳动争议调解
仲裁法》

（2）解决劳动争议的原则和途径

解决劳动争议应当根据事实，遵循合法、公正、及时、着重调解的原则，依法保护当事人的合法权益。

发生劳动争议时，劳动者可以与用人单位协商，也可以请工会或者第三方共同与用人单位协商，达成和解协议。若当事人不愿协商、协商不成或者达成和解协议后不履行的，可以向调解组织申请调解；不愿调解、调解不成或者达成调解协议后不履行的，可以向劳动争议仲裁委员会申请仲裁；对仲裁裁决不服的，除本法另有规定的，可以向人民法院提起诉讼。

（3）时效规定

劳动者应在知道或应当知道其权利被侵害之日起一年内提出仲裁申请。这一规定提醒大学生要及时关注自身权益，并在法定期限内采取行动。

5.《中华人民共和国社会保险法》

《中华人民共和国社会保险法》确立了我国社会保险制度的基本框架，包括基本养老保险、基本医疗保险、工伤保险、失业保险和生育保险五大险种。作为职场新人，大学生需要了解自己依法享有的社会保障权益。

（1）社会保险的种类

社会保险包括基本养老保险、基本医疗保险、工伤保险、失业保险和生育保险。这些保险项目旨在为劳动者在年老、疾病、工伤、失业、生育等情况下提供物质帮助，确保其基本生活需求得到满足。在就业后，大学生应关注用人单位是否为自己缴纳了相应的社会保险，并了解个人缴费的比例和方式，以确保自己的权益得到保障。

（2）社会保险的缴纳

社会保险费由用人单位和劳动者共同缴纳，而缴费基数通常与劳动者的工资收入挂钩。大学生应明确自己的缴费基数，并了解所在地区的缴费方式和流程，确保按时足额缴纳社会保险费。

（3）社会保险待遇的享受

在社会保险待遇的享受方面，大学生需要了解待遇领取条件、待遇标准和待遇申领流程。待遇领取条件通常与缴费年限、缴费基数等因素相关，而待遇标准则与个人的缴费情况紧密相连。

- 待遇领取条件。劳动者需要满足一定的条件才能享受社会保险待遇。例如，享受基本养老保险待遇需要达到法定退休年龄且累计缴费满十五年才能领取养老金；

享受失业保险待遇需要满足非因本人意愿中断就业、已办理失业登记并有求职要求等条件。大学生应了解这些条件，以便在需要时能够及时申请并享受待遇。

- 待遇标准。社会保险待遇的标准通常与缴费基数、缴费年限等因素挂钩。大学生应了解自己的缴费情况和待遇标准，以便在享受待遇时能够做出合理的规划。
- 待遇申领流程。劳动者需要按照一定的流程申领社会保险待遇。例如，申领基本养老保险待遇需要办理退休手续并提交相关材料；申领失业保险待遇需要办理失业登记并接受再就业服务等。大学生应了解这些流程，以便在需要时能够及时、顺利地申领待遇。

（4）社会保险关系的转移接续

如果大学生毕业后跨地区就业，他们的社会保险关系需要随之转移接续。大学生应了解社会保险关系转移接续的流程和规定，确保自己的社会保险权益不受影响。

📝 身临其境

李娜是某财经大学会计学专业的应届毕业生，即将加入成都的一家中型会计师事务所担任助理审计师。在签订劳动合同前，她对该公司社保的具体缴费比例、基数及如何申领待遇等问题感到困惑。为了确保自己的权益不受损害，李娜决定向人力资源部门咨询，并查阅相关法律法规。

想一想：如果你是李娜，面对这些关于社会保险的疑问时，你会采取哪些具体行动来保障自己的权益？除了咨询 HR，你还会通过哪些途径了解更多相关信息？

8.2 就业权益保障措施

就业协议书和劳动合同是保障大学生就业权益的重要文件，这两份文件都具有法律效力，大学生在就业过程中，如果自己的合法权益被侵害或与用人单位产生了纠纷，就可以基于文件的相关规定来解决问题。

8.2.1 签订就业协议书

就业协议书的全称是《全国普通高等学校毕业生就业协议书》，简称就业协议，是明确大学毕业生、用人单位和学校三方在大学毕业生就业工作中权利和义务的书面表现形式，也是学校编制就业计划和大学毕业生派遣的依据。

就业协议书一般由教育部或各省、自治区、直辖市的就业主管部门统一印制。图8-1所示为浙江省普通高等学校毕业生就业协议书，协议书一共3联，分别供大学毕业生、用人单位和毕业院校留存。

浙江省普通高等学校毕业生就业协议书

协议书编号：_____

用人单位（甲方）	单位名称	仅作为用人单位招聘报告证明材料，签约后该协议书作废	统一社会信用代码	
	单位性质		单位行业	职位类别
	通讯地址			
	联系人		手机	电子邮箱
	档案转寄单位名称		联系人	联系方式
	档案转寄单位地址			
毕业生（乙方）	姓名		性别	民族
	身份证号		政治面貌	毕业时间
	毕业院校			学号
	院系			学历
	专业			学制
	电子邮箱		手机号码	

用人单位或用人单位人事部门	用人单位上级主管部门	毕业生
（签章） 年 月 日	（签章） 年 月 日	（签章） 年 月 日
院系毕业生就业管理部门	院校毕业生就业管理部门	协议书二维码
学院审核通过 年 月 日	学院审核通过 年 月 日	甲方盖章前扫码验证协议内容！

协议内容	本协议供普通高等学校应届毕业生在与用人单位正式确立劳动人事关系前使用，由用人单位和毕业生在双向选择基础上共同签订，经学校审核后协议生效，是用人单位确认毕业生信息真实可靠、接收毕业生的重要凭证，也是学校进行毕业生就业管理、编制就业方案及毕业生办理就业手续的重要依据。为明确甲方（用人单位）、乙方（毕业生）、丙方（学校）三方在毕业生就业工作中的权利和义务，甲方、乙方、丙方达成如下协议： 　　一、甲方要如实向乙方介绍本单位的情况，明确对乙方的要求及使用意图，做好各项接收工作。 　　二、乙方应按国家规定就业，向甲方如实介绍自己的情况，了解甲方的使用意图，表明自己的就业意见，在规定的时间内到甲方报到，若遇到特殊情况不能按时报到，需征得甲方同意。 　　三、丙方要如实向甲方介绍乙方的情况，做好推荐工作，审核协议信息无误后，报上级主管部门备案，并负责办理就业手续。 　　四、乙方到甲方报到后，甲方须按照国家有关规定与乙方签订劳动合同。劳动合同签订后，本协议自动终止。 　　五、甲方正式录（聘）用乙方后，须按国家有关规定，为乙方缴纳社会保险费，并提供与工作岗位相关的福利待遇。 　　六、甲方、乙方应全面履行协议。一方违约，另一方可依法追究其违约责任，并要求其赔偿违约金，违约金另行约定。如甲方或乙方未如实向对方介绍与签订本协议相关的己方情况或隐瞒不良事实，足以影响对方签约的意愿的，对方可单方解除本协议，不承担违约的责任。 　　七、甲方、乙方协商一致，可以变更协议中双方约定的条款或解除协议。符合下列情况之一，经书面告知对方后，本协议可解除：1.甲方被撤销或依法宣告破产；2.乙方报到时未取得毕业资格；3.乙方被判处拘役以上刑罚或者被劳动教养；4.法律、法规和政策规定的其它情况。 　　八、当乙方因录用为公务员、升学（留学）、参加国家及地方政府项目（选调生、选聘生、大学生志愿服务西部计划、"三支一扶"、农村特岗教师计划、入伍等）就业，而无法履行本协议的，甲方、乙方另行约定。 　　九、甲方、乙方因履行本协议发生争议，由甲方、乙方协商解决，或提请丙方及有关部门协调解决，也可向人民法院提起诉讼。 　　十、未尽事宜，由甲、乙、丙三方依照有关法律、法规和政策另行约定，并视为本协议的一部分。
补充协议内容	一、甲方拟录（聘）用乙方职位类别为_____，岗位名称为_____，试用期为_____，试用起薪为_____元，转正起薪为_____元，报到地点为_____，报到期限为_____，实际工作地点为_____。 二、甲方签约联系人为_____，联系电话为_____，甲方、乙方如有一方解除协议或违反协议条款规定的，应承担相应的违约责任并向对方支付违约金_____元。 三、其他补充协议条款：_____。

图8-1　浙江省普通高等学校毕业生就业协议书

1. 就业协议书的作用

就业协议书是用于明确大学毕业生、用人单位、学校三方在大学毕业生就业工作中的权利和义务，经协商签订的协议。

就业协议书是传递大学毕业生档案和户口关系，办理报到落户手续的依据，学校凭毕业生已签订的就业协议书派遣毕业生的档案、户口等关系。学校一般会要求大学毕业生在规定的日期（如每年6月底）上交就业协议书，再以就业协议书为依据进行派遣。如果超过这一时限，学校会把大学毕业生毕业后的人事档案、户口等关系派回到生源地。

 阅读材料　　　录用通知无法替代就业协议书

江韦瑜在大学最后一学期与某企业达成了就业意向，对方也给了江韦瑜一份录用通知。临近毕业时，江韦瑜在学院领取了就业协议书，想要与对方签订就业协议书，而对方则宣称，已发放录用通知，不需要再签订就业协议书。江韦瑜相信了对方的话，毕业后就直接去了该公司上班。但是由于没有签订就业协议书，江韦瑜的户籍和档案都被转回了老家。为了解决这一问题，江韦瑜只能通过办理档案改派的方式，将档案从老家转到现在的工作单位。

✎ 点评

就业协议书是办理档案转接、户口关系转递的依据。案例中的主人公江韦瑜因为没有签订就业协议书，工作后出现了相应问题。大学毕业生应该按规定与用人单位签订就业协议书，以避免不必要的麻烦。

2．就业协议书的签订

就业协议书一式3份，分别由大学毕业生、用人单位、学校保管，任何单位和个人均不得复印、翻印、复制、挪用、转借、涂改，否则视为无效，相关人员还应承担相应责任。大学毕业生与用人单位达成一致意见后，需签订就业协议书。就业协议书由用人单位、大学毕业生、用人单位上级主管部门、部（系）、学校毕业生就业指导中心签字盖章后，需及时提交一份到学校毕业生就业指导中心，以便办理就业派遣手续。

由于现代信息技术的发展，就业协议书存在纸质版和电子版两种形式，因此就业协议书的签订流程也分为以下两种不同方式。

（1）纸质就业协议书签订流程

大学毕业生与用人单位在就工作条件、薪酬待遇等条款达成一致意见后，应共同填写纸质就业协议书。大学生应仔细核对，以确保所有信息准确无误。纸质就业协议书的签订流程参见图8-2。在完成所有必要的签字和盖章手续之后，大学毕业生应及时将其中一份就业协议书提交给学校毕业生就业指导中心，以确保能够顺

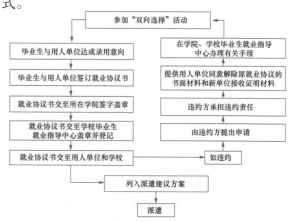

图8-2　纸质就业协议书的签订流程

利办理后续的就业派遣手续。

就业协议书签订完成之后，大学毕业生应及时将就业协议书邮寄或呈送用人单位。

大学毕业生和用人单位之间如果另有约定，应在其他补充协议条款处注明，并由大学毕业生、用人单位和学校毕业生就业指导中心签字盖章后生效。报考研究生的大学毕业生在签订就业协议书时，应将报考研究生的有关情况告知用人单位，将双方协商的意见在其他补充协议条款处予以注明。

（2）电子就业协议书签订流程

大学毕业生可以选择通过传统的纸质协议书签约，也可以采用更为便捷的网上签约方式。尽管不同院校的网上签约流程存在差异，但其核心步骤和要求大体一致。大学毕业生与用人单位双方达成就业意向后，登录就业创业服务网，然后由大学毕业生发起网上签约申请，经用人单位、学校毕业生就业指导中心确认后，完成线上签约手续并在学校就业网完善相关就业信息。图8-3所示为上海高校2025届大学毕业生电子就业协议书签订的具体流程。

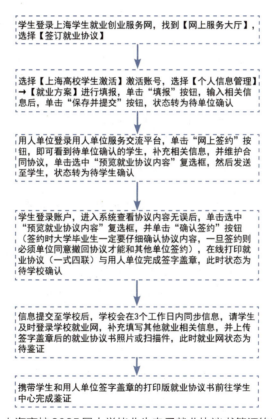

学生登录上海学生就业创业服务网，找到【网上服务大厅】，选择【签订就业协议】

选择【上海高校学生激活】激活账号，选择【个人信息管理】→【就业方案】进行填报，单击"填报"按钮，输入相关信息后，单击"保存并提交"按钮，状态转为待单位确认

用人单位登录用人单位服务交流平台，单击"网上签约"按钮，即可看到待单位确认的学生，补充相关信息，并维护合同协议，单击选中"预览就业协议内容"复选框，然后发送至学生，状态转为待学生确认

学生登录账户，进入系统查看协议内容无误后，单击选中"预览就业协议内容"复选框，并单击"确认签约"按钮（签约时大学毕业生一定要仔细确认协议内容，一旦签约则必须单位同意撤回协议才能和其他单位签约），在线打印就业协议（一式四联）与用人单位完成签字盖章，此时状态为待学校确认

信息提交至学校后，学校会在3个工作日内同步信息，请学生及时登录学校就业网，补充填写其他就业相关信息，并上传签字盖章后的就业协议书照片或扫描件，此时就业网状态为待鉴证

携带学生和用人单位签字盖章的打印版就业协议书前往学生中心完成鉴证

图8-3 上海高校2025届大学毕业生电子就业协议书签订的具体流程

（3）签订的注意事项

大学毕业生在签订就业协议书的时候还有以下几个注意事项。

● 每位大学毕业生只能与一个用人单位签订就业协议书。凡与两个或两个以上用人单位签订就业协议书的，除认定与最先签约的用人单位的就业协议书生效，其他一律按违约处理。

- 大学毕业生与用人单位对就业协议书有其他约定条款的，必须以书面形式注明，任何口头形式的协议或约定一律不予承认；约定条款的内容不得违反国家法律和行政规章的有关规定，不得损害学校、用人单位和大学毕业生的声誉和合法权益。
- 报考研究生或准备专升本的毕业生在签订就业协议书时，应将报考研究生或专升本的有关事宜告知用人单位，经协商达成一致意见后予以备注。在未告知、未协商的情况下，由于研究生录取或专升本而造成违约的，由大学毕业生本人承担违约责任。
- 就业协议书上"用人单位上级主管部门"是否盖章关系到大学毕业生户口档案的去向，大学毕业生务必在签订就业协议书时向自己所签约的用人单位咨询。
- 大学毕业生在与用人单位签约后，一定要将就业协议书交至学校审核，并由学校在相应栏目中签署意见后方能纳入学校的建议就业方案，大学毕业生与用人单位的协议因无校方的意见、签章而不具备法律效力。
- 目前，有许多用人单位委托派遣服务中介公司招收职员，大学毕业生在与派遣服务中介公司签订就业协议书时，首先要弄清楚其资质及法人资格，避免陷入签约陷阱。

（4）补发

如果就业协议书在保存的过程中不慎被损坏或者染上污渍，致其无法使用，大学毕业生可持原件到学校毕业生就业指导中心更换；如果不慎将就业协议书遗失，学校原则上不再补发。因特殊情况需补发就业协议书时，需要按照以下流程办理。

- 大学毕业生在学校毕业生就业指导中心网站下载"协议书遗失补办申请表"并如实填写，由所在院（系）辅导员签字，党总支部副书记签署意见，就业秘书加盖公章。
- 将刊登有自己的就业协议书的挂失启事的报纸和申请表交至学校毕业生就业指导中心审核。
- 由学校毕业生就业指导中心公示7天后，大学毕业生方可获取一份新的就业协议书。

若就业协议书丢失时还未签约（空白协议书遗失），则挂失启事中应该包括学校、专业、年级、姓名、协议书编号等内容；若就业协议书丢失时已签约，则挂失启事中除包括以上所列内容，还应该注明已与何单位签约。大学毕业生在换发了新的就业协议书后，需要及时与用人单位联系，重新签订就业协议书。

3. 就业协议书的解除

大学毕业生与用人单位签订就业协议书后，双方都应该认真履行协议。如果某一方或双方违反协议约定，则都需要承担违约责任，并按照相应的流程解除就业协议书。

（1）解除流程

大学毕业生解除就业协议书的流程主要有以下3个步骤。

- 到签订了就业协议书的用人单位办理书面解约函（盖单位公章）。
- 向学校毕业生就业指导中心提出书面申请（阐明解约理由），并附上用人单位及上级主管部门审核同意的解约函。

● 学校毕业生就业指导中心根据有关规定审批并换发新的就业协议书。

（2）单方解除

单方解除就业协议书又分为单方擅自解除和单方依法或依协议解除两种情况。

● 单方擅自解除协议属于违约行为，解约方应对另一方承担违约责任。

● 单方依法或依协议解除是指一方解除协议有法律上的或协议上的依据。例如，大学毕业生未取得毕业资格的，用人单位有权单方解除就业协议书。此类单方解除形式，解约方无须对另一方承担违约责任。

（3）双方解除

双方解除是指大学毕业生和用人单位双方经协商一致，取消原签订的协议，使协议不具有法律效力。此类解除形式是双方当事人真实意思表示一致的体现，双方均不承担违约责任，双方解除应在就业计划上报主管部门之前进行，如双方在就业派遣计划下达后进行解除，还须经主管部门批准办理调整改派。

👁 **脑海探险**

假设你即将毕业，并且已经收到了一份来自一家新兴互联网创业公司的录用通知。现在你需要决定是否接受这份工作，并签订就业协议书。

（1）在考虑签订就业协议书时，列出对你来说最重要的三个因素（如薪资待遇、职业发展前景、工作环境等）。然后，尝试评估这家创业公司在这些方面的表现如何？

答案：_____

（2）假设你是这家创业公司的创始人，你会怎样向潜在的员工介绍公司？你会强调哪些方面来吸引像你这样的毕业生？

答案：_____

（3）想象一下五年后的自己，在这家创业公司工作的经历会对你的职业生涯产生怎样的影响？你觉得你会学到什么技能或获得什么经验？

答案：_____

8.2.2 签订劳动合同

劳动合同是劳动者与用人单位之间用于确立劳动关系、明确双方权利和义务的协议。所有劳动合同必须遵循《劳动合同法》的规定进行制定，而非依据用人单位的单方面意愿。劳动合同的签订是指劳动者和用人单位通过相互选择和平等协商，就合同条款达成一致意见，以此确定劳动关系，并明确双方的权利和义务的法律行为。

1. 劳动合同的订立原则

《劳动合同法》规定，"订立劳动合同，应当遵循合法、公平、平等自愿、协商一致、诚实信用的原则"，不得违反法律和行政法规的规定。

（1）合法原则。劳动合同必须依法以书面形式订立，做到主体合法、内容合法、形式合法、程序合法。只有合法的劳动合同才能产生相应的法律效力。

（2）公平原则。劳动合同的内容应在符合法律规定的前提下，公正、合理地确立双方的权利和义务。

（3）平等自愿原则。平等即劳动者和用人单位在订立劳动合同时在法律地位上没有高低、从属之分，不存在命令和服从、管理和被管理关系。自愿订立劳动合同应完全出于劳动者和用人单位双方的真实意志，任何一方不得把自己的意志强加给另一方。

（4）协商一致原则。用人单位和劳动者应对合同的内容达成一致意见，合同内容应得到双方的共同认可。

（5）诚实信用原则。在订立劳动合同时要诚实，讲信用，双方不得隐瞒真实情况，不得有欺诈行为。

2. 签订劳动合同的注意事项

劳动合同是保障劳动者实现就业权益的重要法律形式，大学生必须认真对待。下面列出几项与大学生就业息息相关的注意事项。

（1）签订劳动合同

- 用人单位自用工之日起超过一个月但不满一年未与劳动者订立书面劳动合同的，应当向劳动者每月支付二倍的工资。
- 用人单位自用工之日起满一年不与劳动者订立书面劳动合同的，视为用人单位与劳动者已订立无固定期限劳动合同。一旦订立无固定期限的劳动合同，如果没有发生法律规定的可以解除劳动合同的情形，用人单位无法辞退劳动者；否则，用人单位自应当订立无固定期限劳动合同之日起向劳动者每月支付二倍的工资。

由此可见，用人单位不与劳动者签订书面劳动合同，将面临更大的法律风险。

（2）保护个人隐私

为了保护劳动者的个人隐私，《劳动合同法》第八条规定："用人单位招用劳动者时，应当如实告知劳动者工作内容、工作条件、工作地点、职业危害、安全生产状况、劳动报酬，以及劳动者要求了解的其他情况；用人单位有权了解劳动者与劳动合同直接相关的基本情况，劳动者应当如实说明。"（这句话背后的含义是不属于"与劳动合同直接相关的基本情况"，用人单位无权过问，劳动者也有权拒绝回答。）

（3）用人单位不得要求提供担保或收取财物

某些不正规的用人单位在招聘或录用过程中，为了谋取钱财，利用招聘向求职者收取招聘费、培训费、押金或服装费，甚至要求必须扣押证件等，这些行为在《劳动合同法》中都是被禁止的。

同时，《劳动合同法》第八十四条规定："用人单位违反本法规定，扣押劳动者居民身份证等证件的，由劳动行政部门责令限期退还劳动者本人，并依照有关法律规定给予处罚。用人单位违反本法规定，以担保或者其他名义向劳动者收取财物的，由劳动行政部门责令限期退还劳动者本人，并以每人五百元以上二千元以下的标准处以罚款；给劳动者造成损害的，应当承担赔偿责任。"

（4）坚持同工同酬

《劳动合同法》第六十三条规定："被派遣劳动者享有与用工单位的劳动者同工同酬的权利。用工单位应当按照同工同酬原则，对被派遣劳动者与本单位同类岗位的劳动者实行相同的劳动报酬分配办法。用工单位无同类岗位劳动者的，参照用工单位所在地相同或者相近岗位劳动者的劳动报酬确定。"同工同酬是指技术和劳动熟练程度相同的劳动者在从事同种工作时，不分性别、年龄、身份、民族、区域等差

劳动合同模板

别，只要提供相同的劳动量，就应获得相同的劳动报酬。同工同酬最重要的贡献之一，就是规定了同一工种不再有合同工与正式工的差别，在同一用工单位工作的工种相同的劳动者，应得到相同报酬。

在实际施行过程中，同工同酬作为一项分配原则也有其相对性：相同岗位的劳动者之间也有资历、能力、经验等方面的差异，因此劳动报酬只要大体相同就不违反同工同酬原则。

（5）试用期的相关注意事项

试用期指用人单位和劳动者为相互了解和选择，在劳动合同中约定的不超过六个月的考察期。《劳动合同法》第十九条规定："劳动合同期限三个月以上不满一年的，试用期不得超过一个月；劳动合同期限一年以上不满三年的，试用期不得超过二个月；三年以上固定期限和无固定期限的劳动合同，试用期不得超过六个月。"劳动合同中的试用期的约定不是必备条款，而是约定条款，是否约定由劳动者和用人单位协商确定。但是，如果双方约定试用期，就必须遵守有关规定。在劳动合同中约定试用期要遵守以下6项规定。

- 试用期最长不得超过6个月。
- 同一用人单位与同一劳动者只能约定一次试用期。
- 以完成一定工作任务为期限的劳动合同或者劳动合同期限不满三个月的，不得约定试用期。
- 试用期包含在劳动合同期限内。劳动合同仅约定试用期的，试用期不成立，该期限为劳动合同期限。
- 劳动者在试用期的工资不得低于本单位相同岗位最低档工资或者劳动合同约定工资的百分之八十，并不得低于用人单位所在地的最低工资标准。

（6）拒绝不合法的违约金

《劳动合同法》对违约金条款给予了严格的限制，明确规定只有以下两种情形可以在劳动合同中约定违约金。

- 在培训服务期中约定违约金。用人单位为劳动者提供专项培训费用，对其进行专业技术培训的，可以与该劳动者订立协议，约定服务期。劳动者违反服务期约定的，应当按照约定向用人单位支付违约金。违约金的数额不得超过用人单位提供的培训费用。
- 在竞业限制期内约定违约金。用人单位与劳动者可以在劳动合同中约定保守用人单位的商业秘密和与知识产权相关的保密事项。对有保密义务的劳动者，可以约

定竞业限制条款。劳动者违反竞业限制约定的，应当按照约定向用人单位支付违约金。

除以上两种情况，用人单位要求劳动者支付违约金都是不合法的。

8.2.3　了解"五险一金"

"五险一金"制度是我国社会保障体系的重要组成部分，对于维护劳动者的合法权益、促进社会稳定与和谐具有不可替代的作用。大学生作为劳动者，了解并正确运用这些社会保障措施，不仅有助于保护自身权益，也有利于改善个人生活。

"五险一金"是指中国境内的用人单位为职工提供的社会保险和住房公积金，具体包括基本养老保险、基本医疗保险、工伤保险、失业保险、生育保险及住房公积金。

1. 基本养老保险

基本养老保险是为劳动者在达到法定退休年龄后提供稳定生活来源的重要社会保障项目。它由个人账户和社会统筹两部分组成，其中个人账户资金不得提前支取，记账利率不低于银行定期存款利率，免征利息税。

2. 基本医疗保险

基本医疗保险是为了减轻职工医疗费用负担而设立的。职工参加基本医疗保险后，生病或受伤时可以享受医疗报销待遇。基本医疗保险的缴纳同样由用人单位和职工共同承担，缴纳比例也因地区和政策而异。基本医疗保险为职工提供了门诊、住院等医疗费用的报销，是职工健康保障的重要组成部分。

3. 工伤保险

工伤保险是保障职工因工作原因发生事故或患职业病时获得医疗救治和经济补偿的制度。工伤保险由用人单位单方缴纳，职工不需缴纳。一旦职工被认定为工伤，可以享受工伤医疗费用、工伤津贴、一次性工伤补助金等待遇。

4. 失业保险

失业保险是为了保障失业人员的基本生活而设立的。职工失业后，符合条件的可以领取失业保险金。失业保险的缴纳由用人单位和职工共同承担，具体比例因地区而异。领取失业保险金需要满足一定条件，如已参加失业保险并履行缴费义务满一定年限、非因本人意愿中断就业等。

5. 生育保险

生育保险是为了保障女职工在生育期间获得经济保障和医疗服务而设立的。职工缴纳生育保险费后，在生育时可以享受生育医疗费用待遇和生育津贴。生育保险由用人单位单方缴纳，职工不需缴纳。

6. 住房公积金

住房公积金是为了帮助职工解决住房问题而设立的。职工和用人单位共同缴纳住房公积金，缴纳比例因地区和政策而异。符合提取条件的职工可以申请提取住房公积金，用于购买、建造、翻建、大修自住住房。同时，住房公积金还可以用于申请住房贷款，享受更低的贷款利率。

8.3　违约责任与争议

目前，大学生在就业过程中经常面临违约责任与争议的相关问题，在实践中，这类争议的主体通常集中在大学生与用人单位之间，具体可能涉及就业协议的履行、劳动合同的执行等多个方面。

8.3.1　就业协议书争议解决办法

关于大学生就业协议书的争议问题时有发生。例如，大学生与一家单位签了就业协议书，但后来发现了更适合自己的单位，想要解除与原单位的就业协议，从而引起纠纷。但在实践中，解决就业协议书争议的主要办法有以下 3 种。

（1）毕业生与用人单位协商解决。这种办法适用于因大学生引起的就业协议争议，大学生可出面向用人单位赔礼道歉，并说明情况，赢得用人单位的理解，必要时需支付违约金，经双方协商达成新的意向。

（2）学校或当地省级毕业生就业主管部门与用人单位协调解决。这种办法大多适用于因用人单位引起的就业协议争议，由学校或行政部门介入，针对纠纷予以调解，使双方达成和解。

（3）通过法律途径解决。对协商调解不成的，可向人民法院起诉，由人民法院依法裁决。

📝 身临其境

江思雅是某大学计算机科学专业的应届毕业生，经过多轮面试后，与一家知名互联网公司 A 签订了就业协议书。然而，在签订协议后的几个月里，江思雅参加了另一个行业会议，遇到了一家新兴的人工智能初创公司 B 的创始人，并对这家公司的创新文化和前沿技术产生了浓厚兴趣。江思雅认为在公司 B 工作更能发挥自己的潜力，也更符合自己对未来职业发展的期望。

面对这种情况，江思雅陷入了两难的困境：一方面，她意识到解除与公司 A 的就业协议就要承担违约责任，可能需要支付违约金；另一方面，她又非常渴望加入公司 B，担心错过这个难得的机会。

想一想：如果你处于江思雅的位置，面对这样一个两难的困境，你会如何抉择？你会采取哪些方法来尽量减少负面影响？

8.3.2　劳动合同争议解决办法

劳动合同争议是指用人单位与劳动者之间因劳动合同的订立、履行、变更或解除而发生的纠纷。《劳动法》第七十七条规定："用人单位与劳动者发生劳动争议，当事人可以依法申请调解、仲裁、提起诉讼，也可以协商解决。"由此可见，劳动合同争议的解决办法包括协商、调解、仲裁和诉讼4种。

1．协商

劳动合同争议发生后，首先争议双方应本着互谅互让的积极态度，自行协商解决，也可以请第三方（双方信任的个人或组织）帮助协商，达成和解协议。协商是最直接、最灵活的方式，能够迅速使意见达成一致，并有助于保持良好的工作关系。如果双方能够自行协商解决问题，则无需进入后续更正式的程序。

2．调解

如果争议双方不愿协商、协商不成或者达成和解协议后不履行的，可以请求用人单位内部的调解委员会或其他相关机构介入，或者向当地劳动争议调解组织申请调解。调解过程中，第三方将协助双方沟通，寻找解决方案，促进和解。这种方式既能节省时间和成本，又能保护双方的隐私、维持双方的关系。

为确保调解协议的顺利履行，从调解协议生效之日起15日内，争议双方可以共同向劳动争议仲裁委员会提出审查确认，经审查确认后出具有法律效力的调解书。

3．仲裁

若协商和调解均未成功，当事人可以向当地的劳动争议仲裁委员会提出仲裁申请。仲裁是法定的争议解决机制，其裁决具有法律约束力。劳动争议仲裁委员会是专门处理劳动争议的仲裁机构。当事人需要向仲裁委员会提交仲裁申请书，并且按照规定的程序参加仲裁庭审。

在仲裁过程中，仲裁庭会根据双方提供的证据和相关法律规定进行审理。例如，在确认劳动关系的仲裁案件中，仲裁庭会审查双方是否存在事实上的用工关系、是否签订劳动合同等。

身临其境

　　汪俊杰是某传媒学院新闻专业的大学生。暑假期间，他在一家规模较大的报社实习，由于表现出色，在实习结束后江俊杰被正式录取。毕业后，汪俊杰顺利进入这家报社工作。然而，报社告知他需要再过两个月才能办理相关入职手续，考虑到为获得这份工作所付出的努力，汪俊杰表示同意。尽管双方已经签订了劳动合同，但汪俊杰仍未正式完成所有入职手续的办理。

　　随着时间的推移，汪俊杰逐渐发现自己的工资只有同岗位同事工资的60%，而且单位至今还没有为他缴纳社会保险。同事们告诉他，这种情况通常要一年后才会解决，建议他不要着急。面对这样的情况，汪俊杰感到非常不安。

　　想一想：如果你是汪俊杰，你会采取何种途径来应对当前的困境？

4．诉讼

诉讼是解决劳动争议的最后一道程序。如当事人对劳动争议仲裁委员会做出的仲裁裁决不服，可自收到仲裁裁决书之日起15日内向人民法院提起诉讼。逾期不起诉的，仲裁裁决将产生法律效力。

8.4 求职陷阱规避

大学生在就业过程中应当增强自我保护意识，学会识别和应对各种求职陷阱，以维护自己的合法权益。

8.4.1 常见的求职陷阱

对于即将步入职场的大学生而言，求职之路既充满机遇又暗藏风险。在求职过程中，大学生可能会遇到各种陷阱，这些陷阱往往以诱人的工作机会为诱饵，实则隐藏着不可告人的目的。大学生们应提高警惕，学会识别并规避一些常见的求职陷阱。

1. 虚假广告陷阱

一些用人单位在招聘会上为了招到条件较好的大学生，往往会夸大或隐瞒自己的某些情况。比如，在发布招聘信息时，用人单位故意夸大单位的规模和岗位数量，进行虚假宣传；又或者在招聘职位上作假，招的岗位是"经理""总监"，实际岗位却是"办事员""业务员"。

2. 高薪陷阱

大学生刚参加工作，薪酬不高是正常的。相反，当一个用人单位提供很多高薪酬职位时，大学生一定要警惕，这可能是不法人员企图利用高薪待遇的幌子，骗取押金、培训费、服装费的手段。在当前的就业形势下，大学生不要轻信高薪诱惑，而应清楚自身实力，从基础做起，逐渐展现自己的才华。对于某些用人单位提出的收取押金、培训费、服装费等要求，大学生要更加仔细分辨，谨防上当受骗。

3. 传销陷阱

传销通常以亲友推荐的方式传播，以轻松赚大钱、无须面试直接上岗为噱头。传销组织的面试或工作地点往往偏僻且频繁转换，公司业务模糊不清。大学生在求职中应了解传销的基本特征，对声称发展下线的宣传保持高度警惕，防止陷入传销圈套。一旦不慎进入传销组织，在确保人身安全的前提下，应第一时间脱身并报警。

4. 黑中介陷阱

一些非法职业中介机构以介绍工作为名，向求职者变相收取各种费用。这些机构往往没有人力资源服务许可等相关资质，甚至冒充或伪造资质骗取求职者信息。大学生在求职时，应优先选择公共就业人才服务机构和正规市场中介机构，并核实其经营范围是否包含职业介绍业务。签订协议时，大学生要看清签约内容，不要轻信口头承诺，避免盲目签约。同时，大学生要记住应聘工作本身并不需要任何费用，需谨慎对待将先交费作为条件的招聘面试和实习。

5. 试用期陷阱

试用期陷阱也是初出校门的大学生可能会遇到的就业陷阱之一，它主要有以下4种形式。

（1）只试用不录用，即大学生的试用期满后，用人单位借口将其辞退。

（2）试用期不签订劳动合同，试用合格后才签订劳动合同。法律规定，劳动合同必须是在劳动者开始工作时签订，劳动合同可以约定试用期。因此，大学生被用人单位录用后就应该签订劳动合同，并约定试用期。

（3）随意延长试用期。《劳动合同法》对试用期限有明确规定，试用期的时间与劳动合同签订的就业服务年限有关，不能随意延长试用期。

（4）混淆试用期与实习期、见习期的概念。实习期是在校大学生到单位进行实践活动的时间，属于教学过程；见习期是对应届大学毕业生到用人单位进行业务适应及考核的一种人事制度；试用期是法律规定的员工工作的尝试时间。

6. "刷单诈骗"陷阱

诈骗分子常以高薪兼职、刷单返现等为诱饵进行诈骗。这些诈骗活动门槛低，号称轻松兼职、薪酬丰厚。大学生在求职时应保持清醒头脑，了解当前岗位的市场薪资水平，明白天上不会掉"馅饼"。同时，大学生要注意个人信息安全，不要轻易泄露银行卡、网银、支付宝等信息，避免随意打开陌生链接。

👁 **阅读材料**   **警惕"刷单诈骗"陷阱**

2024年6月1日，张某在抖音看到招聘兼职刷单的信息，便添加对方的QQ好友。随后，对方要求张某发送支付宝花呗额度和芝麻分截图进行验证，并向张某保证此工作无需自己垫付资金。张某按对方要求下载了某会议聊天App，通过在该App点击链接进行刷单任务，但在做任务的过程中出现了自动扣款的情况。张某联系对方要求退钱，对方称要把信用额度透支完后才能退钱，接着，张某按要求扫码支付了一些费用，便与对方失去联系。张某最终被骗21 500元。（来源：大河报·豫视频）

✏ **点评**

大学生一定不要轻信既轻松又赚钱的好差事，应了解当前岗位的市场薪资水平，明白天上不会掉"馅饼"，掉下的往往是"陷阱"。

7. "内推"陷阱

一些中介机构或个人以帮助求职者进入知名企业等名义收取高额费用。然而，这些机构往往难以兑现承诺，或搪塞求职者并拒绝退还费用。大学生在求职时应通过正规网络招聘服务平台或用人单位官网求职，不要轻信收费"内推"、保录用通知等虚假宣传。

8. "培训贷"陷阱

一些中介机构或用人单位以高薪就业为诱饵，承诺培训后包就业，但要求求职者向指定借贷机构贷款支付培训费用或直接收取高额培训费用。然而，培训结束后，相关机构或用人单位往往难以兑现承诺，或推荐的工作与原先承诺的工作相差甚远。

大学生在求职时应增强辨别意识，核实中介机构或用人单位的合规性和合法性，慎重签署贷款协议或含有贷款内容的培训协议。确有需求参加职业培训的，应到当地人力资源社会保障部门官方网站查询被公布的正规培训机构。

9. 合同陷阱

合同陷阱即大学生与用人单位签订的劳动合同可能存在与国家法律相违背的地方，用人单位通过设置合同陷阱达到侵害大学生合法权益的目的。合同陷阱一般有以下4种形式。

（1）口头合同。用人单位与大学生就权利、义务达成口头约定，不签订书面正式协议。

（2）单方合同。用人单位在劳动合同里只约定大学生的义务和用人单位的权利，很少甚至没有明确大学生的权利和用人单位的义务。

（3）真假两份合同。用人单位与大学生签订真假两份合同。假合同按照劳动部门的要求签订，真合同则是从用人单位利益出发签订的合同。

（4）模糊合同。用人单位与大学生签订的合同的内容含糊不清。合同内容表面上看不出问题，但具体文字表述不清，甚至可以有多种解释。

10. 协议陷阱

就业协议书是明确大学生、用人单位在大学毕业生就业择业过程中的权利和义务的书面协议。就业协议书一经签订，对双方都具有约束力。按照有关规定，就业协议书不能代替劳动合同或聘用合同，以避免在大学毕业生和用人单位之间产生纠纷。大学毕业生在签订就业协议书的过程中，常遇到的陷阱有以下4种。

（1）用人单位不与大学毕业生签订就业协议书。

（2）用人单位不与大学毕业生签订劳动合同。

（3）用人单位不将承诺写入劳动合同。

（4）用人单位与大学毕业生签订侵犯大学毕业生权益的"霸王合同"。

11. 智力陷阱

智力陷阱指以招聘为名，无偿占有应聘者的广告设计、策划方案等创意，甚至是知识产权等无形资产的现象。

例如，某些单位按程序对前来应聘的大学毕业生进行面试和笔试，在此过程中，故意把本单位遇到的问题，以考查的形式让大学毕业生作答或设计，待大学毕业生利用自己的专业优势完成作答后，再找出各种理由不予录用。通过这种手段，用人单位将大学毕业生的劳动果实据为己有，使大学毕业生陷入智力陷阱。

8.4.2 求职中的安全应对策略

为了有效规避求职陷阱，大学生在求职过程中应当采取一系列安全应对策略，以确保顺利解决问题并保护自身权益。

1. 层层过滤就业信息

学校就业信息网上发布的就业信息都是经过严格核实的，包括用人单位的经营许可证、营业执照等，基本上确保了就业信息的真实性、准确性和安全性。如果大学生通过其他渠道获得了招聘信息，一定要仔细核实，然后再决定是否使用该信息。

正规的招聘信息一般来自用人单位官方网站、知名的招聘网站或者学校的就业服务平台等。如果是在一些不知名的小网站或者来源不明的渠道看到的招聘信息，大学生要格外谨慎，避免信息泄露和陷入诈骗陷阱。

2. 全面了解用人单位

大学生在投递简历之前，要对目标用人单位进行深入的调查。大学生可以通过用人单位的官方网站了解其业务范围、发展历程、企业文化等基本信息。同时，大学生可以利用社交媒体平台、职场社交平台查看该用人单位的评价和口碑，还可以向在该用人单位工作或者曾经实习过的学长学姐打听公司情况。

3. 保护个人信息安全

在面试过程中，大学生要注意保护自己的个人信息。大学生不要轻易透露身份证号、银行卡号等重要信息。有些不良企业在面试时会以各种理由要求大学生提供这些信息，这时候大学生一定要坚决拒绝。

4. 留意工作环境和内容

在面试时，大学生要仔细观察工作环境。如果工作环境看起来很不正规或者存在安全隐患，要谨慎考虑是否接受该职位。同时，大学生要明确询问工作内容，并且判断是否与招聘信息中描述的一致。

5. 签订正规劳动合同

在入职前，大学生应与用人单位签订正规的劳动合同，并认真阅读合同条款。劳动合同中应明确薪资待遇、岗位职责、工作时间等关键信息。若劳动合同内容含糊不清或存在不合理条款，大学生应及时与用人单位沟通并寻求法律帮助。

6. 增强法律维权意识

大学生要增强法律维权意识。当遇到就业歧视时，大学生可以依据《劳动法》《就业促进法》等相关法律法规来维护自己的权益。例如，大学生在遭受就业歧视时，可以收集证据，如招聘截图、面试反馈等，向劳动监察部门或者人民法院提起诉讼。

探索自我

近几年，大学生的就业维权意识不断提升，部分大学生在就业过程中遭受不公正待遇时，会运用法律来维护自己的权益，但仍有部分大学生在遇到一些职场问题时，不知道如何维护自己的合法权益。你的就业维权意识如何？

就业维权意识自评

〖测试说明〗

下面列出了一些关于就业维权方面的问题，大学生可以根据以下

就业维权意识自评

问题对自己的维权意识进行简单测试和自评。

1. 你熟悉《劳动法》和《劳动合同法》吗？

2. 就职前，你会认真与用人单位讨论工作时间、工作内容和劳动报酬等问题吗？

3. 你希望学校、社会等加大就业维权知识的教育和宣传力度吗？

4. 你会主动分析职场中的劳动侵权问题吗？

5. 遇到一般的劳动侵权行为（如拖欠工资、口头承诺违约、延长试用期、没有加班费等），你是会积极应对、辞职，还是接受？

6. 你在怀疑自己的权益遭受侵犯时，会主动寻求专业人士的帮助吗？

7. 你认可就业维权对自己、对用人单位的意义吗？

8. 你认为阻碍自身进行劳动维权的影响因素有很多吗？

9. 你愿意利用空闲时间主动参加就业维权方面的培训吗？

10. 你觉得大学生就业权益受到侵害主要是由哪些原因造成的？

〖测试分析〗

以上每题均没有固定答案，测试者可以根据自己的最终答案评估自己在就业维权方面的积极性和主动性。例如，自己会认真与用人单位讨论工作时间、工作内容、劳动报酬等问题，积极应对劳动侵权行为等就属于积极的就业维权意识，反之，则就业维权意识相对淡薄。

∥ 思考与练习 ∥

1. 大学生在就业过程中享有哪些基本权利？

2. 大学生在就业过程中应履行哪些基本义务？

3. 就业协议书与劳动合同有何区别？

4. 大学生在签订劳动合同时有哪些注意事项？

5. 大学生在求职过程中应如何规避常见的求职陷阱？

6. 阅读以下材料，回答问题。

今年6月，李心毅作为一名大学生求职者，应聘了一家传媒公司的文书助理职位。该岗位的招聘简介清晰表明，仅需熟练掌握各类办公软件操作，薪资范围为 6 000 ～ 10 000 元。递交简历后，招聘人员很快与李心毅取得联系，但告知实际薪资为 6 000 元，并说明试用期后会按规定缴纳五险。李心毅对此待遇表示了些许犹豫，招聘人员随即补充道："岗位设有项目提成，不涉及任何销售任务。"

随后，公司发送了面试地址，但该地址与招聘平台上公示的办公地点并不一致。面对李心毅的疑问，招聘人员解释说："平台展示的地址为日常工作地点，而面试将在公司总部进行。"面试流程顺利结束后，招聘人员却提出，入职前需缴纳 600 元用于定制工作服，李心毅对此表示拒绝。紧接着，招聘人员又要求他缴纳 700 元用于公司统一安排的体检，并承诺这笔费用后期可以报销。李心毅提出愿意自行前往医院进行体检，然而，在提交了自己的体检报告后，招聘人员却以"非三甲医院出具的报告无效"为由，再次要求李心毅缴纳费用去该公司指定的医院进行体检。

　　（1）上述案例中，求职者遇到了哪些潜在的求职陷阱？

　　（2）求职者在面对类似情况时，如何确保自己的权益不受侵害？

// 青春榜样 //

突破极限，实现自我超越

　　在追求卓越的路上，苏炳添从未停下前行的脚步。无论是作为百米跑道上的中国"飞人"，还是校园里传授跑步技巧的体育教师，在不同的"赛道"上，他都在奋力奔跑。

　　苏炳添的职业生涯充满了辉煌成就与不懈努力。在突破10秒大关后，他又创造了9秒91的成绩，追平了亚洲纪录。东京奥运会上，他更是以9秒83的成绩刷新亚洲纪录，成为首位进入奥运会男子百米决赛的亚洲运动员。

　　然而，他的职业生涯并非一帆风顺。伤病和挫折曾多次试图阻挡他的脚步，但他从未放弃。面对心理阴影和技术瓶颈，苏炳添选择迎难而上。重伤恢复期间，他曾一度考虑过放弃，"有一天我独自走到运动场，站在跑道前，问自己是不是真的跑不动了？"但内心的声音告诉他："我还能跑，只要克服伤病，依然可以飞起来！"

　　对于短跑运动员而言，成绩每提升0.01秒，都需要100%的付出。苏炳添对技术细节近乎苛刻的追求，是他成功的关键之一。无论是在赛前训练还是比赛中，他都会拿出随身携带的小卷尺仔细测量，认真寻找摆放起跑器的最佳位置。经年累月地总结经验、学习研究，苏炳添不断"精雕细琢"自己的跑步技巧，提高训练效率，提升赛场成绩。

　　正是这种永不言败的精神，推动着他不断挑战自我，追求更高的目标。苏炳添用科学的方法和执着的追求，为中国田径创造了多项历史性突破。

启示　　苏炳添的故事启示大学生：面对困难永不言弃，用科学的方法和精益求精的态度不断突破自我。无论在哪个领域，只有坚持不懈、追求卓越，才能在职业道路上创造属于自己的辉煌。

第9章
探索自主创业

情景导入

一次偶然的机会，张越参加了一场创业讲座。在讲座中，几位成功的创业者分享了他们的故事，其中一位前辈的话深深触动了张越："年轻人，有梦就去追。"

这句话如同一颗种子，在张越心中生根发芽。他开始认真审视自己的未来，思考是否也应该踏上这条充满未知与挑战的创业之路。然而，当真正开始考虑创业时，张越发现自己对这个领域几乎一无所知。他心中充满了疑惑：当前的创业环境究竟如何？应该选择哪个领域作为自己的创业切入点？自己又该如何做好充分的创业准备？

　　张越的困惑，正是许多初涉创业领域的大学生的共同心声。面对创业的未知与挑战，大学生该如何准确把握创业的现状与趋势？在众多创业领域中，大学生如何找到适合自己的方向？作为即将踏上创业征程的青年，大学生又该如何有效地提升自己的创业素质，做好充分的创业准备？

　　本章将围绕这些问题，深入探讨创业的现状、领域选择、素质提升、知识储备及《创业计划书》的编写等内容。通过本章的学习，大学生可以获得关于创业的基本认识，掌握一些实际的创业技能和策略。

9.1　了解创业现状

　　你是否曾有过像张越一样的创业念头？如果你有这样的想法，那么你应该知道，创业并非易事。创业不仅需要充分的准备、敏锐的市场洞察力，还需要坚定的决心。因此，在迈出创业这一步之前，大学生应深入了解创业现状。

9.1.1　创业环境分析

　　在当今社会，创业已成为推动经济发展的重要力量，尤其是对于充满活力与创新精神的大学生群体而言，创业更是一个实现自我价值、展现个人才华的绝佳机会。然而，创业成功与否深受外部环境的影响。因此，有志于创业的大学生的首要任务便是深入剖析当前的创业环境。

1．政策环境

　　政策环境在大学生创业过程中起着举足轻重的引导和支持作用，主要体现在以下两个方面。

　　（1）国家政策支持

　　近年来，我国政府高度重视创业工作，出台了一系列鼓励和支持大学生创业的政策措施。例如，《国务院办公厅关于进一步做好高校毕业生等青年就业创业工作的通知》明确提出要给予高校毕业生一次性创业补贴、创业担保贷款及贴息、税费减免等政策支持，安排免费场地，提供社会保险补贴。同时，实施离校未就业高校毕业生就业创业促进计划，持续跟进实名服务，为离校未就业的高校毕业生提供免费职业指导、岗位推荐、职业培训或就业见习机会。

　　（2）创新创业教育

　　为了提升大学生的创业意识和能力，教育部要求各高校加强创新创业教育体系建设，开设相关课程，并纳入学分管理。许多学校还建立了创业孵化器、众创空间等实践平台，为学生提供免费或低成本的办公场地和全方位的技术支持。这些措施不仅提高了大学生的理论水平，更为他们提供了实际操作的机会，让他们在创业过程中少走弯路。

2．经济环境

　　经济环境是影响创业活动的关键因素之一，它决定了市场需求、竞争状况及企业的盈利空间。

（1）市场需求旺盛

当前，我国经济持续稳定增长，人民生活水平不断提高，消费需求日益多样化和个性化，这为大学生创业提供了广阔的市场空间和发展机遇。特别是在智能家居、在线教育、健康养生等新兴消费领域，由于缺乏成熟的行业巨头垄断，竞争相对较小，大学生凭借其创新思维和技术优势，更容易找到市场的切入口。

（2）投资渠道多元

当前，我国资本市场日益成熟，风险投资、天使投资、众筹等多种融资方式不断涌现，为大学生创业提供了充足的资金来源。许多投资机构专注于早期项目的孵化与培育，愿意给予年轻创业者更多的信任和支持。此外，银行等金融机构也为符合条件的创业企业提供低息贷款，解决了部分资金难题。因此，对于有志于创业的大学生来说，获取启动资金并非遥不可及的梦想。

（3）中西部地区的崛起

尽管东部沿海地区经济发达，但中西部地区的崛起也为大学生带来了新的创业机会。国家积极推动区域协调发展，实施了一系列振兴计划，促进了中西部地区的基础设施建设和社会事业发展，吸引了大量人才流入。大学生可以结合自身的专业背景和地区资源优势，选择适合自己的创业城市，享受地方政府提供的特殊优惠待遇。

3. 社会文化环境

现代社会越来越重视创新精神的培养和个人价值的实现，越来越多的年轻人敢于打破传统就业模式，勇于尝试自主创业。这种积极的社会文化氛围有助于形成良好的创业生态，促进信息交流和技术共享，降低创业初期的风险。大学生置身于这样一个充满活力的社会文化环境中，无疑将激发他们的创造力和奋斗热情。

此外，随着社会观念的变化，家庭对子女创业的态度逐渐变得开放和支持。父母不再仅仅希望孩子找到一份安稳的工作，而是鼓励他们勇敢追求梦想，尝试不同的职业道路。与此同时，社会各界也开始关注并支持大学生创业活动，各类创业大赛、论坛等活动层出不穷，为企业家精神的传播搭建了良好平台。这些外部力量的支持为大学生创业提供了强大的动力源泉。

4. 技术环境

技术环境为大学生创业提供了强大的支持，主要体现在以下3个方面。

（1）数字化转型加速

信息技术的飞速发展正深刻改变着传统产业格局，数字化转型成为各行各业发展的必然趋势。利用互联网、大数据、人工智能等先进技术，可以帮助大学生在创业过程中有效降低运营成本，提高效率和服务质量。例如，智能客服系统大幅提升了用户体验和满意度。借助数字技术的力量，大学生可以在短时间内迅速扩大业务规模，抢占市场份额。

（2）技术创新推动产业升级

新材料、新能源、生物医药等领域的新突破，为大学生创业开辟了更多可能性。特别是新技术与传统产业的结合，往往能够催生出全新的商业模式和经济增长点。例如，农业现代化过程中的无人机植保、精准灌溉。通过紧跟技术前沿，结合自身专业背景，大学生可以发现更多未被开发的市场空白点，从而提高创业成功的可能性。

 **阅读材料**

张涛的白姜创新之路

在安徽省某小镇上，当地特色白姜的浓郁芬芳随风飘散，吸引着一批批年轻的创业者重返这片历史悠久的土地。其中，"90后"的张涛便是这样一位怀揣梦想与热忱的归乡者。他出生在一个世代以种植白姜为生的家庭，在祖辈和父辈的熏陶下，自幼便对白姜有着深厚的感情与深入的了解。

大学毕业后，面对都市的吸引，张涛选择回到故乡，接过这份家族传承的事业。起初，父亲反对他的决定，认为种植白姜既辛苦又没有多少收入。然而，他的坚定信念与真诚态度最终说服了父亲，两人并肩走进了姜田。

面对传统种植模式的低效与劳苦，张涛萌生了创新的想法。他深刻认识到，在传承的基础上融入现代科技，是提升种植效益的关键所在。于是，他开始广泛考察，引进了生姜开沟机、收姜机等，显著提高了种植效率。同时，他还积极探索微喷水肥一体化技术及病虫害绿色防控技术，有效降低了病虫害发生率，减少了农药、化肥的施用量。

在张涛的带领下，合作社的白姜种植面积不断扩大，亩产量不断提高。这不仅带来了数百万元的年产值，还带动了周边数十名村民的就业与增收，为乡村经济注入了新的生机与活力。张涛的成功并非偶然，他深知创新是推动发展的首要动力。因此，在机械化种植的基础上，他还积极与高校及科研机构展开合作，选育改良白姜新品种，推广栽培新技术，为当地白姜的品质提升与品种优化提供了有力保障。

✍ **点评**

张涛以科技创新为翼，振兴家族白姜事业，不仅实现了个人价值，也带动了乡村经济发展。张涛的故事启示大学生要勇于追梦，敢于将所学知识与技能应用于实践，特别是在乡村振兴的大潮中，更要发挥创新优势，为推动传统产业转型升级添砖加瓦。

（3）开放式创新平台兴起

开放式创新平台如GitHub、阿里云等为大学生提供了丰富的技术资源和协作工具，使跨学科合作变得更加容易。这些平台汇聚了大量的技术专家，形成了活跃的知识共享网络。大学生可以通过参与开源项目、贡献代码等方式快速积累实战经验，并为自己未来的创业项目寻找合作伙伴和技术支持。此外，一些大型科技公司还会举办黑客松等活动，吸引年轻人展示才华，挖掘潜在的人才和项目。

9.1.2　创业领域

在选择创业领域时，大学生应充分考虑自身兴趣、专业背景及市场需求，结合个人优势和社会发展趋势，找到最适合自己的切入点。以下是几个值得关注的创业领域。

1. 新兴科技领域

随着科技的飞速发展，人工智能已成为引领未来的关键技术之一。大学生可以凭借扎实的数学基础和编程能力，投身于人工智能算法的研发，将其应用于医疗诊断、金融风险预测等前沿领域，为社会创造更大的价值。

同时，生物科技领域同样充满机遇，无论是新型药物的研发，还是生物环保材料的开发，都需要具备专业知识和创新能力的年轻人来推动。此外，新能源、生物医药、金融科技等新兴产业也如日中天，它们以高附加值和强创新驱动为特点，为拥有相关专业知识的大学生提供了广阔的创业舞台。

2. 传统产业转型领域

在数字化转型的浪潮中，许多传统产业正寻求转型升级，以提升竞争力和服务质量。大学生可以运用所学的新技术、新模式，为传统行业注入新的活力。例如，在农业现代化进程中，智能灌溉系统和农产品电商平台等创新项目能够大幅提高农业生产效率和销售便捷性；制造业中工业机器人的应用和个性化定制生产则能够满足市场对高品质、个性化产品的需求。传统产业转型领域不仅为大学生提供了广阔的创业空间，还为大学生提供了在实践中锻炼自我、提升综合能力的机会。

3. 服务领域

大学生可以关注社会热点和民生需求，在教育、医疗、养老等领域提供创新服务，解决社会问题。随着人们生活水平的提高，人们对文化娱乐的需求也日益增长，文化创意服务业逐渐成为大学生创业的热门方向。无论是动漫制作、创意广告，还是其他文化创新项目，都能够满足人们对美好生活的向往。

此外，现代物流服务也是一个值得关注的领域。大学生可以通过优化物流配送方案、提高物流效率等方式，为电商、制造业等行业提供更加高效、便捷的服务。

📝 身临其境

张睿博是一名生物技术专业的大学生，对生物科技有着浓厚的兴趣，临近毕业时，他面临着一个重要的选择：是直接进入职场，还是立即投身创业？他的家人希望他能先积累一些工作经验再考虑创业，而他自己则渴望趁年轻抓住机会，在生物科技领域大展拳脚。与此同时，他也注意到人工智能、新能源等新兴产业的快速发展，这些领域同样吸引着他。

张睿博开始思考自己的未来方向。他发现，尽管自己在生物科技方面有一定的优势，但直接进入职场可能意味着要从基层做起，短期内难以接触到核心项目；如果选择创业，虽然风险较大，但一旦成功，则可以快速实现个人价值。然而，他也担心自己由于缺乏商业经验和资源支持导致创业失败，进而影响职业生涯的发展。

想一想： 如果你是张睿博，你会如何权衡直接进入职场与立即创业的选择呢？面对家人的期望和个人梦想之间的冲突，你认为该如何找到平衡点？

9.1.3 大学生创业路径选择

大学生创业已成为推动社会创新和经济发展的重要力量之一。对于怀揣梦想与激情的大学生创业者而言，选择合适的创业路径至关重要。

1. 入驻创业园

创业园作为政府或高校为推动创业而设立的专门区域，通常拥有丰富的资源。这些资源包括资金、场地、设备、导师指导等，能够为初创企业提供全方位的支持。入驻创业园，大学生创业者可以享受到这些便利的资源，降低创业初期的风险和成本。

（1）创业园的优势

创业园的优势主要体现在资源整合、导师指导、合作交流机会多3个方面。

- 资源整合方面，创业园汇聚了各类创业资源。例如，创业园通常会提供办公场地，对于初出茅庐的大学生创业者来说，这极大地减轻了创业初期的资金压力，即无需花费大量资金租赁和装修办公场所，就可以拥有一个相对稳定且设施齐全的工作空间。

- 在导师指导上，创业园会邀请经验丰富的企业家、行业专家担任创业导师。这些导师有着丰富的商业运营经验、广泛的人脉资源及敏锐的市场洞察力。他们可以为大学生创业者提供从产品研发、商业模式构建到市场推广等全方位的指导。例如，在产品定位方面，导师能根据自己的经验指出产品在市场中的潜在竞争优势和劣势，从而引导大学生创业者规避盲目跟风或定位失误的风险。

- 合作交流机会多。创业园内聚集了众多的创业团队，形成了良好的创业生态系统。大学生创业者可以与其他团队合作，共享技术、渠道等资源。例如，在技术研发方面，如果一个团队擅长软件开发，另一个团队擅长硬件制造，他们就可以合作开展一个物联网项目。

（2）创业园入驻流程

首先，大学生创业者应了解所在城市或地区的创业园情况，可以通过官方网站、社交媒体平台或直接联系园区获取相关信息。然后，大学生创业者应根据要求准备好申请材料，如商业计划书、个人简历、项目介绍等。接下来，按照规定的时间节点提交申请材料，并等待审核结果。

我国部分大学生创业园的相关情况

部分园区可能会安排面试环节，评估项目的可行性和团队的能力。一旦通过审核，双方将签署入驻协议，明确权利义务及具体条款。入驻后，大学生创业者要遵守创业园的各项规章制度，如按时缴纳场地租金（如果有相关费用）、遵守园区的安全管理规定等。

2. 参加创新创业大赛

创新创业大赛不仅是展示大学生个人才华的舞台，更是提升大学生实践能力、拓宽大学生视野的重要途径。通过参与这些赛事，大学生不仅可以将所学知识应用于实践，还有机会获得宝贵的资金支持和行业专家的指导，为未来的创业之路打下基础。在众多创新创业大赛中，中国国际大学生创新大赛和"创青春"全国大学生创业大赛是影响力较大、备受瞩目的两大赛事。

（1）中国国际大学生创新大赛

中国国际大学生创新大赛（原中国国际"互联网+"大学生创新创业大赛）是由教育部等部委联合主办，以"以赛促学、以赛促教、以赛促创"为核心目标，覆盖科技创新、乡村振兴、数字经济等多个领域，影响力较为广泛的大学生双创赛事之一。该赛事面向全国各高校的在校学生（包括本科、硕士及博士研究生）及毕业5年内的毕业生，不限专业背景，任何有志于创新的学生均可报名参加。参赛要求如下。

- 项目需具备创新性、可行性和市场潜力，优先支持拥有自主知识产权的项目。
- 需提交商业计划书、路演PPT及佐证材料（如专利证书、合作协议等）。

想要参加此赛事的大学生，首先大学生应关注大赛官方网站获取最新的比赛信息和时间安排。接着，组建一个跨学科的团队，确保成员之间的技能互补。其次，大学生要深入研究市场需求，明确参赛项目定位，并制订详细的商业计划。最后，按照规定的时间节点提交所有必要的文件，并做好现场展示的准备工作。

（2）"创青春"全国大学生创业大赛

"创青春"由共青团中央、教育部等单位联合主办，前身为"挑战杯"中国大学生创业计划竞赛，2014年升级为综合性创业赛事，每两年举办一届，聚焦科技创新、乡村振兴、社会治理等领域。参赛要求如下。

- 已创业项目需提供运营数据（如用户增长、营收情况）。
- 项目需提交商业计划书、财务报表、营业执照（已创业类）等材料。

3. 参加学校的创业项目

学校的创业项目是指由高校组织并实施的一系列旨在培养大学生的创新创业能力的活动。这些项目通常包括理论课程、实践活动、竞赛等多种形式，其目的是让大学生在学术环境中体验真实的创业过程。此外，许多高校还会为大学生提供必要的资源支持，如实验室设备、导师指导、资金资助等，以此来帮助大学生将创意付诸实践。

（1）学校创业项目的独特之处

学校创业项目不仅为大学生提供了理论与实践相结合的学习环境，还通过整合校内外资源，帮助大学生将创意转化为实际的商业计划。

- 理论与实践结合。通过系统的理论学习和实践训练，大学生可以逐步建立起自己的创业思维框架，并在实践中锻炼解决问题的能力。
- 校内资源利用。学校往往拥有丰富的科研资源和实验室设备，这些都是大学生宝贵的财富。通过参加校内的创业项目，大学生可以充分利用这些资源，降低研发成本，加快项目进度。
- 团队组建与协作：创业并非单打独斗，良好的团队合作至关重要。学校提供的创业项目平台，使大学生有机会与不同专业背景的同学组成团队，共同探索未来的创业之路。
- 政策优惠方面。学校可能会出台一些专门针对本校大学生创业的政策，如学分认定、优先推荐就业等。

（2）参加学校创业项目的流程

首先，大学生应关注学校发布的各类通知和公告，了解现有的创业项目及其报名方式。其次，大学生要根据自己的兴趣和专业背景，选择适合自己的创业项目。再次，大学生需要按照创业项目的要求准备好申请材料，如商业计划书、个人简历、项目介绍等，同时，大学生要按时提交申请材料，并等待评审结果。一旦通过审核，双方将签署参与协议，明确权利义务及具体条款。正式成为项目的一员后，大学生即可开始享受学校提供的各种支持和服务。最后，大学生要积极参与各项活动，与团队成员紧密合作，确保项目的顺利推进。

 知识链接   **独角兽企业**

独角兽企业是指那些估值达到 10 亿美元以上的初创企业。这个词源于风险投资领域，象征着这些企业稀有且珍贵，具有巨大的增长潜力和市场价值。

想一想： 你认为哪些行业最容易孕育出独角兽企业？为什么？

9.2 做好创业准备

创业之路充满挑战与机遇。为了在这条路上走得更稳、更远，就要做好充分的创业准备。下面将从提高创业素质、储备创业知识、了解创业方法及筹备创业资金 4 个方面来探讨如何做好创业的准备工作。

9.2.1 提高创业素质

创业素质是指创业者为了实现创业目标所需具备的一系列个人特质和能力，它是一个综合性的概念，涵盖了创业意识、创业精神、创新思维等多个方面。大学生创业者要想获得创业的成功，一定要有意识地提高自己的创业素质。

1．创业意识

创业意识是在创业者的创业过程中发挥动力作用的个性倾向，它包含了需求、动机、兴趣、信念及价值观等元素。创业意识不仅影响着创业者的决策和行为模式，还决定了他们在面对挑战时的态度和反应方式。这种意识具有显著的选择性和主动性，能够引导创业者专注于特定的目标，并以积极的态度去克服困难。

对于大学生创业者而言，强烈的创业意识是成功的关键因素之一。它激发了个人自我实现的愿望，将追求成功的愿景融入日常生活中，是推动个人不断前进的动力源泉。当遇到阻碍或挫折时，坚定的创业意识可以帮助大学生创业者保持专注，持续努力，直到达成目标。

大学生创业者需要认识到，创业不仅仅是一个过程或活动，更是一种精神状态和综合素质的体现。为此，大学生创业者需要明确创业目标，努力培养发现机遇、不懈追求、学习新知、进取提升、敢于担当、直面挑战、居安思危和自省自警的意识。通过这样的方式，大学生创业者不仅能增强自身的创业素质，还能更好地适应快速变化的商业环境。

2. 创业精神

创业精神是激发大学生创业的重要源泉，是支撑大学生创业活动的灵魂。顽强的创业精神可以使大学生创业者在创业过程中坚定信念、明确目标，一步一步走向成功。当代大学生创业者最需要具备的创业精神包括创新精神、冒险精神和担当精神。

（1）创新精神。在竞争激烈的市场中，大学生创业者只有不断创新，提出独特的想法和解决方案，才能脱颖而出。大学生创业者要敢于打破常规，勇于尝试新的方法和技术，以提供更好的产品或服务。

（2）冒险精神。创业本身就充满了不确定性和风险，害怕失败或者不敢冒险的人很难在这条路上坚持下去。大学生创业者应学会接受合理的风险，并且做好充分的准备来应对可能出现的挑战。

（3）担当精神。大学生创业者不仅要对自己的决策负责，还要对团队、客户及社会负责。这意味着在面对困难时大学生创业者要勇于站出来，积极寻找解决问题的办法，而不是逃避责任。

3. 创新思维

创新思维是指以新颖独创的方法解决问题的思维过程。它促使人们突破常规思维的局限，以超常规甚至反常规的方法或角度来审视问题，从而提出与众不同的解决方案，并创造出新颖独到、具有实际意义的思维成果。在当前这个日新月异、复杂多变的社会环境中，各行各业都在经历着快速的迭代升级。如果大学生创业者缺乏创新思维，仅仅是墨守成规，就很难在激烈的市场竞争中抓住稍纵即逝的机遇。

开放、灵活的创新思维不仅能够帮助大学生创业者在学业上取得优异的成绩，更能在大学生创业者未来的创业过程中发挥关键作用，使大学生创业者成为引领行业变革的先锋。创新思维可以粗略地分为发散思维、逆向思维和联想思维。

（1）发散思维又称辐射思维或求异思维，是指人在思考的过程中，不受已经确定的规则、方式和方法的约束，思维呈现一种扩散状态的模式。这种思维强调从多个角度、多个方向去思考问题，寻找多种可能的答案或解决方案。它鼓励人们打破思维定式，不受传统观念或现有条件的束缚，勇于探索未知领域，提出新颖的观点。

（2）逆向思维是指朝着与固定思维相反的方向进行思考的思维模式，它是一种从问题的对立面出发进行思考和从问题的相反面进行分析的方法。它要求人们跳出常规的思维框架，敢于质疑现有的理论和做法，以全新的视角审视问题，从而发现隐藏的机遇或解决方案。例如，我们熟知的电动吹风机和电动吸尘器，就是发明者从相反的原理方向进行研究而发明的产品。

（3）联想是指思路由此及彼的过程，联想思维是通过将不同领域、不同事物之间的联系进行巧妙的组合，从而创造出新的概念、方法或产品的思维过程。它要求人们具备丰富的想象力和敏锐的洞察力，能够迅速捕捉到不同事物之间的内在联系，并将其转化为创新成果。

联想是一种创造性的思维活动，它可以通过对事物进行对比和同化等手段把许多事物联系起来思考，从而加深对事物之间联系的认识，由此形成新的构想和方案。

 阅读材料   **竹创新潮：大学生以竹代塑，探索绿色未来**

如今，塑料因其难以降解、污染环境的特性，成为全球亟待解决的难题。面对这一挑战，中国提出了富有前瞻性的解决方案——"以竹代塑"。在这一创新理念的引领下，一群来自全国各地的大学生，正以前所未有的热情，投入这场绿色革命中。

响应国家号召，践行绿色发展理念，在第十九届"挑战杯"全国大学生课外学术科技作品竞赛"揭榜挂帅"专项赛中，由某林业科学研究院发布的"'以竹代塑'新技术及新产品研发"课题，迅速吸引了众多青年学子的目光。

某大学的学生团队是这场创新潮流中的代表之一。她们深入竹林，走访农户，了解竹子的生长习性、加工现状及市场需求。面对竹子利用率低、加工污染重等痛点，她们没有退缩，而是迎难而上。历经上百次试验，她们终于研发出了高性能全降解竹基复合新材料。这种材料不仅性能优越，而且能够实现全生命周期无有害物释放，完美替代了市场上广受欢迎的PVC塑料木纹板，真正实现了"以竹代塑"的愿景。

同样，另一所农业大学的学生团队也在探索"以竹代塑"的可能性。竹子的纤维性能与塑料相比存在差距，但正是这份差距，激发了他们创新的火花。通过仿生界面工程，他们成功研制出了轻质、高强、高韧的竹基纤维材料，不仅大幅提升了竹子的拉伸应变性能和断裂韧性，还赋予了它抗裂纹扩展的优异能力。此外，他们还利用蛋白离子导体，研制出了竹基复合导电纤维材料，为智能可穿戴设备等未来科技产品提供了全新的材料选择。

还有团队另辟蹊径，从竹资源的深度开发入手。他们自主研发了一款新型纤维素溶剂体系——功能化离子液体，成功将竹子溶解为纤维溶液，再通过纺丝工艺制得再生纤维素丝。这种低碳、环保的纤维材料，有望替代传统的石油基合成纤维，为纺织服装产业带来新的变革，并在多个领域（如能量管理、油污处理等）实现广泛应用。

✎ **点评**

案例中的大学生团队通过创新性的"以竹代塑"技术，解决了环保难题，开创了绿色产业的新路径，彰显出创新思维在推动可持续发展中的关键作用。

9.2.2 储备创业知识

当前是一个以知识经济为主导的时代。伴随着市场经济的持续深化和相关制度的日益完善，对于大学生而言，其若怀揣成功创业的梦想，就应该在大学期间积极储备与之相关的专业知识、提升实践能力。

1．管理知识

一个管理有序的企业应该是先保证企业"做正确的事"，然后努力地"把事做正确"。创业初期，创业者要靠眼光与勇气来排除万难，积极投身于创业领域。企业步入正轨后，就需要创业者具有一定的管理能力，而这种管理能力往往来源于创业者的管理知识储备。

在校大学生可以主动学习管理学课程，也可以积极参加班委竞选，加入各类学生会和社团组织，或到辅导员办公室从事学生助理工作，学习各个组织、各种层面上的管理知识，抓住机会让自己得到锻炼。

2．营销知识

营销知识是创业过程中经常要用到的知识，这需要大学生在创业前就认真学习和运用。大学生可以通过以下方式学习营销知识。

（1）阅读有关营销案例的书籍，因为成功企业的营销案例具有很强的指导性。

（2）选修管理类专业的营销课程。

（3）参加校内外的促销活动。大学生通过参加促销活动，可了解不同顾客的特点和需求，并学会如何去满足顾客的要求，培养自己的营销意识。

（4）利用寒暑假到企业从事兼职营销工作，参与企业市场调研、产品渠道开发、公关促销等一系列活动。

3．财务知识

一个正规的企业必须让"财务报表说话"，即清晰准确地反映经营状况。然而，不少准备创业的在校大学生往往缺乏财务知识，容易导致启动资金预算不准确、成本核算不全面、企业账目混乱等问题。

因此，大学生预先了解和学习一些基本的财务知识是非常有必要的。建议大学生多参加一些财务知识相关的培训，如财政系统提供的会计从业职业资格培训等。

9.2.3 了解创业方法

大学生创业者若想在创业道路上取得成功，不仅需要在思想上树立明确目标、在知识上广泛积累、在基本素质上不断提升，还必须掌握一套切实有效的创业策略。鉴于大学生创业者往往面临资源有限的挑战，以下几种创业方法可供参考。

1．先就业再创业

大学生创业者在正式创业前，可以先以个人创业为目标进行就业。大学生创业者可选择自己准备创业的行业，然后进入该行业中规模较大、竞争优势较强的企业中就业。在就业的过程中，大学生创业者可以了解行业的运行模式和产品生产流程。此外，大学生创业者还可以有针对性地学习和积累经验，如学习所在企业的管理模式、产品知识和营销知识等。如果大学生创业者已经对行业有了基本的了解，创业的成功率就会更高。

挖掘创业机会

2．最小可实行产品试错

最小可实行产品是指以尽可能低的成本展现产品的核心概念，用快捷的方式建立一个可用的产品原型。大学生创业者在资源有限的情况下，可以先制作出最小可实行产品，然后将其推向市场，再不断地通过市场反馈来完善产品，最终推出完备、成熟的产品。

假如你的愿景是开发一款面向大学生的在线学习平台。传统的产品开发思路可能是：先设计完整的网站架构，包括课程列表、学习进度跟踪、社区交流、在线测试等多个模块，再逐一实现这些功能，最终形成一个全面的产品。而最小可实行产品的思路则是：先开发一个基础版本，如仅包含课程列表和在线播放功能，看看学生们对在线学习的基本需求是否得到满足。如果用户对这个基础版本表示认可，并愿意使用，再逐步添加其他功能，如学习进度跟踪、社区交流等。

传统产品迭代思路成本高、速度慢、风险高，且用户可能不认可；最小可实行产品策略的优点在于试错成本低、速度快、风险低，能满足产品快速迭代的需求。

3．有效利用网络创业

网络创业不同于传统创业，主要是指利用现有的网络资源进行创业。网络创业的准入门槛低、成本低、风险低，并且方式灵活，特别适合大学生创业者。目前，网络创业主要包括以下几种形式。

（1）电商平台开店。利用淘宝、京东、拼多多等电商平台开设网店，销售商品或提供服务。这种创业方式无须大量库存，可以通过一件代发等方式降低初期投入成本。

（2）社交媒体营销。借助微信、微博、抖音、小红书等社交媒体平台，通过内容创作、直播带货、社群运营等手段推广产品或服务，实现流量变现。

（3）网络服务与咨询。提供网页设计、搜索引擎优化、网络营销策划、编程开发、心理咨询、法律咨询等在线服务，利用专业技能满足市场需求。

（4）内容创作与版权运营。在各大内容平台上发布原创文章、视频、音频等内容，积累粉丝基础后，通过广告合作、品牌代言、版权出售等方式获得收益。

4．参照成功者的经历

在生活中，我们可以发现很多成功者，这些成功者身上往往有一些闪光点和特质，大学生创业者可以以一个或几个成功者为榜样，学习和揣摩成功者的优秀之处，锻炼自己，然后进行模仿创业。

👁 **阅读材料**　　　　　　　　　　**一起"卷"，幸福来**

在武汉城东的光谷曙光夜市，一家名为"杜哥卤肉卷"的小摊前总是排起长队。吸引众多食客的，不仅是这家小摊图案多样的卷饼和热情的服务态度，更在于小摊背后的一对"90后"夫妇的励志创业故事。

男主人曾经是一位银行职员，但他心中一直怀揣着创业的梦想。"年轻就要勇敢尝试"，这是他常常挂在嘴边的一句话。他在大学期间就展现出了出色的商业头脑，在宿舍里开了一家小型超市，为需要夜间复习的同学提供零食和饮料，从而赚得了第一笔资金。这段经历让他学会了如何用心经营以赢得顾客的信任和支持。

毕业后他在银行工作，面对巨大的业绩压力，他逐渐感到疲惫不堪。回想起大学时期自由且快乐的创业时光，他决定离开银行，投身更具挑战性同时也更适合自己的创业中去。

起初，这对夫妻尝试过多种不同的业务，包括开生鲜超市、做二手房出租等，但最终还是选择了餐饮行业作为主攻方向。夫妻两人携手合作，先是开了一家早餐店售卖襄阳牛肉面，不久之后又将目光转向了更具创意和吸引力的卡通图案卤肉卷生意。为了研制出符合当地人口味的卷饼，他们四处求教，并不断试验面皮配方和卤肉酱料的比例，直到找到最满意的口感。他们还创新地使用天然果蔬汁液来染色面团，制作出如青蛙王子、哈士奇等可爱的卡通图案，吸引了众多年轻人和带小孩的家庭光顾。

夫妻俩始终以真诚的态度对待每一位顾客。无论是在炎热的夏天为排队者准备花露水，还是优先满足老人、孕妇及外地游客的需求，他们都用实际行动诠释了何为有人情味儿的好生意。随着时间的推移，"杜哥卤肉卷"不仅成了夜市里的一大亮点，还通过社交媒体积累了大量的忠实粉丝。

这对夫妻也没有忘记那些同样渴望改变命运的人们，他们常在业余时间免费分享自己的经验和技巧，帮助许多人找到了新的生计途径。

点评

"90后"夫妻创业的故事展示了年轻创业者如何通过敏锐的市场洞察力、不断地尝试与创新及真诚的服务态度取得成功，大学生创业者可以借鉴他们勇于试错的精神和用心经营客户的理念，勇敢地迈出自己的创业第一步。

9.2.4 筹备创业资金

要开办企业，就必须筹备足够的资金。对于大学生创业者来说，其自身往往没有足够的积蓄，因此需要从外部筹备。

1. 向亲朋好友借款

企业创立初期，亲戚朋友的借款是较为常见的资金来源。创业者和这些人之间有一定的亲情、友情关系，更容易建立起信赖感，借款成本通常也较低。

当然，创业者也应该全面考虑投资的正面、负面影响及其风险性，同等对待亲戚和朋友的借款与其他投资者的资金，并形成一份相关的正规协议。

2. 大学生创业贷款

近年来，国家各级政府相继出台了许多优惠政策来支持大学生创业，而大学生创业贷款政策就是其中之一。大学生创业贷款是银行等资金发放机构对各高校学生发放的专项贷款。大学生创业贷款相较于其他银行贷款通常利率更低，甚至可以享受免息和贴息，因此，筹集资金的成本较低。同时，很多银行也为大学生创业贷款开放了绿色通道，申请、审核和放款都更加快捷和方便。因此，大学生创业贷款是一种较为理想的筹资方式。

3. 银行贷款

银行贷款指银行根据国家政策，以一定的利率将资金贷放给资金需要者，并约定期限归还的一种经济行为。银行贷款有很多种类，每种贷款的接受额度和利率各不相同，包括银行信用贷款、抵押贷款、质押贷款等，大学生创业者要谨慎选择。

📝 身临其境

> 　　马若熙是一名即将毕业的大学生，他的梦想是开办一家属于自己的科技公司，专注于开发新型的智能穿戴设备。然而，他面临着一个巨大的困境：资金短缺。
>
> 　　马若熙自己和家人都没有足够的积蓄来支持他创业。于是，他尝试着向亲朋好友借款来筹措创业资金，但大家的经济条件都有限，借到的钱远远不够启动项目。同时，马若熙又担心如果创业失败，无法按时归还借款，会影响与亲朋好友的关系。
>
> 　　在这种情况下，马若熙陷入了迷茫和焦虑之中。他不知道该如何筹集到足够的资金来实现自己的创业梦想，更不想因为创业而影响到身边的人际关系。
>
> 　　**想一想：**如果你是马若熙，在这种困境下，你会怎么做呢？

9.3 编写《创业计划书》

　　编写《创业计划书》是创业项目启动前的关键环节。它不仅是对创业思路和规划的书面总结，更是吸引投资者、合作伙伴及潜在客户的重要工具。大学生创业者编写一份出色的《创业计划书》，能帮助他们更好地规划商业路径，实现创业梦想。

9.3.1 《创业计划书》的作用

　　《创业计划书》是创业者叩响投资者大门的"敲门砖"，它是以描述与拟创办企业相关的内部及外部环境条件和要素特点为内容的发展指南，是衡量业务进展情况的标准。拥有一份好的《创业计划书》，往往会使创业者达到事半功倍的效果。

1. 指导创业者的创业行动

　　编写《创业计划书》的过程，是一个调研与思考的过程，创业者可以在这个过程中清楚地了解自己所有的资源、市场情况和初步的竞争策略等，从而进一步明确自己的创业思路和经营理念。

2. 帮助创业者凝聚人心

　　一份出色的《创业计划书》可以增强创业者的自信。《创业计划书》通过描绘新创企业的发展前景和成长潜力，明确要从事的项目和活动，对自身角色进行精准定位，加深管理层和员工对企业的了解和认同。因此，《创业计划书》对于创业者吸引所需要的人力资源，凝聚人心，具有重要意义。

3. 帮助创业者获得融资

　　《创业计划书》作为一份全方位的项目计划，不仅对即将开展的创业项目进行了可行性分析，同时也充当了向风险投资商、银行和客户宣传拟建的企业及其经营模式的重要工具，它涵盖了企业的各个方面，包括产品情况、营销模式、企业制度等。在一定程度上，《创业计划书》也是拟建企业对外宣传和包装的文件。

9.3.2 《创业计划书》的主要内容

一份完整的《创业计划书》通常包括封面与目录、计划摘要和正文，其中的正文部分一般包括企业描述、产品或服务介绍、市场分析、竞争分析、营销策略、运营计划、管理团队介绍、财务规划与风险分析等内容。

1. 封面与目录

封面应包含创业项目的名称、创业者或团队名称、联系方式及计划书提交日期等基本信息，而目录则应列出计划书的主要章节及其页码，便于阅读者快速查找信息。

2. 计划摘要

计划摘要是整个计划书中最重要的部分之一，尽管它位于计划书的开头，但通常是最后撰写的。计划摘要需要简要概述公司的业务模式、市场机会、竞争优势、管理团队及财务情况，旨在引起投资者或合作伙伴的兴趣。

3. 正文

正文部分包括企业描述、产品或服务介绍、市场分析、竞争分析等多个板块，各个板块相互关联、相辅相成，共同构建起《创业计划书》的核心框架。

（1）企业描述。介绍企业的基本情况，包括企业的性质、历史背景、使命、愿景目标、核心价值观等。

（2）产品或服务介绍。详细描述所提供的产品或服务的独特卖点、技术细节、发展阶段、知识产权状况等，强调它们如何解决目标客户的问题或满足目标客户的需求。

（3）市场分析。分析行业现状、市场规模、增长趋势、竞争格局、目标市场的细分和选择依据等。此部分应基于翔实的数据研究，展示对市场的深刻理解。

（4）竞争分析。分析主要竞争对手的优势和劣势，制定竞争策略。

（5）营销策略。制定合适的市场营销策略，包括产品策略、价格策略、渠道策略和促销策略，同时需要分析目标市场的营销渠道、竞争对手和客户需求，制定针对性的营销方案。

（6）运营计划。描述项目的生产工艺、服务流程、原材料供应和设备购置等生产细节。同时，制订详细的运营计划，包括人员配置、组织结构、管理制度和运营流程等。

（7）管理团队介绍。介绍管理团队的成员背景、职责分工等。

（8）财务规划。提供详细的财务预测，包括收入、支出、利润和现金流量等关键财务指标。同时，编制现金流量表、资产负债表和损益表等财务报表，展示项目的财务健康状况和盈利能力。

（9）风险分析。识别可能面临的市场风险、运营风险等，并针对每种风险制定相应的应对措施和预案，以降低风险对项目的影响。

📇 **知识链接**　　　　　　　　　　　　**地摊经济**

地摊经济是指通过摆地摊获得收入来源而形成的一种经济形式。地摊商品种类繁多，从特色小吃到小饰品、小工艺品等应有尽有。例如，在城市的夜市中，摆满了各种地摊摊位，吸引着大量市民和游客。对于大学生创业者或者资金有限的创业者来说，地摊经济是一种低门槛、高灵活性的创业选择。它不需要高昂的店面租金和复杂的审批手续，能够让创业者快速进入市场进行尝试，并且可以根据市场的实时需求灵活调整所售商品。

想一想：如果你是一名大学生创业者，打算投身地摊经济，你会选择销售哪类商品？为什么？是基于自身的兴趣爱好、对市场的调研结果，还是其他因素？

9.3.3 《创业计划书》的要求

《创业计划书》必须充分展现创业者对于企业内部环境及外部环境的掌握及实现创业计划的信心。同时，它还要体现重要的经营功能，以及对环境变化的假设与预测。要做到这些，创业者在编写《创业计划书》时应遵循以下要求。

1. 坚持以市场为导向

企业的利润通常来自市场对产品或服务的需求，因此，《创业计划书》的编写应坚持以市场为导向。通过市场调查，充分展示创业者对市场现状的掌握和对未来发展的预测。

2. 真实明确

《创业计划书》内的数据不能凭空想象，必须通过调查来获得，尽量做到客观、真实。创业者一般容易关注投资回报而低估经营成本和风险，创业者要尽量列出可供参考的数据与文献资料，明确指出企业的市场机会与竞争威胁，并要以具体的资料和数据来证明。

此外，《创业计划书》还要明确说明各种分析所采用的假设条件、调查方法与事实依据等。

3. 展现优势与投资利益

《创业计划书》不仅要将经营、管理方面的信息完全展示出来，而且要充分展现创业者所具备的竞争优势。除此之外，《创业计划书》要明确指出投资者的利益所在，显示出创业者创造利润的强烈愿望。

4. 展现经营能力

《创业计划书》的"管理团队介绍"部分，既要充分展现创业团队的经营能力与丰富的经验背景，也要显示出创业团队对于该产业、市场、产品及未来运营策略的信心和对创业成功的把握。

5. 内部逻辑一致

《创业计划书》通篇要做到前后基本假设或预测相互呼应，保持前后逻辑一致。例如，人员的配备要依据经营规模的变化而变化。

6. 完整性

《创业计划书》一般包括封面与目录、计划摘要与正文，其内容、用词要以简单明了为原则，应做到文字流畅，表达准确，排版规范，尽量不要出现不相关的信息。

9.3.4 《创业计划书》的编写流程

《创业计划书》是在对行业、市场进行充分研究的基础上完成编写的。在编写时，大学生创业者要注意措辞准确、行文条理清晰、简明扼要，围绕投资者的关注点去思考、调查和分析。《创业计划书》的编写可以分为以下6步。

1. 经验学习

初创企业的创业者完全没有编写《创业计划书》的经验，此时，可以先收集国内外较为成功的《创业计划书》范例，借鉴其内容、结构和写作手法后，取其精华，然后整理自己的写作思路。

2. 细化创业构想

创业者对自己将要开创的事业要给予非常具体、细致的思考，并细化创业构想，制定明确的时间进度表和工作进程。成熟的创业者应具有较为完整的创业构想，并在编写《创业计划书》前，思考以下问题：

（1）我为什么要创业？是有创业条件与机会，还是被逼无奈？

（2）分析与评估自己。自己的优点是什么？缺点又是什么？

（3）我是否已寻找到适合自己创业的领域？

（4）我是否已选定具体的经营范围，并对市场机会与市场前景有一定程度的把握？

3. 市场调研

市场调研是指收集市场中的各种情报、信息和资料。在市场调研过程中，调研者要同潜在顾客展开接触，了解顾客购买此类产品的时间周期、谁在决定是否购买、产品或服务凭什么吸引顾客等信息，以便制定销售策略。

此外，市场调研还包括对竞争对手的调查，如竞争对手有哪些、他们的产品与本企业产品的异同、竞争对手采用的营销策略等。

4. 方案起草

收集到足够的信息后，创业者即可开始起草《创业计划书》。由于《创业计划书》包含的内容较多，因此，创业者要明确《创业计划书》各个部分的作用，做到有的放矢。同时，创业者在撰写《创业计划书》的过程中，还需咨询律师或顾问的意见，确保其中的文字和内容没有歧义。

5. 完善方案

首先，把《创业计划书》中最重要的内容做成1～2页的摘要，放在最前面。其次，认真检查，避免《创业计划书》中出现病句或错字。最后，为《创业计划书》设计一个漂亮的封面，编写目录与页码，并打印、装订成册。

《创业计划书》的封面要简洁有新意，包含项目或企业名称、地

大学生创业的风险来源

址、联系方式等。《创业计划书》的版本装订要精致，要按照资料的顺序进行排列，并提供目录和页码，最后还要附上《创业计划书》中支持材料的复印件。

6. 检查方案

创业者要对《创业计划书》的文本和内容进行检查，以保证《创业计划书》的正确性和美观性。

9.3.5 借助AI工具编写《创业计划书》

明确《创业计划书》的基本结构和内容后，选择一款功能强大、易于使用的AI工具来编写《创业计划书》可以显著提高效率，同时确保内容的准确性和专业性。常用的AI工具有DeepSeek、秘塔AI搜索、文心一言等。这里以"DeepSeek"为例，来介绍借助AI工具编写《创业计划书》的简要操作。

（1）设定AI工具身份与角色

在使用"DeepSeek"编写《创业计划书》之前，首先为AI工具设定一个明确的身份——一家专业投资咨询公司的高级咨询师。这个角色不仅精通市场分析、财务规划，还特别擅长帮助初创公司精准定位并编写高质量的《创业计划书》。通过这一设定，"DeepSeek"将能够更专业地提供符合投资人和市场需求的建议和指导。

（2）输入项目信息

向"DeepSeek"详细介绍创业项目和产品。这包括项目背景、市场分析、产品描述、营销策略及运营计划，图9-1所示为在"DeepSeek"中输入的项目描述。通过详细的描述，"DeepSeek"能够更深入地理解你的项目，从而生成更加贴合实际的计划书内容。

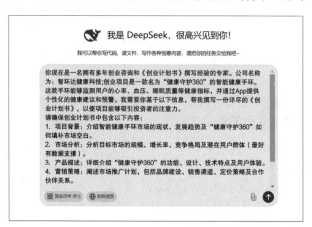

图9-1　在"DeepSeek"中输入的项目描述

（3）生成《创业计划书》框架

成功输入项目信息后，按【Enter】键，"DeepSeek"将利用其强大的算法和专业知识，快速生成一份《创业计划书》的框架。这个框架将涵盖所有关键部分，包括项目背景、市场分析、产品描述等，并为每个部分提供详细的大纲和要点，如图9-2所示，便于后续内容的填充和完善。

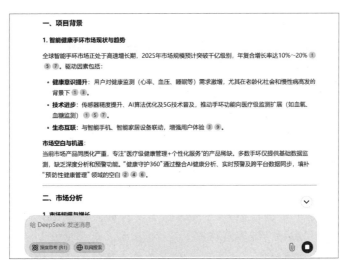

图9-2　查看利用AI工具生成的《创业计划书》框架

（4）完善细节内容

根据AI工具生成的框架，逐步完善各个部分的细节内容。大学生创业者可以利用AI工具的写作辅助功能，通过输入关键词或短语，让"DeepSeek"生成具体的段落和句子。例如，输入"描述我们的目标用户特征"后，"DeepSeek"将根据提示词生成一段详细的目标用户画像。通过这种方式，大学生创业者可以快速填充计划书的内容，同时保持内容的准确性和专业性。

（5）调整与优化

在AI工具生成内容的基础上，应根据实际情况不断调整和完善《创业计划书》，并且要确保所有的数据和信息都是最新的和准确的。此外，大学生创业者在编写《创业计划书》的过程中，一定要确保语言逻辑清晰、流畅，内容具有吸引力和说服力。

◉ 脑海探险

人类对于未知的技术总是既好奇又怀疑，但当技术能够提供超乎想象的帮助时，我们便开始依赖它。

（1）你是否思考过AI工具是如何帮助我们提高效率的？例如，它们是如何帮助我们快速生成《创业计划书》的？

答案：＿＿＿＿＿＿＿＿＿＿＿＿＿＿＿＿＿＿＿＿＿＿＿＿

（2）你认为AI工具和人类智慧在编写《创业计划书》时各自的优势是什么？

答案：＿＿＿＿＿＿＿＿＿＿＿＿＿＿＿＿＿＿＿＿＿＿＿＿

（3）思考一下，你如何才能在编写《创业计划书》的过程中充分运用AI工具及发挥人类智慧的优势？这种结合对你的创业过程会有什么影响？

答案：＿＿＿＿＿＿＿＿＿＿＿＿＿＿＿＿＿＿＿＿＿＿＿＿

—— ∥ **探索自我** ∥ ——

成功的创业依赖于外部工具和技术，也同样需要创业者具备一定的个人特质和能力。因此，大学生在进行创业之前，有必要提前了解自己是否拥有成为成功创业者所需的特质。下面将通过一个简单的测试来帮助大学生直观地了解自己是否具备这些特质，进而判断自己是否适合踏上创业之路。

你适合创业吗

〖测试说明〗

以下问题分别有4个备选答案：A（经常）、B（有时）、C（很少）、D（从来不）。请你根据自己的个人特质和实际情况客观作答。

1. 在亟须做出决策的时候，你是否还想再考虑一下？
2. 你是否将"慎重考虑""不能轻易下结论"作为自己优柔寡断的借口？
3. 你是否为避免冒犯某些有一定实力的客户而有意回避一些关键性的问题，甚至曲意奉承呢？
4. 你是否无论遇到什么紧急任务，都选择先处理自己的日常琐碎事务呢？
5. 你是否要在巨大的压力下才肯承担重任？
6. 你是否无力预防或抵御妨碍你完成重要任务的干扰和危机？
7. 当你需要做出很可能不得人心的决策时，你是否找借口逃避而不敢面对？
8. 你在决定重要的行动和计划时，常忽视其后果吗？
9. 你是否总是在晚上才发现有要紧的事没办？
10. 你是否因不愿承担艰巨的任务而寻求各种借口？
11. 你是否常来不及预防或躲避困难情形的发生？
12. 你是否总是拐弯抹角地宣布可能得罪他人的决定？
13. 你喜欢让别人替你做自己不愿做而又不得不做的事吗？

扫描右侧二维码，即可获取测试结果。

"你适合创业吗"
测试结果

—— ∥ **思考与练习** ∥ ——

1. 简述大学生创业的政策环境。
2. 当前我国大学生创业环境有哪些有利因素？
3. 大学生在编写《创业计划书》时需要注意哪些关键要素？
4. 大学生在创业前应储备哪些知识？
5. 大学生在创业过程中如何有效利用网络资源进行创业？
6. 阅读以下材料，回答问题。

作为"85后"的新农人代表，林宇轩曾在外打工，但他始终在思考一个问题："同样是在山里种地，我们和父辈能有什么不一样？"这一疑问驱使他走上了创业之路。

在重庆市的一个小镇，在海拔1300米的高地上，林宇轩和他的同伴们借助返乡创业的优惠政策，将这里打造成了年产值高达3.1亿元的"高山番茄谷"。

他的创业灵感来源于对家乡发展的深刻理解。当他了解到家乡正推动高山番茄产业的发展时，便决定回到家乡种植番茄。借助从40多户农民处流转的土地，他开启了自己的高山番茄种植事业。

创业初期，林宇轩面临诸多挑战。他注意到网友们常抱怨番茄失去了小时候的味道，于是他与重庆农科院等研究机构合作，改良番茄品种，并对土壤进行改良，实施标准化种植技术，科学管理水肥。这些努力使高山番茄的品质得到了显著提升，消费者重新"尝到了儿时的味道"。

借助科技的力量，高山番茄的产量提高了40%，农户平均收入实现了翻倍增长。这不仅为他自己带来了巨大的成功，也激发了周边村民的积极性——近300户家庭加入了这个项目。在移栽、除草、采摘等环节中，该项目为当地创造了额外的就业机会，在高峰期能够解决超过100名村民的就业问题。

林宇轩认识到，要想实现长远发展，必须赋予产品更新的理念。因此，他积极参与武隆区正在建设的"番茄产业＋民宿、采摘、研学"等项目，旨在将高山番茄谷打造成一个集休闲、旅游、教育于一体的综合性景区。

（1）林宇轩在创业过程中可能利用了哪些有利条件？

（2）林宇轩作为新农人，他的创业思路与父辈相比有何不同？

// 青春榜样 //

苇编匠心，引领振新

宋丽莹是一名"90后"党员，凭借着敢想敢干的精神，她回到家乡马踏湖，在芦苇编织产业中找到了自己的创业方向。

宋丽莹大学主修日语专业，但她心中一直怀揣着对家乡马踏湖苇编艺术的热爱。学业结束后，她追随父亲的脚步投身于苇编事业。然而，父亲认为女孩子在农村从事苇编行业并不合适，希望她能在大城市寻求更好的发展机会。面对家人的期望与个人理想的冲突，宋丽莹坚持自我，坚信内心的选择才是正确的。

回乡初期，宋丽莹面临的不仅是家人的不解，还有工作环境的巨大转变。无论是采购、编织、质检还是包装和运输，她都亲力亲为，两年间积累了丰富的实践经验。正是这段艰苦的基层工作经验，让她逐渐赢得了父亲的认可。几年摸索下来，宋丽莹总结出了自己独到的见解和发展理念。宋丽莹决定独立创业，成立了淄博真农农业发展有限公司。她尤其关注那些被其他工厂忽视的劳动力——年龄超过50岁的农村妇女。这些妇女拥有扎实的手工艺基础和耐心细致的工作态度，非常适合苇编这样的手工制作行业。通过提供就业岗位，宋丽莹帮助她们实现了再就业，同时也为自己的公司注入了活力。

在宋丽莹的带领下，公司不仅在国内市场上取得了成功，还成功开拓了包括日本、德国、希腊在内的多个国际市场。

启示

　　宋丽莹凭借对家乡苇编艺术的热爱和敢想敢干的精神，成功将传统手工艺与现代市场相结合。她不仅实现了个人价值，还带动了家乡的发展建设。宋丽莹的故事激励着更多的大学生勇敢追求自己的梦想，为实现个人价值和奉献社会而不懈奋斗。

第10章 全国大学生职业规划大赛（就业赛道）

情景导入

讲座结束后，张越开始思考自己是否要尝试创业。就在这时，一则校园公告吸引了张越的注意。原来，这则校园公告是关于即将举行的全国大学生职业规划大赛（就业赛道）的详细介绍。张越了解到，职业规划大赛不仅是一个"比赛"，更是一个自我赋能的过程。它能够帮助大学生主动思考人生方向，不断打磨技能。

张越决定报名参加全国大学生职业规划大赛。他相信，无论最终是否获奖，参赛过程中所获得的成长和经验都将是自己的宝贵财富，这段经历也能帮助他更坚定地做出适合自己的职业选择。

你是否也像张越一样，面临就业和创业的双重选择呢？在面对职业发展路径的抉择时，我们应该如何进行系统的规划，才能在诸如全国大学生职业规划大赛（就业赛道）这样的平台上展现出自己的优势，实现自己的职业目标呢？

本章将详细介绍全国大学生职业规划大赛（就业赛道），包括大赛简介、参赛要求、参赛指南及参赛培训等重要内容，帮助大学生更好地了解如何在大赛中规划自己的职业发展路径，为未来的求职或创业做好充分准备。

10.1 全国大学生职业规划大赛（就业赛道）赛事介绍

当张越站在新的起点上，准备迎接全国大学生职业规划大赛（就业赛道）带来的挑战时，他意识到，了解比赛的具体规则和要求对于成功至关重要。下面将详细介绍第二届全国大学生职业规划大赛（就业赛道）的各项信息，为所有跃跃欲试的参赛者提供一份详尽的指南。

10.1.1 大赛简介

全国大学生职业规划大赛是一项面向全国高校学生的权威性赛事，旨在鼓励大学生结合个人兴趣和特长，制定合理的职业规划，培养大学生的职业意识和规划能力。大赛通过一系列环节考验参赛者的综合素养，包括但不限于思维认知、沟通协作能力、创新精神及实践经历等方面。它不仅是检验大学生理论知识和实际操作能力的重要平台，更是连接校园与职场的桥梁，能够帮助无数大学生找到适合自己的职业发展道路。

1. 大赛主题
第二届全国大学生职业规划大赛的主题是：筑梦青春志在四方，规划启航职引未来。

2. 大赛目标
努力将大赛打造成强化职业生涯教育的大课堂、促进人才供需对接的大平台、服务毕业生就业的大市场。通过举办大赛，更好地实现以赛促学，引导大学生树立正确的成长成才观和择业就业观，科学合理地规划学业与职业发展，提升就业竞争力；更好地实现以赛促教，促进高校强化生涯教育，做实做细就业指导服务；更好地实现以赛促就，广泛发动行业企业和高校参与赛事活动，推动人才供需有效对接，全力促进高校毕业生高质量充分就业。

3. 大赛内容
大赛内容主要包括主体赛事和同期活动两大板块。

（1）主体赛事

主体赛事包括成长赛道和就业赛道。成长赛道设高教组和职教组，就业赛道设高教本科生组、高教研究生组和职教组。本届大赛不设大学生职业发展与就业指导课程教学赛道。

- 成长赛道。主要面向本、专科中低年级学生，考察其树立生涯发展理念并合理设定职业目标、围绕实现职业目标持续行动并不断调整的成长过程，通过学习实践提升综合素质和专业能力，体现正确的择业就业观念。参赛学生可获得实习机会。
- 就业赛道。面向本、专科高年级计划求职学生（不含已通过推免等确定升学的毕业年级学生）和研究生，考查其求职实战能力，对照目标职业及岗位要求，个人综合素质和专业能力等方面的契合度，个人发展路径与就业市场需求的适应度。参赛学生可获得岗位录用意向。（本书重点介绍就业赛道的相关内容）

（2）同期活动

全国总决赛期间将举办校企供需对接、职业体验、课程教学研讨交流等系列活动，在湖南举办"以创促就"专项活动。各地各高校参照总决赛系列同期活动，围绕主体赛事精心设计并广泛开展内容丰富、形式多样的同期活动。

4. 大赛赛制

大赛设计了一套严谨而灵活的竞赛规则，以确保比赛平稳有序、取得实效。

（1）大赛采用校赛、省赛、全国总决赛三级赛制。

（2）校赛由各高校负责组织，省赛由各地负责组织。各地各高校参照大赛成长、就业赛道方案，自主确定参赛名额、分组设置、比赛环节、评审方式和奖项设置等。各地完成省赛选拔后，择优推荐全国总决赛参赛选手（本科生、研究生、专科生须保持合适比例）。

（3）全国总决赛参赛学生选手约700人，其中成长赛道约350人，就业赛道约350人，结合选手专业背景、目标职业及所属行业等划分赛场。成长赛道、就业赛道各组别每所高校入围选手不超过1人。大赛组委会将综合考虑各地参赛人数、就业指导和招聘活动情况、用人单位参与数量等因素分配全国总决赛参赛名额，赛前发布大赛提供的实习和就业岗位信息。

（4）全国总决赛设金奖、银奖、铜奖，以及地方和高校优秀组织奖、优秀指导教师奖等奖项。

10.1.2　参赛要求

参赛要求旨在明确选手的资格条件、报名流程及材料审查标准，从而确保每一位参赛者都能在公平、公正的环境下展示自己的职业规划能力和才华。

（1）参赛选手须为普通高等学校在校学生。每名选手结合自身条件选择符合要求的一个赛道报名参赛。首届大赛全国总决赛获金奖、银奖选手，不得再次报名原赛道比赛。

（2）参赛选手应按要求在大赛平台准确填写报名信息，提交材料应坚持真实性原则，不得含有违法违规内容，否则将被取消参赛资格及所获奖项等，并承担相应的法律责任。

（3）各地各高校应认真做好选手资格审查和参赛材料审查工作，确保符合相关要求。

📝 身临其境

　　李越宁是一名大三学生，专业成绩中等偏上。他参加了全国大学生职业规划大赛的就业赛道，希望通过比赛找到自己未来的职业方向。这个赛道主要考察求职能力，在准备比赛的过程中，李越宁明确自己的兴趣和职业目标后，便着手准备求职简历和提升求职能力。但在编写个人简历时，他不知道如何突出自己的优势和亮点，也不知道如何简洁明了地展示自己的经历和技能。另外，在准备主题陈述环节时，他也感到有些力不从心，不知道应该如何精准地表达自己对职业的理解和规划。

　　这些挑战让李越宁怀疑自己是否适合参加这个比赛，甚至质疑自己的能力和价值。

　　想一想： 当你面临类似的比赛时，你是否也曾像李越宁一样感到迷茫和不安？面对这种情况，你会如何调整心态并积极寻求帮助和资源，以克服挑战并取得进步？

10.1.3　参赛指南

　　就业赛道作为大赛的重要组成部分，旨在全面评估大学生的求职实战能力。参赛指南将为大学生提供详细的参赛信息，帮助他们充分展现自己的职业素养和综合实力。

　　1. 比赛内容

　　比赛考查参赛学生的求职实战能力，对照目标职业及岗位要求，考查个人综合素质和专业能力等方面的契合度、个人发展路径与就业市场需求的适应度。参赛学生可获得岗位录用意向。

　　2. 参赛组别和对象

　　就业赛道设高教本科生组、高教研究生组和职教组，参赛对象为普通高等学校全日制本、专科高年级在校学生，以及全体研究生。高教本科生组面向普通本科三、四年级（部分专业五年级）学生（不含已通过推免等确定升学的毕业年级学生），全体第二学士学位学生；高教研究生组面向全体研究生；职教组面向职教本科三、四年级学生和高职（专科）二、三年级学生。

　　3. 参赛材料要求

　　选手在大赛平台要提交以下参赛材料：

　　（1）求职简历。以PDF格式提交，内容应真实、准确，突出个人优势和特点。

　　（2）求职综合展示。以PPT格式提交，不超过50MB，可加入视频，用于陈述个人求职意向和职业准备情况。

　　（3）辅助证明材料。包括实践、实习、获奖等证明材料，以PDF格式提交，整合为单个文件，不超过50MB，用于证明个人的综合素质和专业能力。

　　4. 比赛环节

　　就业赛道设主题陈述、综合面试、天降Offer（录用意向）环节。各环节时长根据实际情况适当调整。

（1）主题陈述（6分钟）。选手结合求职综合展示PPT，陈述个人求职意向和职业准备情况。

（2）综合面试（6分钟）。评委提出真实工作场景中可能遇到的问题，选手提出解决方案；评委结合选手陈述自由提问。

（3）天降Offer（2分钟）。用人单位根据选手表现，决定是否给出录用意向，并对选手做点评。

5. 评审标准

评审标准分为以下几个指标，每个指标有相应的分值，如表10-1所示。

表10-1 就业赛道评审标准表

指标	说明	分值
职业目标	能够结合就业市场需求和个人所学专业、能力及兴趣等特点，合理设定职业目标	5分
	准确把握目标职业的任职要求、工作内容、基本流程和发展前景等	5分
岗位胜任力	具备目标岗位所需综合素质，如思维认知、沟通协作能力和执行力等，具有敬业奉献的职业精神	40分
	具备目标岗位所需的专业知识和技能要求，相关实习实践经历丰富，具备解决实际问题的专业能力	40分
发展潜力	具备持续学习能力、创新精神和应对不确定性挑战的潜质，适应未来职业发展要求；符合就业市场需求，现场获得用人单位提供的录用意向	10分

（1）考查职业目标

大赛评委在考察选手的职业目标时，可能会问及一系列关键问题，以深入了解选手的职业规划和对目标职位的理解。具体体现在以下问题中。

- 你能分享一下是什么关键因素促使你坚定地选择了当前的职业目标吗？这是基于一次特别的职业经历，还是你对自己优势的深刻洞察？
- 在设定职业目标的过程中，你是否参考了相关的就业市场调研报告？如果有，哪些具体的数据或行业趋势对你产生了深远的影响，促使你做出了这样的选择？
- 请设想一下，在未来三到五年的时间内，你的职业目标可能会受到哪些外部因素的挑战并因此发生显著变化？为了保持职业发展的正确方向，你将采取哪些有效的应对策略？
- 你的职业目标与当前行业的发展趋势有哪些紧密的联系和契合点？这些契合点将如何助力你在职业生涯中取得优势，实现个人价值？
- 如果给你一个重新选择的机会，在全面权衡了各种因素后，你认为自己有多大可能会再次选择这个职业目标？请阐述你的理由和依据。

（2）考查岗位胜任力

此部分主要聚焦于选手的岗位胜任力，涵盖选手过往面对挑战的经历、沟通协作能力的提升策略、专业技能的自我审视与成长规划、实习实践中的教训与收获等多个维度。具体体现在以下问题中。

- 请回忆某次在执行重要工作任务时遇到的困难，并详细说明你是如何克服这些困难的。在这个过程中，你的执行力表现出了哪些特质？
- 为了在目标岗位上更好地发展，你计划采取哪些具体措施来提高自己的沟通和协作能力？
- 在目标岗位所需的专业技能中，你认为自己目前最为精通的是哪一项，以及它为何成为你的强项？同时，你最希望提升的技能是什么，请分享你的具体提升计划。
- 在过去的实习或实践中，你曾经犯过哪些错误？这些经历给你带来了哪些宝贵的经验？它们对你未来在该岗位的工作有何积极影响？
- 你如何看待目标岗位可能带来的高压工作环境？你有哪些有效的方法来管理工作压力？
- 请举例说明你曾如何运用创新思维来解决工作中遇到的复杂问题，并分享这次经历对你的职业成长的启发。
- 你对目标岗位所在行业的最新技术和发展趋势了解多少？你打算如何将这些前沿技术和趋势融入日常工作，为职业发展注入新动力？
- 你掌握了哪些跨学科的知识或技能？多元化的背景如何帮助你在岗位工作中提供独特的价值和竞争优势？

（3）考查发展潜力

评委在衡量选手的发展潜力时，通常会聚焦选手未来的技能提升计划、行业变革应对能力、创新贡献、终身学习意识、责任承担意愿及准备情况、个人潜力挖掘情况、心态与毅力、风险应对策略及跨部门合作能力等多个方面。具体而言，这些考量可以通过以下问题来体现。

- 为了增强职业竞争力，你计划在未来一段时间内获取哪些新技能或证书？请分享你的学习计划和实施步骤，以展现你的执行力。
- 当行业面临重大变革，如新技术的涌现或市场格局的重塑，你将如何灵活调整职业路径，以保持个人在行业中的领先地位？请详细阐述你的应对策略和行动蓝图。
- 请分享一次你提出创新方案并被采纳的经历，这次成功对你未来的职业发展有何深远影响？你计划如何在未来的工作中持续激发并应用你的创新能力？
- 你如何认识和理解终身学习在职业生涯中的地位？结合个人经历和职业目标，谈谈你将如何践行终身学习理念，不断提升自我。
- 在未来的职业道路上，你期望承担哪些重要责任？为了承担这些责任，你目前正在进行哪些准备工作？请分享你的发展规划和具体行动。
- 你认为自己的最大发展潜力在哪些方面，是创新能力、学习能力还是其他特质？你将采取哪些措施来深入挖掘并充分发挥这些潜力？
- 在面对职业发展中的重重挑战时，你是如何保持积极向上的心态和坚韧不拔的毅力的？请分享你的心态调整方法和应对策略。

- 你如何看待职业发展中的不确定性和风险？你有哪些策略来有效管理风险，确保自己在职业道路上平稳前行？
- 如果有机会参与跨部门项目，你认为自己能为团队带来哪些独特贡献？请结合你的专业背景、沟通能力和团队协作精神进行阐述。

👁 **脑海探险**

评审标准中提到，参赛选手应具备持续学习的能力、创新精神及应对不确定性挑战的潜质。这些都是衡量一个人长期发展潜力的重要指标。

（1）为什么终身学习被视为现代社会不可或缺的一部分？它对个人成长和社会进步有着怎样的影响？

答案：_____

（2）创新不仅仅局限于技术领域，还包括思维方式和服务模式等多个方面。你打算如何在自己的职业生涯中体现创新能力？

答案：_____

（3）应对挑战不仅仅是解决问题的过程，更是一个自我超越的机会。你可以分享一次应对挑战的经历，并说明它对你产生了哪些正面的影响吗？

答案：_____

10.1.4 参赛培训——求职综合展示 PPT

全国大学生职业规划大赛（就业赛道）中的求职综合展示 PPT，是大学生向评委与用人单位全面呈现其职业规划与准备情况的重要载体。大学生应精心构建 PPT，以确保结构清晰、内容精炼且设计美观，从而有效吸引观众注意力并留下深刻印象。那么，大学生应该如何编制这样一份 PPT 呢？下面将从结构规划、内容组织、借助 AI 工具设计 PPT 3 个方面进行阐述。

1. 结构规划

选手在准备求职综合展示 PPT 时，结构规划是第一步，它决定了内容的逻辑性和连贯性。大学生应当首先确定一个清晰的框架，以引导评委和用人单位了解自己的职业规划。一个好的 PPT 结构通常包括：封面、目录、自我介绍、职业目标、岗位胜任力等部分。每个部分都应该紧密围绕着职业目标来展开。

（1）封面

封面是 PPT 的第一印象，应当简洁大方且信息完整。它应该包含全国大学生职业规划大赛的名称、选手的姓名、所属学校及专业、参赛赛道等基本信息，并配以一张清晰、专业的个人照片（最好是证件照或形象照）。

（2）目录

目录通常概括 PPT 的主要内容板块，一般包括自我介绍、职业目标、岗位胜任力、实践经验等部分。各板块之间应逻辑连贯，按照展示的先后顺序排列，让评委和用人单位能迅速了解PPT的整体框架。

（3）自我介绍

在自我简介中，大学生需要介绍自己的基本情况，包括但不限于姓名、年龄、政治面貌、籍贯和联系方式；同时概述教育背景，如就读的学校、专业、学历层次（如本科在读）及相关的课程或培训经历。此外，大学生还应该简述个人优势与特长，涵盖专业知识、技能、性格特点、经验等方面，以及兴趣爱好和参与的社团活动、社会实践等经历。

（4）职业目标

大学生需明确表达自己的长期目标和短期目标，解释选择特定目标岗位的理由。在此基础上，大学生应进行市场分析，讨论目标岗位的市场现状和发展趋势，展现对就业市场的深刻理解和洞察。接下来，大学生还应该把个人优势和市场需求结合起来，详细说明自己在目标岗位上的定位和发展策略。

（5）岗位胜任力

岗位胜任力部分要求大学生详细列出目标岗位所需的专业能力、可迁移技能和职业道德等。明确目标岗位所需的能力要求，能够让大学生有针对性地进行学习和提升，并对照这些要求进行自我评估，了解自身具备的优势和存在的不足之处，再基于现实情况与职业目标之间的差距，制订成长计划。成长计划要具体、可行，并且要有明确的时间节点。例如，大学生可以制订一个在一年内通过相关证书考试、参加实习项目、提升专业技能的成长计划。

（6）实践经验

实践经验部分用于展示实践成果，包括实习经历、项目经验、获奖情况、竞赛成果等。这部分内容还能体现大学生为实现职业目标所付出的努力，建议通过具体的数据或实例来呈现实习和项目中的成果与贡献，以便让评委更直观地了解你的实际能力和职业素养。

同时，大学生也可以在此部分分享自己在职业规划实践中的成功案例和经验教训，展示自己在实践中的成长与进步。

（7）职业发展规划

一方面，大学生应阐述短期内的职业发展目标和路径，包括期望从事的工作岗位、薪资水平和晋升路径等。另一方面，大学生应展望长期的职业发展前景，如成为行业专家或担任管理职务，并详细说明实现这些目标的具体步骤和计划。面对可能遇到的挑战，大学生应分析并提出相应的解决方案和应对策略。

（8）结束

结束部分应总结PPT的主要内容，大学生要再次强调自己对目标岗位的热情和胜任该职业的信心，同时，大学生也要表达对评委和用人单位的感谢。

2. 内容组织

内容组织应该注重信息的逻辑性和条理性，确保每个部分的内容都紧密相连、相互支撑，共同构成一个完整而有序的职业规划展示。

（1）简洁性原则

每页PPT的内容应简洁明了，避免过多的文字堆砌。一般来说，每页PPT的文字应控制在3～5行，每行不超过20字。大学生应使用简洁有力的语句，突出重点内容。例如，大学生在介绍自己的实习经历时，不要写冗长的过渡描述，而是概括成果，如实习期间我为"项目A"引入缓存机制避免重复计算，并精简流程提高效率，从而使项目效率提高了20%。

（2）逻辑连贯性

PPT中各内容板块之间要有清晰的逻辑关系。例如，大学生在阐述岗位胜任力时，要按照从专业知识到实践经验再到软技能的顺序排列，这样符合从理论到实践再到综合素质的逻辑思维。同时，在段落内部也要注意逻辑，大学生如可以使用"首先""其次""最后"等连接词。

（3）个性化与针对性

根据自己的职业目标和自身特点来组织PPT的内容。如果职业目标是创意设计类职业，可以在PPT中展示自己的创意作品或独特的设计思路；如果职业目标是技术类职业，则重点强调技术能力和项目成果。PPT中的内容应针对目标企业和岗位的要求，分析该岗位需要什么样的人才，然后在PPT中突出自己与该岗位匹配的部分。

（4）数据与实例支撑

为了使PPT的内容更具说服力，大学生在编写PPT时要尽量使用具体的数据和实例。例如，大学生在说明自己的学习能力时，可以提到"在大学期间，我的平均绩点达到了3.8/4.0，在班级排名前5%。"

大学生在讲述团队协作能力时，可以说"在'智能物流系统开发'项目中，我作为团队的一员，与来自不同专业的6名成员紧密合作。我们定期召开项目进度会议、分工明确且相互支持，仅用了4个月的时间就成功完成了项目的开发，最终系统上线后提高了20%的物流效率。

 知识链接　　　　　　　　　　　　　　视觉叙事

视觉叙事强调通过图像、图表和其他可视化工具来讲故事，以增强信息传达的效果。一个好的PPT应该能够用视觉语言讲述一个连贯的故事，引导观众跟随演讲者的思路前进。利用图形、图表和照片来代替冗长的文字描述，可以让复杂的信息更容易被理解和记住。

想一想：如果让你为一个关于"摄影社团宣传"的主题制作一份PPT，你会如何运用视觉叙事的原则来吸引观众的注意力并有效传递信息？

3. 借助AI工具设计PPT

AI工具能够根据用户提供的主题和需求，迅速生成结构清晰、内容丰富的PPT，大大降低了时间成本。同时，AI工具还具备强大的图像识别和分析能力，能够自动选择高质量图片并推荐合适的字体、颜色和版式，从而提升PPT的美观度。因此，在PPT的制作过程中，借助AI工具不仅可以显著提高设计效率和美观度，还能让大学生专注于内容本身，而不必在设计细节上花费过多时间。

（1）选择AI工具

在众多的AI工具中，大学生可以根据自己的需求和喜好选择合适的PPT制作助手。例如，迅捷PPT提供了丰富的模板库，具备智能化的内容生成功能，用户只需输入关键词或主题，就能快速获得一个结构清晰、内容丰富的PPT框架。而WPS AI则集成在常用的WPS办公软件中，操作直观简便，用户可以通过上传文档、直接输入内容或粘贴大纲等多种方式轻松生成PPT，这将极大地提高用户的工作效率。

此外，Kimi智能助手、通义PPT创作等工具也各具特色，它们不仅提供智能匹配模板，具备自动化设计流程等功能，还允许用户根据需要进行个性化编辑和调整，确保最终的PPT既符合设计要求，又展现出独特的个人风格。

（2）使用AI工具

利用AI工具实现PPT的一键生成其实并不复杂，而且大多数AI工具的操作流程都相对一致，通常包含以下几个基本步骤。

步骤1：选择一款适合自己的AI工具，并确保它支持常用的操作系统和平台。

步骤2：在AI工具中输入PPT的主题或大纲内容，等待AI工具进行分析并生成初步的PPT框架和文案，图10-1所示为借助Kimi智能助手自动生成的PPT大纲。

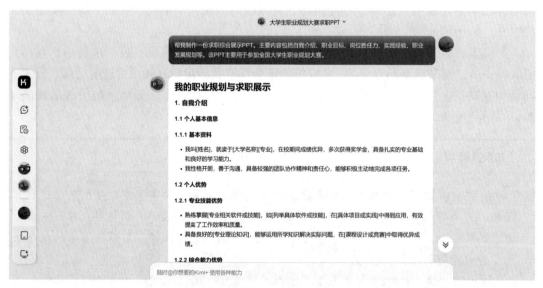

图10-1　借助Kimi智能助手生成的PPT大纲

步骤3：成功生成大纲后，单击 一键生成PPT 按钮，进入模板库页面，从AI提供的模板库中选择心仪的模板，然后单击 生成PPT 按钮。稍后，AI工具将自动根据大纲内容来一键生成PPT，如图10-2所示。

步骤4：如果对生成的PPT不满意，可以单击 去编辑 按钮，进入编辑模式，根据实际需要来修改PPT的内容。最后，当完成所有的编辑和调整工作后，单击 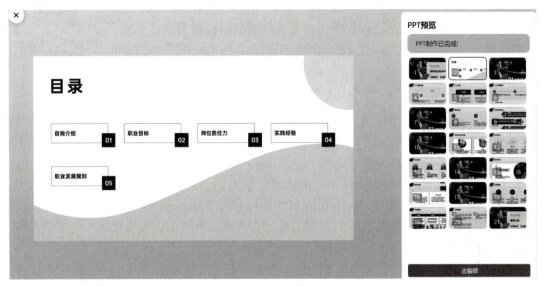 按钮，将生成的PPT保存至本地。

图10-2　借助Kimi智能助手一键生成的PPT

10.2　"油菜花女孩"万媛媛助力乡村振兴

作为2024年全国大学生职业规划大赛（就业赛道）金奖代表的万媛媛立志成为一名杰出的育种专家，她期望能像袁隆平院士那样，通过自己的努力，为世界粮食安全作出贡献。

10.2.1　就业主题陈述

西南大学作物遗传育种专业博士生万媛媛参与培育的高油酸黄籽油菜新品种，已实现菜籽产量增长20%的突破性成果。

这位被媒体称为"油菜花女孩"的科研工作者，其职业选择萌芽于少年时期跟随父亲深入乡村的那段时间。目睹传统耕作方式对农业发展的制约后，万媛媛决心改变这一现状，于是选择了农业科学作为自己的职业道路。万媛媛的职业目标是成为油菜现代育种科技服务工作者，通过先进的分子育种技术推动农业现代化，提高农作物产量和质量，助力国家乡村振兴战略。

10.2.2　实践经历与成绩

截至2021年，万媛媛在科研领域取得了不少成果：在International Journal of Molecular Sciences上以第一作者身份发表了一篇论文，并参与发表了5篇SCI论文；申请了两项国家发明专利授权；主持和参与了多个国家级、省部级及市级课题。

万媛媛的成长轨迹印证着现代农业人才的培养范式。从参与第六届中国国际"互联网+"大学生创新创业大赛（现名"中国国际大学生创新大赛"）斩获金奖，到协助建立重庆市首个高油酸黄籽油菜示范基地，她始终践行"将论文写在祖国大地上"的承诺。在中央电视台《青春的方向》节目现场，这个曾因未能等来袁隆平院士亲自颁发奖学金证书而抱憾的女孩，如今已能从容阐述智慧农业与乡村振兴的协同发展路径。

"油菜花女孩"万媛媛风采展示视频

10.2.3　个人职业展望

展望未来，万媛媛将继续秉承农科人的初心与使命，努力为农业现代化贡献自己的青春力量。她将继续深入油菜分子育种领域的研究，不断提升自己的科研能力和水平。作为农业科学专业的学生党员，万媛媛将始终保持对党的忠诚和对人民的热爱，为实现中华民族伟大复兴的中国梦贡献自己的力量。在未来的道路上，万媛媛将不断挑战自我、突破自我，成为一名优秀的油菜现代育种科技服务工作者。

10.3　医学生的儿科之旅——戴菽阳

复旦大学的儿科学博士戴菽阳有一个成为"卓越而有趣"的小儿外科医生的梦想。他从传统中药方剂中挖掘出新型小分子药物，为神经母细胞瘤的治疗开辟了新路径。此外，他还积极投身于公益活动，带领团队深入云南西畴等地开展义诊，用实际行动诠释医者仁心。经过不懈奋斗，戴菽阳即将在国家儿童医学中心复旦大学附属儿科医院开启他的职业生涯。

10.3.1　就业主题陈述

复旦大学的儿科博士戴菽阳自本科时期首次接触小儿外科以来，就被这个充满挑战与希望的领域深深吸引。他怀揣着成为杰出小儿外科医生的梦想，矢志不渝地致力于解决临床难题，并将科研成果转化为实际医疗手段，以期在儿童健康事业中留下自己的足迹。戴菽阳的职业理念为"精医求精，爱儿护儿"，这不仅是对自己的严格要求，更是他不断追求的目标和开展行动的动力源泉。

医学生的儿科之旅——戴菽阳风采展示视频

10.3.2　实践经历与成绩

作为一名博士研究生，戴菽阳在学业和实践方面积极努力，取得了一系列的成绩。
（1）科研领域
在科研领域，戴菽阳展现出了卓越的才能和不懈的探索精神。在博士阶段，他在导师郑珊教授的悉心指导下，将研究方向瞄向儿童胚胎发育性疾病领域。戴菽阳借助网络药理学的研究方法，深入探讨传统中药在神经母细胞瘤治疗中的潜在可行性，发现了五味子酯乙可能是发挥抗肿瘤作用的重要活性成分，为中西医在儿童肿瘤治疗领域的合作研究开辟了新视角。同时，他还展开了胆道闭锁早期诊断的研究，将机器学习手段和临床数据相结合，并将所得研究成果发表在SCI期刊杂志上。

（2）临床实践方面

在临床实践方面，戴菽阳同样表现出色。他利用所学知识和技能，为众多患儿提供了精准有效的治疗，赢得了患者及其家属的高度赞誉。同时，戴菽阳还参与了"儿童无伤害科普"项目，策划并开展了"线上＋线下"的医学科普活动，并前往云南省文山壮族苗族自治州西畴县向当地儿童和家长们科普儿童意外伤害的相关知识。

（3）职业发展方面

在职业发展方面，戴菽阳在2023年12月的全国大学生职业规划大赛上海赛区就业赛道脱颖而出，荣获就业赛道高教组金奖，并晋级全国总决赛。最终在2024年5月12日的首届全国大学生职业规划大赛总决赛中，以92.21的总分斩获就业赛道高教组金奖。

10.3.3　个人职业展望

毕业后，戴菽阳即将入职国家儿童医学中心复旦大学附属儿科医院，成为一名小儿外科医生。在这里，戴菽阳将继续锤炼自己的专业技能，不断超越自我，追求卓越，力求为每一位患儿提供最好的治疗方案。同时，戴菽阳也将继续致力于科研探索和医学健康科普工作，努力将科研成果转化为临床应用，使更多的人了解儿童健康知识，共同守护儿童的健康成长。

心怀"家国志"，苦练"文武功"，戴菽阳将"小我"融入"大我"。他将以实际行动为儿童卫生健康事业贡献自己的力量，做一名有情怀的儿科医生。

∥ 探索自我 ∥

为了帮助参赛者更好地了解自己在职业目标设定、岗位胜任力、发展潜力等方面的情况，从而为大赛做更加充分的准备，下面设计了一份测试题目。这份测试涵盖了个人的职业兴趣和技能评估，有助于引发参赛者对未来职业发展的思考。

你适合参加全国大学生职业规划大赛吗

〖测试说明〗

请你根据自己的个人特质和实际情况，选择最符合你的选项。

1. 在面对职业规划时，你（　　　）。

　　A. 经常能够清晰地设定职业目标　　B. 有时需要一些时间来明确职业目标

　　C. 很少主动设定职业目标　　　　　D. 从来不设定职业目标

2. 在准备职业规划材料时，你（   ）。

    A. 能够高效地组织和呈现材料

    B. 有时需要外界帮助来组织材料

    C. 很少能够有条理地呈现材料

    D. 从来不注重材料的组织

3. 你（   ）。

    A. 主动参加职业规划和创业相关的活动

    B. 有时会参加相关活动

    C. 很少参加相关活动

    D. 从来不参加相关活动

4. 在面对职业规划中的挑战时，你（   ）。

    A. 勇于尝试新方法和策略　　　　B. 有时会犹豫不决

    C. 很少主动应对挑战　　　　　　D. 从来不应对挑战

5. 你（   ）。

    A. 注重个人发展和职业成长　　　B. 有时会考虑个人发展

    C. 很少关注个人发展　　　　　　D. 从来不关注个人发展

你适合参加全国大学生职业规划大赛吗？

……

请扫描右侧二维码，查看详细的测试题目。

结果分析：

（1）如果你选择 A 的次数≥12个，你可能具备较强的职业规划能力和参赛潜力。

（2）如果你选择 B 的次数≥5个，你可能在某些方面需要进一步提升。

（3）如果你选择 C 或 D 的次数为3个，你可能需要更多时间来探索和培养职业规划所需的特质。

思考与练习

1. 全国大学生职业规划大赛主要面向哪些学生群体？大赛分为哪几个赛道？

2. 参赛选手提交材料的具体要求是什么？

3. 在评审过程中，评委如何考查选手的职业目标和岗位胜任力？

4. 你如何利用AI工具来高效制作参赛所需的PPT？

5. 阅读以下材料，回答问题。

"国无防不立，民无军不安。"李明杰热爱军事事业，在中国人民解放军某部队担任文书。服役期间，他圆满完成了多项重要任务，深刻体会到了军人的使命与责任，更加坚定了投身军队文职工作的决心。在军队中积累的丰富的文书工作经验，让李明杰掌握了专业的技能，也加深了他对军队文职岗位的理解和热爱。他将目标锁定于某军委联合参谋部的一个文秘岗位，立志为军队文职事业贡献自己的力量。

李明杰曾在奥运圣火熄灭仪式上圆满完成了重要任务，并深感荣耀；在暴雨救援行动中冲锋在前，展现了军人的责任与担当；他还积极加入公益救援队和参与社会实践活动，在农业农村局实习期间参与培训并获得表彰。此外，李明杰撰写的多篇稿件在各级媒体发表，计算机专业知识学习成绩优异，他还积极投身政务实践和学生工作，带领团队荣获省级优秀团队称号。

参加全国大学生职业规划大赛是李明杰职业生涯中的一个重要里程碑。在准备过程中，他深入梳理个人成长经历，包括军旅生涯的磨砺和社会实践的锻炼等。通过系统学习职业规划知识，李明杰掌握了阐述职业目标、分析自身与岗位差距及制订行动计划的技巧。他精心准备参赛材料，提炼在军队服役、社会实践和专业学习等方面的成果，撰写了一份详尽的职业规划书，清晰展示了其职业规划思路。为了使职业规划书更具说服力，他还制作了精美的PPT演示文稿。

通过大赛，李明杰认识到职业规划应紧密结合国家战略和社会发展需求，不断提升自己的专业技能和综合能力。同时，与优秀参赛者的交流和评委的点评，也让他更加明确未来努力的方向。

（1）如果你是李明杰，你将如何通过全国大学生职业规划大赛展示你投身军队文职事业的决心和竞争力？

（2）从李明杰的经历中，你学到了哪些有助于未来职业发展的宝贵经验？

∥ 青春榜样 ∥

公益教育，"超凡"领航

张超凡，因先天性左臂缺失而成了一个"特别"的孩子。尽管如此，她凭借坚强的意志和不懈的努力，在家人的支持下，逐渐学会了直面生活的挑战，并在多个领域中脱颖而出，包括速滑、绘画和书法等。

大学毕业时，张超凡得到保研机会及南方一家大企业的招聘邀请，但她却毅然决然地选择了回乡创业。

回到长春后，张超凡利用个人积蓄，创办了国学书画院——长春市书山学府教育培训学校及艺凡艺术教育培训学校，专注于素质教育的发展。然而，创业之路充满了挑战：资金紧张、师资力量不足、宣传招生困难重重。即便如此，张超凡从未想过放弃。她还是坚持创办了"超凡公益梦想课堂"，旨在为那些无力承担学费但怀揣梦想的孩子提供免费的艺术教育。

一次偶然的机会，张超凡遇到了李硕，一个因家庭拮据无法继续追求美术梦想的孩子。这次相遇深深触动了她的心，促使她每年拿出30万元作为公益助学金，以帮助更多像李硕这样的孩子。随着学校的影响力日益扩大，张超凡又进一步扩展了自己的事业版图，成立了吉林省超凡教育集团，并亲自设计装修了梦想教育平台——超凡梦想小镇，致力于激发孩子们追逐梦想的勇气。

　　"超凡公益梦想课堂"已经帮助了很多来自特殊背景的孩子免费接受了艺术教育，该课堂也因此获得了团中央颁发的"全国青年文明号"称号。

| 启示 | 　　张超凡的故事是对坚韧意志和奉献精神的最好诠释。她克服了自身的生理缺陷，通过自己创办的教育机构，帮助更多孩子实现了梦想。她的故事证明，无论面对多大的困难，只要有决心和勇气，就有机会创造奇迹。 |